SMART RISK CONTROL
Models, Platforms and Business Practices

大数据
智能风控

模型、平台与业务实践

邓甄 李钦 著

U0361808

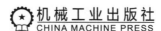

机械工业出版社
CHINA MACHINE PRESS

图书在版编目（CIP）数据

大数据智能风控：模型、平台与业务实践 / 邓甄，李钦著 . —北京：机械工业出版社，2024.5

（金融科技）

ISBN 978-7-111-75456-5

I.①大⋯ Ⅱ.①邓⋯ ②李⋯ Ⅲ.①金融–科学技术–数据处理–风险管理–研究 Ⅳ.①F830

中国国家版本馆CIP数据核字（2024）第061545号

机械工业出版社（北京市百万庄大街 22 号　邮政编码 100037）

策划编辑：杨福川	责任编辑：杨福川
责任校对：郑　婕　陈　越	责任印制：任维东

河北鹏盛贤印刷有限公司印刷

2024 年 5 月第 1 版第 1 次印刷

186mm × 240mm · 16 印张 · 274 千字

标准书号：ISBN 978-7-111-75456-5

定价：99.00 元

电话服务　　　　　　　　　　　网络服务

客服电话：010-88361066　　　　机 工 官 网：www.cmpbook.com

　　　　　010-88379833　　　　机 工 官 博：weibo.com/cmp1952

　　　　　010-68326294　　　　金 书 网：www.golden-book.com

封底无防伪标均为盗版　　　机工教育服务网：www.cmpedu.com

为何写作本书

自大学毕业后，我便进入了金融领域，先是在一家传统银行实习，深入了解了银行业务运作的细节和风险管理的传统方式。随后，我有幸加入一家持牌消费金融机构，并从筹备期开始亲身经历了消费金融行业的蓬勃发展。如今，我就职于一家具有互联网基因的民营银行，身处金融科技的前沿，每天都在与大数据、人工智能等先进技术打交道。

在这十年的职业生涯中，我见证了风险管理从基于经验和直觉的决策方式向基于数据和算法的决策方式的转变。在传统银行中，风险管理主要依赖客户经理撰写的信贷报告、大量报表以及客户背景调查信息等纸质资料。审批流程烦琐，效率低下，且存在较高的人为操作风险。进入互联网银行时代后，风险管理方式发生了颠覆性的变化。现在，风险管理者更加强调量化分析和大数据思维，借助先进的数据挖掘和机器学习技术，以更准确地识别、评估和预防风险。现代的风险管理者不仅需要具备扎实的金融、会计、法律知识，还需要精通算法、金融科技等领域。在互联网银行的审批流程，特别是零售信贷业务的审批流程中，风险管理人员通常不会直接与客户接触。相反，他们依靠高度智能化的风控系统，结合行业领先业务的知识沉淀，通过统一管理与灵活配置特征变量、评分卡模型、决策引擎、外部数据等模块，为银行提供信贷全生命周期的风险管控。

这本书的创作灵感源于一次我与家人的闲聊。他们很好奇我在银行的日常工作，想象我是那种每天在柜台后数钱的人。这让我意识到，大众对智能风控充满了误解和好奇。为了更好地解释我的工作内容和价值，我用了一个简单的借款场景进行说明。如果一个陌生人想借 1000 元，并承诺第二年还 1100 元，大多数人会因为不了解借款人而拒绝借款。如果这样的借款请求来自成千上万的人，并且都是通过网络平台申请的，那么银行如何快速准确地判断哪些人是可信的、哪些人存在风险呢？这就是智能风控的核心所在。

基于这样的背景和感悟，我决定撰写一本关于大数据智能风控的书，分享我在这十年间的所见、所闻、所思、所感。这本书将系统、详细地阐述大数据智能风控的理论基础、技术方法、实践案例以及未来趋势。我希望通过这本书，为读者提供全面、深入的学习参考，推动更多人了解和关注大数据智能风控的发展，共同促进金融行业的创新和进步。

从春夏到秋冬，这本书耗时一年完成，实属不易。我希望通过写这本书，为我的女儿小包子树立一个榜样，告诉她遇到难题不要气馁，要一步一个脚印地去做。

本书主要特点

我写作本书的初衷，不只是向读者提供详尽的专业知识和实践经验，更是希望激发更多人对这一领域的兴趣和热情。为此，我特意避免了使用复杂的术语、算法和公式，而采用了通俗易懂的语言，并结合了大量的实际案例。通过这种方式，我希望读者不仅能够深入了解大数据智能风控的核心概念、技术和应用，还能从中获得实用的参考和指导，解决实际工作中遇到的问题。相信无论你是初学者还是有一定经验的从业者，都能从中受益匪浅。

本书阅读对象

本书是一本关于风险实务和金融科技的书，适合以下几类人群阅读：

- ❏ 统计学、金融学、软件、财务管理等相关专业的高校学生：这些专业的学生在学习相关课程或写论文时，需要了解大数据智能风控方面的知识和实践，以便更好地理解和应用相关理论。
- ❏ 从事风控工作的实务人员：这些人员在实际工作中需要运用大数据智能风控技术来提高工作效率和准确性，通过阅读本书可以获得实用的指导和帮助。
- ❏ 对大数据智能风控感兴趣的读者：无论业内人士还是普通读者，只要是对大数据和风险管理感兴趣，都可以通过本书深入了解大数据智能风控领域的核心知识和技术，并探索其在现实生活中的应用。

如何阅读本书

全书共 9 章，第 1～8 章由邓甄完成，第 9 章由邓甄和李钦共同完成，各章内容详细介绍如下。

第 1 章和第 2 章全面而深入地探讨了智能风控的背景。通过对基础信贷业务的细致解析，帮助读者深入理解其运作方式和重要性。同时，追溯了智能风控的起源和发展，展示了它是如何随着技术的进步和市场的需求变化而逐渐成熟和完善的。

第 3～5 章深入探讨了"数据—模型—风控平台"三位一体的智能风控理论体系，旨在为智能风控的实际应用提供更有力的理论支持和实践指导。第 3 章强调了数据在智能风控中的基础地位。在这个信息爆炸的时代，大数据已经成为各行各业不可或缺的资源。数据的质量、多样性和完整性直接决定了风控策略的有效性和准确性。因此，该章详细介绍了内外部数据和智能数据体系的相关知识点，为后续的模型建立和风控平台应用打下了坚实基础。第 4 章深入探讨了模型在智能风控中的核心作用。通过对数据的分析、挖掘和预测，建立起能够反映信贷风险特征的数学模型。这些模型能够揭示潜在的风险因素、预测风险趋势，并为制定相应的风控策略提供科学依据。该章还详细介绍了各种常用的建模方法和技巧，包括逻辑回归、决策树、集成学习等常见算法，以及如何选择和优化模型以提高风控效果。第 5 章介绍了风控平台的相关内容。风控平台作为智能风控的载体，集成了数据管理、模型部署和应用实施等功能。通过先进的技术和系统架构，风控平台能够有效地整合内外部数据、部署和管理风控模型，并根据实际业务需求灵活调整风控策略。

第 6～8 章共同描述了智能风控在实际应用中的全貌，旨在帮助读者将理论知识转化为实际操作能力，以更好地应对现实业务中的各种挑战。任何有效的风险管理都始于明确、合理的策略。第 6 章详细探讨了策略制定在智能风控中的重要性，指导读者如何基于业务目标、风险容忍度和市场环境来制定和调整风控策略。第 7 章深入探讨了反欺诈策略的应用。欺诈行为不断演变和复杂化，拥有先进的反欺诈能力至关重要。该章详细阐述了如何利用智能风控技术来识别和预防各种欺诈行为，包括身份冒用、交易欺诈等。通过分享具体案例和实践经验，帮助读者了解最新的反欺诈技术和方法，以及如何在实际业务中应用它们。第 8 章聚焦贷后催收的内容。催收是信贷业务中不可或缺的一环，而智能风控技术能够显著提高催收的效率和质量。该章详细介绍了如何利用数据分析和自动化工具来优化催收策略，减少坏账损失，并探讨了如何在保持催收效果的同时，尊重和保护客户的权益，提升客户满意度。

最后，第 9 章对智能风控的未来发展进行了展望，分析了当前的政策指引方向，预测了智能风控未来可能的发展方向和挑战。这部分内容不仅为读者揭示了未来的机遇，也分享了笔者对于如何应对未来挑战的思考，希望能给读者提供一些参考。

总体来说，本书的各章之间虽然相互关联，但各自独立成篇。读者可以根据自己的兴趣和需求进行有选择性的阅读，从而更好地将相关内容应用到实际场景中，加深理解。

勘误和支持

由于笔者水平有限，书中难免会存在不妥之处，恳请读者批评指正。如果你有任何关于本书的意见或建议，可以发送至邮箱 dengzhenzhen831@163.com 或者通过我的微信公众号"风控小白在线"（微信号：risk_xiaobai）直接与我交流。期待你的真挚反馈，我们一起互勉共进。

致谢

首先感谢机械工业出版社的编辑老师们对笔者的支持。尽管我们未曾相见，但他们对每个章节都给予了悉心指导，提出了宝贵建议。基于彼此的信任和相互尊重，我们共同努力，力求呈现出一部高质量的作品。

在写作本书的过程中，我得到了公司同事的帮助和支持。感谢模型专家姚思远为第 4 章提供了较多的素材，使建模的理论内容更加专业和严谨。感谢我的同事张洪春和张家铭，他们提供了不少关于内部数据、外部数据、特征变量的写作建议。感谢公司的培养，公司每个月都会开展丰富且有深度的实务课程，这些课程解决了我的很多问题并让我深受启发。感谢智能风控中心的小伙伴们，大家互帮互助，和他们一起共事非常愉快！特别要感谢我的创作搭档李钦，他对全书的框架结构提供了宝贵建议，同时对智能风控能力建设标准、智能风控未来发展趋势，以及数据、系统等相关内容贡献颇多。

　　最后，感谢我的家人对我一如既往的无私支持。正是因为他们的陪伴和关爱，我才能在无数个夜晚坚持伏案写作，顺利完成这部作品。

邓甄

Contents 目 录

第 1 章 _Chapter 1_

互联网信贷业务逻辑和风险

金融的本质是跨时空的价值交换，是信用、杠杆和风险的总和。信贷业务是金融业务的核心和主体，也是金融机构的主要利润来源。评价信贷业务的质量，关键看风险控制，风险控制贯穿于信贷业务的始终。互联网信贷虽然是新业态，但其本质依旧是信贷。科学地认识互联网信贷和风险，加强对互联网信贷的风险管理，充分发挥信贷经济杠杆的作用，提高信贷资金运用效率，为实体经济提供更高效的服务，具有十分重要的意义。

1.1 互联网信贷业务

随着移动互联网技术的发展与普及，互联网已渗透到人们生活的方方面面。互联网与金融的深度融合，拓展了金融机构的服务半径，加快了信贷业务的发展，可以说，互联网信贷业务服务在我们的日常生活中随处可见。那么，究竟什么是互联网信贷？它的业务模式有哪些？发展方向如何？本节将揭开互联网信贷业务的面纱，一探究竟。

1.1.1 互联网信贷的定义和范围

对于贷款、借款、信贷、授信、融资这些词，不同的金融机构甚至不同的银行有不同的提法。从字面意思上看，信贷即信用贷款，是指以借款人的信用为担保发放贷款，以偿还和付息为条件的价值运动形式。中国银行业协会官方对互联网信贷的定义：信贷是一切以实现承诺为条件的价值运动形式，包括存款、贷款、担保、承诺、赊欠。狭义上信贷仅指银行贷款，广义上同"信用"通用。信贷是社会主义国家用有偿方式动员和分配资金的重要形式，是发展经济的有力杠杆。

信贷业务是商业银行最重要的资产业务，通过放款收回本金和利息，扣除成本后获得利润，是商业银行的主要盈利手段。信贷业务类型繁多，有很多不同的分类方式：根据贷款主体，信贷可分为自营贷款、委托贷款和特定贷款 3 种；根据借款人的信用程度，信贷可分为信用贷款、担保贷款（保证贷款、抵押贷款、质押贷款）、票据贴现等；根据信贷的用途，信贷可分为流动资金贷款、固定资产贷款、工业贷款、农业贷款、消费贷款和商业贷款等。

我国互联网信贷始于 P2P 模式，如今进入互联网＋金融机构的模式。2020 年中国银行保险监督管理委员会（以下简称"银保监会"）发布的《商业银行互联网贷款管理暂行办法》对互联网贷款进行了定义，即商业银行运用互联网和移动通信等信息通信技术，基于风险数据和风险模型进行交叉验证和风险管理，线上自动受理贷款申请及开展风险评估，并完成授信审批、合同签订、贷款支付、贷后管理等核心业务环节操作，为符合条件的借款人提供的用于消费、日常生产经营周转等的个人贷款和流动资金贷款。互联网信贷重点覆盖消费贷、小微贷。互联网消费贷满足下沉客户的消费需求，客群集中在中低收入、三四线城市的年轻人群，贷款主要用于购物、租房、旅游等各类消费场景。互联网小微贷满足小微企业主的资金周转需求，服务的商户多数年营业收入在 50 万元以下、雇员数在 5 人以内，融资资金主要用于日常运营和业务扩张。

随着金融科技的蓬勃发展，金融机构（如商业银行、消费金融公司以及互联网平台等）充分利用互联网和移动互联通信技术加速产品与服务的创新。在此基础上，它们推出的互联网信贷业务已逐渐成为业界的主导产品。

互联网信贷方便快捷，直达用户，可以提高金融服务的可得性和覆盖面，缓解中小微企业和金融消费者融资难、融资慢等问题，是数字普惠金融的生动实践。经过数字化转型的金融机构通过自身的科技能力，特别是互联网运营和连接能力，搭建起一条条通往小微企业的"金融毛细血管"，打通了服务实体经济的"最先一公里"和"最后一公里"，使银行业服务更具包容性和精准性。

互联网信贷作为传统线下贷款的重要补充，有利于便捷地满足企业和居民合理的融资需求，支持实体经济发展，不断提高金融便利度和普惠覆盖面，尤其是可以服务传统金融渠道难以触达的客户群体。据统计，截至 2021 年末，银行业金融机构互联网贷款余额为 5.75 万亿元，同比增长 21.8%，其中用于生产经营的个人互联网贷款和企业流动资金互联网贷款同比分别增长 68.1%、46.3%。

1.1.2　互联网信贷的业务模式

2013 年以来，多项支持互联网金融业务发展的政策出台，各类型市场参与方角力互联网信贷领域，互联网信贷行业快速发展，但相对宽松的政策环境也提高了行业风险与社会风险，业内一度出现引起社会高度关注的恶性事件。为控制行业风险、保障信贷行业有序发展，2017 年以来，一系列规范政策性文件相继出台，对行业整体和从业主体发展予以规范，同时也为合规运营的从业主体指明了未来的发展方向。

随着监管政策的陆续出台，行业乱象得到了有效遏制，市场环境也得以审慎放宽。此后，一系列旨在引导互联网信贷行业发展的文件相继出台，这些文件在鼓励创新发展的同时，也对行业的规范运作提出了明确的要求。一方面，这些政策有利于行业走向合规化、成熟化；另一方面，也对从业机构提出了更高的要求。行业成熟度逐步提升，部分具备科技能力优势的互联网企业积极与商业银行等传统金融机构开展合作，通过为其输出流量和提供风控能力的方式实现价值变现，由此互联网信贷业务流程中各环节职责实现了进一步的分工和细化，使不同从业机构的合作实现了优势互补，进一步促进了行业发展，也使行业规模进一步攀升。

在各种环境因素的作用下，互联网信贷市场空间巨大，且处于快速发展阶段，吸引了不同的机构参与进来，各类主体都在积极地争夺这一市场，包括传统商业银行、新兴银行、消费金融公司、互联网巨头等。

1. 四大参与方的发展情况

（1）传统商业银行

传统商业银行作为社会信用体系的中枢，承载着调节市场经济、传导宏观政策的主渠道功能。伴随着利率市场化进程持续推进，互联网信贷继续向银行核心业务渗透，银行虽然业务竞争激烈，但顺势谋变，纷纷进行数字化转型，支撑互联网信贷业务体系，以最大限度地契合和把握金融市场演进的新生态、新机遇，更好地服务于高质量发展的实体经济和社会。

传统商业银行作为信贷市场最早的参与者，从 20 世纪 80 年代发放第一张信用卡到现在，积累了丰富的技术优势和经验。除了零售业务，传统商业银行更多地发展小微企业贷、供应链信贷、汽车贷等其他产品。到目前为止，互联网信贷规模在商业银行中占据主导地位，特别是传统商业银行具有稳定、低成本的资金实力，在利率定价上也会相应较低。例如，招商银行的"闪电贷"利率为6%～7%（一年期），中国工商银行的"小微e贷"年利率最低为3.65%（一年期），平安银行"白领贷"产品年利率低至3.85%（一年期）。

（2）新兴银行

除传统商业银行之外，新兴的民营银行也在加快互联网信贷布局。2014年，银保监会批准了第一批民营银行。就设立目的而言，民营银行可被看作对当前银行体系的补充和完善。获批成立的民营银行均选择以互联网的形式运营，微众银行、网商银行和重庆富民银行便是其中的代表。三家银行皆有互联网公司或金融机构参股，且根据各自的资源优势，侧重于不同的业务方向和客群，推出了一系列创新的互联网信贷产品，践行全新的银行经营模式。

以2016年成立的重庆富民银行为例，它是经银保监会常态化审批成立的第一家民营银行，以"扶微助创、富民兴邦"为企业使命，坚守普惠金融定位，紧密围绕服务小微、服务三农、服务社区和创新创业，开展数字普惠金融的服务方式和业务模式创新。它支持全流程线上办理贷款业务的申请、审批和放款，通过金融科技手段解决客户身份认证、风险识别、征信查询等问题，极大地提高了客户的体验度。旗下产品富票融、富民极速贴、富民贷、富税贷、富条，从申请、开户、借款到还款，全在个人手机上完成，不受时间和空间的限制，操作简单、便捷。

（3）消费金融公司

中国消费金融最早可以追溯到1981年中国人民银行开展小规模消费信贷业务试点，在此后很长一段时间里，银行一直是消费金融服务的主体。直到2008年和2009年小贷公司试点和消费金融公司试点相继开展，这一格局才得以改变。

2013年至2014年，分期乐、京东白条、趣分期纷纷上线，行业进入启动期。启动期的相关政策以鼓励业务发展为主，至2015年6月，政策共批准成立了15家持牌消费金融公司。进入2015年，大量消费金融机构、产品涌现，其中包括2015年4月上线的花呗。

2016年3月，中国人民银行、银保监会提出加快推进消费信贷管理模式和产品创新。在行业创新、政策鼓励的共同作用下，互联网消费金融进入快速增长期。在快速增长的背后，出现了过度授信、暴力催收等不合规的经营方式。2017 年，监管部门拉开了消费金融行业规范治理的序幕。行业增速放缓，金融活动全面纳入监管，消费金融行业进入规范化、强监管、稳健发展的 2.0 时代。2021 年，消费金融行业重回稳定增长的通道。

与银行相比，消费金融公司颠覆了传统消费金融的服务方式，具有单笔授信额度小、审批速度快、无须抵押担保、服务方式灵活、贷款期限短等优势，可以覆盖银行难以全面惠及的领域和人群。大数据、人工智能等一系列技术的发展在互联网信贷领域发挥了极大的优势，加快了中国互联网信贷的发展进程，提升了中国金融的线上化渗透率，也为银行等传统金融机构的业务线上化进程提供了参考依据。

根据艾瑞测算，中国狭义消费信贷线上化渗透率已经从 2014 年的 0.4% 提升到了 2021 年的 69.4%。

（4）互联网巨头

互联网企业依托自身强大的技术、流量和数据能力布局消费金融领域，这类参与者具有天然的互联网基因和庞大的流量规模，大量的数据积累使其在了解用户、服务用户等方面具备更强的能力，对于拓展金融信贷业务具有良好的驱动作用。依托电商平台的互联网信贷已经非常普遍，电商平台在聚集起庞大交易规模的同时形成了一条比较完整的产业生态。

2014 年 2 月"京东白条"对外公测，主要面向部分京东会员，支持 3 ～ 24 期分期付款，提供最长 30 天的免息期。2014 年 7 月由蚂蚁微贷联合天猫开发的天猫分期购业务上线，根据实名用户的消费数据计算"分期购"的额度，用户可以进行"赊账"消费。2014 年底，蚂蚁金服的信贷产品"花呗"开始公测，2015 年 4 月花呗正式上线。2015 年 1 月，苏宁推出"零钱贷"，用户只要在苏宁零钱宝理财的账户里转入一定的资金就可以申请开通零钱贷服务。开通后，在用户购物时先冻结购物款，30 天后会从用户账户中自动扣除对应金额购物款，从而让用户在购物的同时多享 30 天的理财收益。同年 6 月，苏宁又推出"任性付"，用户申请后最高可获得 20 万元信用消费额度。

尽管互联网巨头推出信贷服务的时间不长，但它们凭借用户流量和互联网信贷场景优势，短期内实现了爆发式增长。除此之外，互联网巨头经过多年发展积累了大量的用户信息和交易数据，为其进行大数据风控提供了条件。例如阿里巴巴推出的芝麻信用、京东推出的白热度等信用评估产品。这也是互联网巨头金融服务迅速增长的重要基础。

2. 互联网信贷业务模式

从近些年的业务实践可以看到，互联网信贷市场的合作越来越普遍，金融机构对合作持更加开放的态度。互联网金融业务的资金与资产对接过程涉及多个环节，如营销服务、数据采集、征信服务、风险评估、贷中监控及预警、逾期催收、不良资产处置、资金提供、资金匹配、增信措施、资产证券化等，这些业务环节进一步细化出相应的功能模块，进而出现了独立运作的、专业化的市场主体，形成了互联网信贷的生态链，促使互联网信贷业务发展出自营模式、助贷模式、联合贷模式。

（1）自营模式

自营模式是指获客、风控、资金全流程均由银行等金融机构独立完成的模式，该模式对金融机构的获客及风控能力要求都较高，当前主要参与者为大型银行、头部金融公司以及持有金融牌照的互联网公司。用户在上述金融机构的 App 上就能申请贷款，而相关的营销、风险评估、放款资金等一系列业务和流程都由银行独立完成，没有第三方参与。例如中国建设银行快贷，可提供最高 500 万元的授信，主要是网上申请，适用范围涵盖提现、购物等；中国工商银行融 e 借，可提供低至 600 元、高至 80 万元的贷款，使用年限长达 5 年；招商银行 e 招贷，贷款金额可达 30 万元，随借随还；富民银行的富税贷，支持对公贷款，最高额度为 120 万元，使用年限长达 5 年。

2022 年是新监管开始实质落地之年，对于持牌金融机构而言，自营业务的能力建设将成为其未来直面竞争、顺应监管趋势的根基。伴随着金融科技生态的开放与融合，未来业务发展更合规、科技创新能力更强、自主风险管理能力更强的持牌金融机构，必将在金融科技的新局面下赢得更大的市场，成为"马太效应"中的优势一方，拉大与其他持牌金融机构的差距。

（2）助贷模式

助贷模式是指由助贷机构提供线上引流，商业银行提供资金、筛选客户和贷后管理的模式。助贷机构指拥有流量或风控初筛能力，提供信贷资产的一方。助贷机构的流量有两种：自有平台流量与通过其他平台外采流量。使用前一种流量的多为大型互联网公司，它们拥有丰富的流量资源，可以在此基础上开展信贷业务。使用后一种流量的多为风控初筛能力较强的金融科技公司，它们外采流量后利用较强的科技实力对客户进行风控筛选，并将筛选后的客户推送至合作方。

理论上，助贷机构不承担风险，仅对资金方推荐借款人并收取流量费或科技咨询费，流量费的市场价基本上是贷后利息收入的 0%~25%。该模式对资金方的风控能力要求较高，典型的产品如各大平台的贷款超市。

在过去几年的实践中，助贷模式又分为助贷机构兜底和不兜底两种：前一种是助贷机构引入担保机构或保险机构增信，并承担风险；后一种是助贷机构不兜底，风险均由银行承担。最早的助贷大部分是兜底模式，不良贷款由助贷平台或担保公司来兜底，后来才变成共享风控的纯助贷模式或纯引流。

从 2021 年下半年开始，助贷模式开始受到密集强监管。2021 年 7 月中旬，中国人民银行征信管理局明确个人信用信息"断直连"，这意味着互联网平台不能把个人信息直接提供给金融机构，也不能再像以往那样直接为银行引流助贷，如果平台只是为金融机构引流，那么必须通过持牌征信机构提供数据，以满足个人信息安全合规性的监管要求。

（3）联合贷模式

联合贷模式属于互联网平台与银行资金端的横向合作，简单来说就是，客户通过互联网平台的客户入口申请贷款，经互联网平台初审后，这些客户的相关资料会被提交给银行进行进一步审核，待审核通过后，银行和互联网平台会联合出资并合作进行贷后管理，收入和风险按照出资比例分配和承担。

银行之间的联合贷款最早是微众银行启用的。微众银行旗下微粒贷诞生于 2015 年 5 月。2015 年 9 月，微粒贷联合 25 家城商行建立联合贷款平台。通过联合借模式，微众银行提供客户筛选、运营管理、风险控制等服务，合作的金融机构提供资金和线下资源，共同向大众提供金融服务。

传统金融机构由于受到风控技术、成本，以及小微企业信息不对称等因素的制约，无法为小微企业提供商业可持续的信贷服务。根据中国人民银行的相关统计，小微企业平均在成立 4 年零 4 个月后第一次获得贷款，也就是说小微企业要熬过平均 3 年的死亡期后，才会通过银行信贷的方式获得资金支持。而联合贷模式就是一种响应市场需求的新的贷款模式，银行有资金，但要下沉渠道服务小微企业，光靠线下网点是没有成本优势的，而互联网平台通过金融科技手段主要服务小微企业，却缺乏资金。两者通过"联合贷"的合作模式，很好地解决了各自的问题，在双方自主风控的基础上，使得银行的资金能够借助互联网平台有效服务小微群体，互联网平台也拥有了比较稳定的资金来源，可以说是共赢。

在联合贷模式下，互联网平台与银行通过线上放贷的方式进行合作。然而，这种合作模式在发展过程中发生了扭曲，互联网平台和银行的出资比例从最初的 3∶7

逐渐演变为 1∶99。这种出资比例的失衡引起了行业的关注。在单笔联合贷款中，蚂蚁小贷作为联合贷方，其出资比例通常为 1%～2%。然而，监管新规出台，规定经营网络小额贷款业务的小额贷款公司的出资比例不得低于 30%。这一规定意味着，蚂蚁小贷等类似机构在联合贷中的出资比例将受到限制，不能再像过去那样仅承担极小的风险。这一变化对于蚂蚁集团等互联网金融机构来说是一个挑战，但也为其提供了重新审视和调整业务模式的机会。在新的监管环境下，这些机构需要更加注重风险管理和合规性，以确保业务的可持续发展。

1.1.3　互联网信贷业务监管演进

2020 年以来，监管部门密集出台了针对征信业务、金融机构、互联网平台的法规，其中大部分在 2022—2023 年实质性落地生效，如表 1-1 所示。为了规范商业银行互联网贷款业务的经营行为，银保监会分别出台了"一个办法、两个通知"对商业银行开展互联网贷款业务中的风险管理、贷款合作管理等提出了全方位要求。

表 1-1　互联网信贷监管政策清单

发布时间	发布部门	文件名称	生效日期	过渡期截止日
2020-07-12	银保监会	《商业银行互联网贷款管理暂行办法》（简称《办法》）	2020-07-12	2022-07-12
2020-08-20	最高人民法院	《关于审理民间借贷案件适用法律若干问题的规定》	2020-08-20	2022 年上半年定价窗口指导截止
2021-02-19	银保监会	《关于进一步规范商业银行互联网贷款业务的通知》	2021-02-20（本通知第二条、第五条自 2022-01-01 起执行）	2022-07-17（本通知其他规定过渡期与《办法》一致）
2021-09-30	中国人民银行	《征信业务管理办法》	2022-01-01	2023-06-30
2021-12-31	中国人民银行、工信部、网信办、银保监会、证监会、外汇局、知识产权局	《金融产品网络营销管理办法（征求意见稿）》	征求意见中	
2021-12-31	中国人民银行	《地方金融监督管理条例（草案征求意见稿）》	征求意见中	
2022-07-07	银保监会	《关于进一步促进信用卡业务规范健康发展的通知》	2022-07-07	
2022-07-15	银保监会	《关于加强商业银行互联网贷款业务管理提升金融服务质效的通知》	2022-07-15	延长至 2023-06-30

1. 一个办法

互联网信贷未改变信贷的本质，而是基于互联网等技术，将原来在线下进行的信贷业务迁移到线上。在快速扩张的过程中，很多业务细节并不受原有监管体系约束，产品模式和业务流程也呈现出一些不合规的趋势，特别是少数金融机构存在一些粗放经营的行为，在线上信贷管理、消费者权益保护等方面的不足较为突出，同时还存在过度授信、多头借贷、个人信息滥用等现象，对风险的把控和信贷资金流向也缺乏有效的管理手段。

监管部门在制定互联网贷款管理办法时，需要立足当前、着眼长远对互联网贷款进行规范，补齐监管制度短板，鼓励业务良性创新，这具有必要性和紧迫性。近几年，互联网信贷的线上非接触服务备受关注，客观层面要求加快出台相关政策。

2020 年 7 月 12 日，银保监会正式发布《商业银行互联网贷款管理暂行办法》(以下简称《办法》)。《办法》可以看作商业银行互联网信贷的基本准则，它正式确立互联网信贷的定位和要求，规范商业银行互联网贷款业务经营行为，促进业务平稳健康发展，并加快商业银行等金融机构数字化转型进程，更好地服务实体经济。

《办法》明确风险管理要求，商业银行应当针对互联网贷款业务建立全面风险管理体系，在贷前、贷中、贷后全流程进行控制，加强风险数据和风险模型管理，同时防范和管控信息科技风险。规范合作机构管理，并要求银行建立健全合作机构准入和退出机制，对于合作机构共同出资发放贷款的，应加强限额管理和集中度管理等。充分肯定互联网信贷普惠金融特性，在强化风险管理、加强监管的同时，对用于生产经营的个人贷款和流动资金贷款的授信额度及期限的规定具有较大的灵活性，有助于银行业金融机构通过互联网贷款更好地服务实体经济特别是小微企业和居民个人，并加快自身的数字化转型。

《办法》适应金融科技发展的趋势，吸收和反映最新实践成果，抛弃"一刀切"的简单监管思路，鼓励金融机构在防范风险的前提下积极探索。同时，设置两年过渡期，保证现有互联网贷款业务的连续性，保护客户权益。《办法》有助于鼓励互联网银行、消费金融公司加快产品创新，鼓励主流银行扩大在线信贷业务，加大对小微企业和居民个人的在线贷款投放，提高小微企业首贷率、续贷率，扩大居民消费需求，助力经济社会秩序全面恢复。

2. 两个通知

2021 年 2 月，银保监会发布《关于进一步规范商业银行互联网贷款业务的通知》，对《办法》进行细化和修正。该通知的重点是要求商业银行强化风险控制主体责任，独立开展互联网贷款风险管理，自主完成对贷款风险评估和风险控制具有重要影响的风控环节，严禁将关键环节外包。对联合贷款出资比例、集中度、限额管理等方面设定严格的定量指标，严控地方法人银行跨区域经营，大幅度收紧互联网贷款业务政策要求。同时，进一步规范商业银行互联网贷款业务行为，促进互联网贷款业务健康发展。

2022 年 7 月，银保监会发布《中国银保监会关于加强商业银行互联网贷款业务管理　提升金融服务质效的通知》，既肯定了互联网贷款在服务中小微企业融资和居民消费等方面的积极作用，又指出了贷款主体责任不到位、过度依赖外部合作等方面的不足，着重细化明确贷款管理和自主风控要求，提出规范外部合作，并将过渡期延长至 2023 年 6 月。从履行贷款管理主体责任、完善贷款资金管理、规范合作业务管理等多方面，进一步细化明确了商业银行贷款管理和自主风控要求。

谈及延长整改期限，银保监会有关部门负责人指出，近两年，经济环境等因素对商业银行互联网贷款业务整改进程造成了一定影响。从目前掌握的情况看，部分商业银行的互联网贷款业务特别是合作贷款业务面临到期合规的压力。为了审慎推进整改、创造更好的条件，避免因业务停办产生收缩效应影响小微企业和居民融资需求，同时综合考虑商业银行与合作机构整改进度、业务连续性以及与征信规定衔接等因素，有必要对过渡期作出统筹安排。

通知将商业银行互联网贷款存量业务过渡期延至 2023 年 6 月，有助于市场机构有序整改、平稳过渡，确保互联网贷款对实体经济服务力度不减，较好地平衡加强监管和促进创新的关系，有利于进一步规范互联网贷款市场竞争秩序，促进互联网贷款业务高质量发展。

从两个通知可以看出监管部门要求商业银行规范与第三方机构的互联网贷款合作业务，对共同出资、信息科技合作等业务分类别签订合作协议并明确各方权责，不得在贷款出资协议中掺杂混合其他服务约定。对于合作机构及其关联方违法违规归集贷款资金、设定不公平不合理合作条件、未依法依规提供贷款管理必要信息、服务收费质价不符或违反互联网贷款其他规定的情况，商业银行应当限制或者拒绝合作。

1.1.4　互联网信贷业务的发展趋势

对于持牌金融机构而言，自营业务和自主风控的能力建设将成为其未来直面竞争、顺应监管趋势的根基。金融监管政策密集发布，不断释放出全方位强监管和防控风险的政策信号，聚焦强化互联网平台反垄断、规范发展消费信贷、引导金融业务回归持牌、加强数据安全治理、强化金融机构自主风控和自营品牌等重点，对各类违法违规行为保持高压态势，对金融创新延续审慎监管导向。密集出台的监管政策示意图如图 1-1 所示。

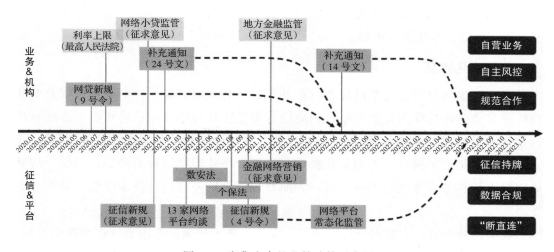

图 1-1　密集出台的监管政策示意图

对于陆续出台的监管新规，银行等金融机构除了应了解和尊重金融业务发展的规律，高度重视合规经营，紧跟行业发展步伐，主动创造先发优势，为互联网信贷业务奠定合规发展的根基，更应做到以下几点。

1. 自主风控

商业银行等金融机构加强自主风控建设，独立完成核心风险业务把控。随着行业周期趋于稳定，之前高利率覆盖高风险的盈利方式不再可行，在无法通过提升利率获取更高收益的情况下，如何降低逾期率就成为关键。银行在互联网贷款业务中，特别是在联合贷款业务中不应做"甩手掌柜"，应切实加强对贷款的管理，独立自主风控，不得将核心环节外包，要紧盯风控能力建设，通过借鉴其他银行的经验，梳理风险管理关键环节，加速风控体系建设，从而支撑前台数字化经营和后台精细化管理。

商业银行加强自主风控能力建设，主要从竞争优势、监管导向、商业模式 3 个方面进行分析。从竞争优势方面分析，资金方的获客渠道同质化明显，资金成本差异不大，风控能力成为差异化竞争中的重要一环。从监管导向方面分析，监管要求核心风控环节由金融机构承担，风控能力成为核心能力。从商业模式方面分析，在轻资本模式下，资金方承担信用风险。而承担信用风险是一把双刃剑：具备较强风控能力的金融机构可以赚取超额收益，抢占市场；风控能力弱的金融机构则面临逾期率大幅提升的风险，不仅无法获取超额收益，还可能会出现亏损。此消彼长，风控能力弱的金融机构会陆续退出互联网信贷市场，而风控能力强的金融机构则可以覆盖更多客群，不断抢占市场。

2. 数字化转型

当前，银行数字化转型已成为行业共识，国有大行、股份制商业银行以及城商行纷纷将金融科技作为发展战略。招商银行更是在章程中规定：每年投入金融科技的整体预算额度原则上不低于上一年度本行经审计的营业收入的 3.5%。因此，商业银行尤其是中小银行一方面要积极学习先进数字化转型银行的经验，并结合战略规划对本行相关业务进行调整，另一方面要积极借助外力进行技术赋能，减少成本支出。

数字化转型后，大数据分析可为商业银行在各大领域筛选出有价值的数据信息，用以有效提升经营收益。一是有利于风险决策指导。数据的聚类和整合分析，相当于对客户在一个时间段内的潜在金融需求进行预测，以便得出合理的、有针对性的金融参考建议。二是有利于助推营销。基于大数据分析技术，建立销售管理看板，丰富电子化作业处理手段，实现标准化流程管理，为客户提供系统性支持和智能化服务。三是有利于大幅降本增效。有效启动大数据分析功能，可大幅提升商业银行对渠道的全面管理水平，改善运营调配及人力资源管理的能力方式，降低人工作业成本，从而提高工作效率。四是有利于把控风险。大数据分析可实现高效的信贷风险评估和风险防范，识别欺诈交易，建立黑名单定点清除模式，有效降低金融交易风险。通过智能化、全自动化运维，商业银行能够把所有的能力变成组合的能力，以更好、更快速地适应业务发展需求，不断创新与迭代，用更少的人工服务更多的客户，保持业务高效运营，这也是人工智能等新兴技术改造传统运营的模式。

3. 回归持牌

随着监管趋严，互联网信贷业务回归持牌机构是必然趋势。在互联网金融、金融科技概念席卷中国多年后，互联网信贷行业在监管层雷厉风行的引导下正本清源，持牌金融机构活跃在信贷舞台最中央，而曾经闪亮登场的各种 P2P、现金贷、非持牌消费贷玩家，则在互联网信贷这场轰轰烈烈的演变中成为历史。

监管政策的陆续出台，也说明金融机构需要从金融科技、数字化技术的历史发展中吸收技术变革的经验，从过去百花齐放的互联网信贷从业机构对业务探索、市场教育的成果里学习经验教训，从横向和纵向的数据分析对比中找到服务好客户的真正要领。

持牌经营有利于银行更加规范、高效、良性地发展业务，对于其自身可持续发展具有重要意义。金融机构持牌合规，在业务运营中接受严格、到位、完善的监管，同时保持了严格的自律性，这种先发优势为企业谋求差异化竞争带来了巨大价值。

4. 案例剖析

2015 年初，由腾讯集团控股的微众银行最早以产品名称"微粒贷"与电商平台合作开展联合贷款业务，开创了互联网信贷联合贷业务模式的先河。2017 年，蚂蚁金服（现已更名为蚂蚁集团，以下均称蚂蚁集团）成立了放贷主体，凭借 38 亿元的注册资本金，在当年放贷达 3000 亿元。

经过多年的持续发展，借助联合贷款的渠道，商业银行在贷款规模、金融客户覆盖面等方面均有不同程度的提升，整体上联合贷款业务逐步形成了一个万亿元的贷款市场。2019 年 10 月，整个联合贷的市场规模已经达到 2 万亿元左右，涉及数百家银行等金融机构。其中蚂蚁集团的份额占到一半以上，超过微众银行、平安普惠以及所有其他金融机构的联合贷市场份额之和。

在花呗和借呗的联合贷模式中，蚂蚁集团的出资比例在 1%～2%，扮演的是流量、技术平台角色，帮助银行等资金方获客，独立风控。银行等金融机构在经过蚂蚁集团的严格审核后，向符合要求的用户发放贷款并收取相应的利息。在与蚂蚁集团的合作中，银行需要支付科技服务费或管理费。然而，银行在合作中作为主要出资方，对于蚂蚁集团的技术、大数据和风控规则无法做到全面了解，因此承担着较大的风险。这也导致在与商业银行的合作中，蚂蚁集团通常占据主导地位。对于银行来说，尽管它们提供了主要的资金，但十分依赖合作流量巨头的运营和风控能力。这就导致了一个结果：即使银行在合作中出资比例可能高达 99%，但在利润分配上并不对等。一般来说，如果对客户的利率为 18%，银行只能分 12% 以下，而蚂蚁集团却能赚取剩下的利润。这样一来，银行不仅获利较低，还需要承担绝大多数风险，倘若合作方为了盲目追求转化率对数据进行操控，银行的风控模型一时又无法有效识别，便会给资产质量带来重大安全隐患。

已有的银企联合贷模式实践，实质上违背了"独立风控、风险自担"的原则。有的银行作为出资人，出资但并不承担信用风险，只是到期获得固定利润分成，未参与到联合贷款的风险管理环节中，完全依靠外部服务机构所谓的高科技和大数据的记录控制风险。还有部分银行虽然参与了风险监控，但由于自身人员或技术能力有限，且没有自己的算法模型，难以对合作方引流导入的客户数据进行分析，只能完全依赖和听信合作方的说法，这样长期下去就会失去金融机构网络贷款风控能力，并失去自身网络贷款内控机制的建设发展机遇。

2020 年 11 月，在蚂蚁集团上市前夕，银保监会、中国人民银行下发《网络小额贷款业务管理暂行办法（征求意见稿）》，该办法中提到主要作为资金提供方与机构合作开展贷款业务的，不得将授信审查、风险控制等核心业务外包，不得为无放贷业务资质的机构提供资金发放贷款或与其共同出资发放贷款，不得接受无担保资质的机构提供增信服务以及兜底承诺等变相增信服务。在单笔联合贷款中，经营网络小额贷款业务的小额贷款公司的出资比例不得低于 30%。若要驱动 1.8 万亿元联合贷款，蚂蚁集团至少要出资 5400 亿元，但蚂蚁集团自有资产仅 360 多亿元。因此，整个联合贷款业务量受到一定的限制。

5. 相关启示

互联网信贷在快速扩张的过程中，其很多业务细节并不受原有监管体系约束，这一方面为互联网金融的创新与快速发展提供了发展机会，另一方面也将其可能产生的风险传导到了传统金融机构。金融作为社会生产重要的辅助，其风险从产生到爆发，其间贯穿社会生产链条的每个节点，如何平衡创新发展与风险管理的关系，成为监管层面需要重点考虑的问题。从监管发布的文件和措施来看，监管层对互联网信贷为中国金融业务成熟度和线上化进程所做出的贡献是持肯定态度的，监管控制风险的目标是防范金融风险、经济风险与社会风险。

对银行等持牌金融机构来说，在互联网信贷实践中需厘清信贷联营中银行独立风控的内涵和外延，明确商业银行在互联网信贷业务中的角色和底线。

客观地看，整个金融行业的数据化风控能力建设必然需要一个周期，不同银行之间的技术实力和风控水准永远存在差距，但总有一些基本要求是全行业不可逾越的底线。比如，是否批准贷款，额度多少，业务是否要退出，这些问题的决定权应该由银行自主掌握，且银行绝不能以第三方助贷机构兜底作为风控依据。互联网信贷业务回归，自主风控和自营品牌成为金融机构立足新时代的必备条件，拥有高精度客户洞察和运营能力、能够精准驾驭人工智能技术、充分融合经典金融风控精髓和深度互联网化实践的金融机构才能成为真正赢家。

1.2　互联网信贷风险

互联网信贷之所以能够代表信贷创新的方向和过程，关键是因为它利用大数据、云计算、机器学习等新一代信息技术改变了信贷的运作模式和风险结构。虽然未改变风险控制和管理的实质，但互联网信贷对信贷风险的管理原则、策略手段、管理方式产生了巨大的影响。风险管理也在持续创新，人们对于风险的理解和认识被提到了新的高度。

1.2.1　认识风险

汉语中有个常用词叫"万一"，即万分之一，为极小的部分，这个词有两个常用的场景：有时指可能性极小的不利情况，例如"以防万一"；有时含"如果"的意思，表示可能性极小的不利假设，例如"万一客户出现大面积逾期，银行就会破产"。这是中国人对小概率事件发生的最朴素感知。虽然某个事件的发生概率小到万分之一的程度，但这并不意味着一定要积累到一万次才发生，事实上，有可能第 10 次或者第 100 次就发生了。这种在未来的不确定性中带来的不利结果，我们称之为风险。

对于"风险"一词的由来，最为普遍的一种说法是这样的：在远古时期，渔民们每次出海前都要祈祷，祈求神灵保佑自己平安归来，其中主要的祈祷内容就是希望在出海时大海能够风平浪静、自己能够满载而归。他们在长期的捕捞实践中深深地体会到"风"给他们带来的无法预测、无法确定的危险，在出海捕鱼的生活中，"风"即意味着"险"，因此有了"风险"一词。

1. 银行风险

根据中国银行业协会对风险的定义："风险是银行在经营过程中，由于一系列不确定因素的影响，资产和收益受到损失的可能性。"关于银行的信贷风险，有以下两点需要强调。

- ❑ 强调结果的不确定性：在一定条件下和一定时期内发生各种结果的变动，结果的变动程度越大则相应的风险就越大。不确定性带来的结果可能有利也可能不利。

❑ 强调不确定性带来的不利后果：各种结果发生的不确定性导致行为主体遭受损失或损害的可能性。风险不等同于损失，风险是一个事前概念，损失是一个事后概念，风险的概念既涵盖未来可能损失的大小，又包括损失发生概率的高低。

2. 信用风险

风险有多种类型，如果按照风险的来源进行分类，有信用风险、市场风险、操作风险、流动性风险、国家风险、声誉风险、法律风险和战略风险。本书仅对信贷领域最常见的信用风险进行介绍。

信用风险是商业银行面临的主要风险，它是指借款人不能按照事先达成的协议履行义务的可能性。在互联网信贷业务中，信用风险一般是指借款人未按约定履约，银行不能收回贷款本金和利息的风险。

（1）信贷与信用风险的关系

信贷是指银行等信贷机构将资金的使用权在一定期限内有偿让渡给其他人，并在贷款到期时收回资金本息以取得收益的行为。信贷的本质特征是有偿性，即信贷机构将资金出借给借款人，借款人在货款到期时是要还本付息的。由于各种不确定性，借款人可能不能按时偿付贷款，造成银行贷款本金、利息的损失，即存在一定的信用风险。对于银行而言，借款人无法按时还款就是最大的风险。

（2）信用、风险与杠杆

金融的本质是跨时间的价值交换，是信用、杠杆和风险的总和。信贷业务作为最基础的金融业务，总是与信用、风险、杠杆联系在一起。借款人通过信用获得信贷资金，必然会产生杠杆，有了杠杆，必然会有相应的风险。杠杆的高低应当与借款人的信用相匹配。一般来说，杠杆越高，风险越大。

信贷具有周期属性，当经济处于上升期，借款人经济状况好的时候，他们往往会增加杠杆。这时，借款人会通过借入更多的债务来扩大投资、生产与消费。在这个阶段，由于有收入或盈利做保障，借款人的还款意愿和还款能力也会比较强，即便他们的账上资金出现一些问题，也能通过其他渠道获取资金来补充流动性。因此在经济繁荣时期，借款人很少违约，银行也能保证收益。

一旦经济下行，借款人经营状况恶化，杠杆所带来的债务成本利息将成为借款人的沉重负担。如果借款人是企业，它在经济繁荣时期的很多投资、生产一旦无法实现预期，就有可能变成变现能力差的不良资产。在这种情况下，借款人的再融资环境也会同步恶化。多重因素影响下，借款人往往会陷入困境，其违约概率会增加，银行承担的风险也随之陡增，并积累更多的不良资产。如果借款人是个人，则他也会受到宏观经济形势的影响，导致收入下降。当消费支出大于收入时，个人财务负担增大，无力按时偿还贷款，银行的损失也随之增加。

无论借款人是企业还是个人，一旦违约就可能形成坏账，商业银行只能用资本金或者积累的盈余来弥补。当坏账规模过大，导致商业银行的资本耗尽、资不抵债时，商业银行只能破产倒闭。比如 2020 年 11 月进入司法破产程序的包商银行。

（3）为什么借钱容易还钱难

信贷机构把钱借出去容易，要把钱收回来却不是一件容易的事，尤其在经济下行期，借款人要想偿还债务、去杠杆更是难上加难。

根据货币金融学理论，在信贷业务中，信贷资金运动过程包括"两重支付、两重回流"4 个环节。以企业信贷为例，具体如下。

第一重支付：银行将信贷资金支付给企业。

第二重支付：在第一重支付后，信贷资金转化为企业的经营资金，用于企业的经营，可以用于发放工资、购买原材料、购买设备等。

第一重回流：经过生产过程，从原材料到半成品、成品的过程会增加原材料的价值，成品生产出来后，企业通过现金销售或赊销的方式出售产品，回笼现金或产生应收账款，应收账款收回后资金又回到企业的手里，这是第一重回流。

第二重回流：企业将第一重回流的资金偿还给银行。

风险体现为一种不确定性，这 4 个环节中的不确定性就是银行面临的风险。以上 4 个环节非常关键，任何一个环节出现问题，都可能发生信贷风险。企业的常见信贷风险有如下几个。

❑ 企业并未按约定借款用途使用借款，而是将其用于投资房地产、股票债券或偿还其他借款。

❑ 原材料价格上涨或质量有问题。如果出现这些问题，势必会对之后的销售产生影响。

❑ 生产的产品有质量问题。产品质量有问题，势必会对之后的销售产生影响。

❑ 产品销路出问题。产品卖不出去是生产型企业最大的风险。

❑ 应收账款无法按时收回。

❑ 突发事件。例如自然灾害，导致企业无法继续经营生产。

企业拿到信贷资金，先要经历一个"钱变物"的过程，这是企业生产经营的起点，一般比较容易。当企业还钱时，要经历一个"物变钱"的过程，而这一步异常艰难。马克思在《资本论》中有一段经典的描述："从商品到货币的过程是商品惊险的跳跃，这个跳跃如果不成功，摔坏的不是商品，一定是商品所有者。"商品所有者就是借款企业，借款企业的商品如果卖不出去或者卖出去收不回钱，它就会受到影响甚至倒闭，进而大概率会违约，而银行的资产质量也会受到影响。

1.2.2 风险管理的组织架构和"三道防线"

商业银行根据不同的经营环境、经营制度和风险管理要求，构建了各自独特的风险管理组织架构。这一架构通常由董事会及其专业委员会、监事会、高级管理层、风险管理部门以及其他风险控制部门共同组成，以确保银行稳健运营。董事会、监事会和高级管理层合称为"董监高"，是商业银行的最高领导层，负责制定和执行战略决策，并对银行的整体运营和风险管理负有最终责任。接下来，我们将对"董监高"进行详细介绍，了解其在商业银行中的重要地位和作用。

❑ 董事会：最高风险管理和决策机构，承担商业银行风险管理的最终责任。一般负责审批风险管理偏好、战略、政策和程序，确定商业银行可以承受的总体风险水平。

❑ 监事会：负责监督董事会和高级管理层是否尽职履职，并对银行风险承担水平和风险管理体系的有效性进行独立监督、评价。

❑ 高级管理层：风险管理的执行机构，高级管理层的支持与承诺是商业银行落实有效风险管理的基石。

风险管理的"三道防线"是指在商业银行内部形成的在风险管理方面承担不同职责的 3 个团队。

❑ "第一道防线"：业务团队，负责识别、评估、缓释和监控各业务领域的风险，对管理和控制其经营活动的风险负有首要、直接的责任。

❑ "第二道防线"：风险管理团队，主要职责有建立银行的风险政策制度体系，为各业务单元的风险管理提供专业咨询和指导，以及通过风险偏好和限额等方式监控、评估和管理全行风险，有效防止系统性风险的发生。

❑ "第三道防线"：内部审计团队，负责对全行风险管理体系的有效性进行监督和评估。

1.2.3 信贷风险管理流程

信贷风险管理包括风险识别、风险计量、风险监控、风险控制 4 个流程。

1. 风险识别

风险识别是风险管理的第一步，也是风险管理的基础。一方面，可以通过感性认识和历史经验来判断风险；另一方面，可以通过对各种客观资料和风险事故记录进行分析、归纳和整理，以及进行必要的专家访问，找出各种明显和潜在的风险及损失规律。

风险具有可变性。风险识别是一项持续性和系统性的工作，要求风险管理者密切注意原有风险的变化，并随时发现新的风险。风险识别重点关注风险因素、风险的性质及后果、识别的方法及其效果。

1）风险识别包括以下两个环节。

❑ 感知风险：通过系统性的方法发现商业银行所面临的风险种类、性质。

❑ 分析风险：深入理解各种风险内在的风险因素。

2）风险识别的内容如下：

❑ 向国家限控行业发放贷款风险。

❑ 向不具备主体资格或主体资格有瑕疵的借款人发放贷款风险。

❑ 受理不符合准入条件的客户申请风险。

❑ 过度授信风险。

❑ 授信不足风险。

❑ 期限设置不合理风险。

❑ 借款用途法律风险。

❑ 贷款利率定价合规风险。

2. 风险计量

风险计量是在风险识别的基础上，对风险发生的可能性、后果及严重程度进行充分分析和评估，从而确定风险水平的过程。风险计量是提升银行精细化管理水平、优化资源配置的基础，其结果可用于客户准入、授信审批、限额管理、经济资本、风险定价、绩效考核等领域。风险计量既可以基于专家经验，也可以基于统计模型的方法完成。商业银行应当根据不同的业务性质、规模、复杂程度及数据的可得性，对不同类别的风险选择适当的计量方法，但无论选取哪种方法，都应确保风险计量的准确性。风险计量内容主要从以下三方面界定。

- ❑ 对风险本身的界定：包括风险发生的可能性、风险强度、风险持续时间、风险发生的区域及关键风险点。
- ❑ 对风险作用方式的界定：包括风险对银行等金融机构的影响是直接的还是间接的，是否会引发其他的相关风险，风险对银行等金融机构的作用范围等。
- ❑ 对风险后果的界定：在损失方面，如果风险发生，对银行等金融机构会造成多大的损失？如果要避免或减少风险，银行等金融机构需要付出多大的代价？在冒风险的利益方面，如果银行等金融机构冒了风险，可能获得多大的利益？如果避免或减少了风险，银行等金融机构得到的利益又是多少？

3. 风险监控

在商业银行的不同业务发展阶段，风险监控预警工作始终相伴，并呈现出每一时期独特的演变状态，不断地丰富和完善。近几年，国内外宏观经济环境复杂多变，不确定因素增加，加上宏观调控、外部监管等要求密集出台，商业银行信贷资产风险监控预警愈发重要。在当前内外经营环境比较严峻的形势下，商业银行要继续保持信贷资产平稳增长，调整贷款结构，确保授信质量优、收益高，严控新增不良，密切防范和化解重大风险事项，以确保业务发展平稳运行。

商业银行对信贷资产的监控预警应把握"前瞻性、差异化、及时性、灵活性"的原则，具体内容如下。

- ❑ 前瞻性：重点对目前"正常类"和"关注类"客户进行监控，识别并评估潜在风险因素，提出管理措施。
- ❑ 差异化：对重点或热点行业、重点地区客群以及信贷产品进行差异化监控，重点控制大额高风险授信向不良授信转化，避免增加监控成本。
- ❑ 及时性：发现问题后要及时制定管理措施，有关单位和业务部门要确保及时执行到位，增强时效性。
- ❑ 灵活性：灵活采取系统预警、报表统计、现场检查、同业交流等多种手段获取信息，最大限度减少客户信息不对称的问题。

4. 风险控制

风险控制包括贷前准入和调查、贷中审查和审批、贷后检查和逾期催收。风险控制因信息不对称而起，解决的是信息不对称的问题；贷前环节收集和整合信息；

贷中环节审核信息，并在此基础上进行恰当的信贷决策；贷后环节是在放款后关注客户动态及逾期处理。在这 3 个环节中，贷前是基础，收集和整合的信息越充分，越有利于贷中信息审核并做出正确的信贷决策。贷前和贷中环节所做的工作越充分，贷后环节就越轻松，只需要进行常规的贷后追踪。如果贷前工作不够充分，就会影响贷中决策的效率和质量，进而增加贷后环节的工作量。

1.2.4　大数据风控

互联网信贷改变了传统以人力为主要驱动的发展模式，将获客、风控等核心业务环节转移到线上，突破了地域限制，提高了整体工作效率，优化了用户体验，使行业形态更加多元化。互联网信贷业务的发展，离不开金融科技与风险业务融合的产物——大数据风控。

《数据智能下的金融数字化转型 2022 年度报告》中提到："一切皆可智能化的时代，数据正在成为金融业基本业务单元和重要资产，数据经营能力也成了金融机构关键能力。"这在一定程度上解释了为什么大数据风控能在互联网信贷业务中得到广泛的应用。

大数据作为近年来兴起的信息技术，得到了深入的研究与广泛的应用，而信贷领域的大数据风控技术应用是目前最成熟的商业应用之一。当前，中国商业银行面临着巨大的竞争压力，不仅需要面对来自外资银行的挑战，还要面对国内互联网金融科技与金融服务企业的竞争。为了提高竞争力，赢得更多的市场与客户，商业银行正在信贷业务领域进行着最深刻的转型，而大数据对多维度、大量数据的智能处理，批量标准化的执行流程，更能贴合信息时代风控业务的发展要求。因此，利用大数据技术来提高商业银行的信贷风控水平是必然趋势。

大数据风控经历了从 P2P 借贷向互联网信贷的转变，前者是资金供需双方通过互联网渠道实现直接的资金匹配，后者是机构利用传统信贷机构没有的大数据，对借款人信用状况进行甄别后的贷款发放。P2P 借贷实质上依托互联网平台解决了信贷业务中的渠道拓宽问题，而在风险定价或风险管理控制层面并没有取得突破，甚至其风险控制能力比传统的信贷机构更差。事实上这也是 P2P 借贷中违法违规担保、平台自融、资金池等问题层出不穷，乃至最后被彻底清除的原因。

与 P2P 借贷不同的是，大数据风控不仅依托于互联网平台，还以大数据为要素，以云计算、机器学习等技术为手段拓宽了信贷渠道，实现了信贷风险定价、风险管理、风险控制能力和水平的提升。毕竟拥有先进的大数据风控能力是开展大数据信贷业务的必要基础。

风险管理数字化转型（即数字化风控体系的建设）已成为商业银行建立和保持竞争力的关键，是商业银行应当在数字化转型中高度关注的重点、加快突破的难点和尽快建起的长板优势。只有建设数字化风控体系，才能保证数字银行模式下经营和发展成果的真正落地。

从商业银行实践来看，数字化风控体系目前还处在研究和布局建设的初级阶段。由于涉及理念、模式、路径、流程、技术、监测等方方面面，且与传统线下风控体系不同，数字化风控体系的建设更需要凸显前瞻性、可扩容性和整体性，并以此为出发点，制定中期和长期的数字化风控体系建设方案。

1.2.5 大数据风控管理原则

在互联网信贷领域，影响风险的因素众多且变化多端，比如外部环境、财务状况、工作收入、还款意愿、履约能力等都会影响信用风险。在这种情况下，怎样做好风险管理？最基本的做法就是深入了解大数据风控管理原则，并将其作为方法论来搭建风险管理体系。本节将根据笔者多年的经验，以及笔者与多名持牌机构 CRO 的交流心得介绍一些重要的原则。

1. 收益与风险的平衡

信贷的本质是经营风险，只要有信贷业务，就会有风险损失。很多人害怕风险，于是采取风险回避策略，包括退出使用一条产品线、放弃一部分市场、精简组织机构等。然而一味地回避风险是不可取的，只有在对风险事件的发生、后果有全面把握时，回避风险才具有积极意义。由于市场环境的复杂性和认知的局限性，我们无法准确地识别和评价所有风险，因此回避风险的做法存在很大的局限性。与风险相伴的是收益，对风险采取回避态度，必然要失去与之相伴的机会和收益。

在信贷业务中，我们要学会接受风险，接受业务会产生损失的现实。衡量商业银行业务发展的效果时，不能只看坏账不良率，而是应该从业务规模、净利润、资产质量等维度综合观测。信贷的目标不应该只是减少坏账，而应该是在利润和风险损失之间选择一个平衡点。

2. 数据化管理风险

互联网信贷有别于传统的中小企业金融服务模式，大多采用了客户线上申请、银行实时或准实时审批的模式，这就要求银行在每笔贷款的风险决策上既快又准。为了满足这种线上实时或准实时的风控决策要求，风控管理需要用数据模型实现风险管控的定量化。可根据客户的一些重要信用资料预测其信贷行为及风险概率，并通过系统触发的方式实现风险信息的主动识别和推送。

数据化主要解决两个问题。

一是解决各类风险信息的获取问题。中小企业的发展与企业自身经营、法人个人行为、行业政策变化、市场经济影响等诸多因素有关，人工搜集信息的方式已无法满足风险管控的及时性、效率性和准确性等要求。这就需要银行与各类数据渠道对接，对分散的多渠道信息进行深度整合，形成获取客户信息的数据基础。

二是解决风险判断的标准问题。传统的风险管控多依赖专家经验和人工定性判断，缺少统一、明确的风险评判标准，使得传统风险管理方式难以适应以线上批量化服务方式为主的普惠金融业务。解决这一问题的关键在于建立统一、明确的风险管控指标，将定性的专家判断变为定量的数据指标，通过风控指标的建设奠定智能化风控的基础。

对商业银行而言，若是按照传统模式对信贷客户进行风控调查，不仅成本太高，而且效率偏低。互联网金融企业运用大数据技术，基于自身所掌握的相关数据信息，根据概率推导的模型算法筛选目标群体，除了获取传统风控的基本信息之外，还会补充行为特征、消费信息、小额资金流动、生活缴费等方面的非结构性信息，从更多维度来判断消费者的还款能力与还款意愿。通过这种方式，互联网金融企业能够更好地控制风险，进而控制整个信贷业务。

3. 系统化管理风控

系统不仅是中小企业普惠金融的服务载体，也是风险管控的重要载体，其作用体现在及时性、高效性、主动性三方面。大数据和云计算技术的发展已完全能够满足大数据量的实时计算要求。因此，在中小银行的互联网信贷业务中，系统对客户的风险识别和判断也是实时或准实时的，以确保在每步业务流程的第一时间防范风险的发生。

此外，线上业务还有批量化的特点，这种业务模式突破了人工审批的工作量限制，依靠系统强大的批量计算能力为客户提供秒级响应的贷款服务。与客户服务相配套的风险管控也需要借助系统批量化的优势来同步完成风险判断与决策，确保在大量业务并发时稳定地输出风险判断的决策结果。

在客户的整个信贷周期内，系统的触发式预警可以确保在风险发生时主动将风险信息推送至相关业务人员，彻底解决了人工风险管控中因被动造成的不尽责问题。

4. 闭环化风控管理体系

除了数据化和系统化，完整风控流程只有实现闭环化才能形成全面的智能化风控。闭环化考虑的重点是将不同业务流程中的风控进行有效串联和衔接。从中小银行提供的信贷业务的角度考虑，闭环化需要将贷前准入、贷中审批和贷后管理 3 个关键业务节点中的风险管控进行合理分配和重点划分，使之形成一套覆盖全部业务流程的完整风险管控体系。

具体来说，贷前准入主要完成对整体客群的初步筛选，如身份核验、业务要素的条件匹配、欺诈风险和其他重大风险的筛查等。贷中审批的重点是完成对客户综合风险的评估，并出具与客户风险状况相匹配的授信方案，如是否审批通过、贷款额度、贷款期限、贷款利率、还款方式等。贷后管理则是在对客户放款后，对客户各方面的风险变化情况进行持续跟踪管理，如监控企业的经营情况、财务状况、内部管理变化、司法涉诉情况，以及企业主个人的负债、履约等情况。

实现闭环化风控管理体系，在由上而下确定、传导银行自身风险偏好的过程中，要确保能够根据总体风险偏好导向，选择客户并实施有效的风险管理。结合经营结果，在合理范围内修正风险偏好相关指标，更好地践行战略方针。做好关键节点的闭环管理，在反欺诈、监控、预警等环节，要遵循确定工作目标、设计工具模型、搜集整理数据、校验数据真实性、检验模型有效性、推进模型持续迭代这样的流程，确保关键风控环节管理有力有效。

5. 案例剖析

在新闻报道中，我们时常会看到"黑天鹅"事件和"灰犀牛"事件，它们均与风险相关，下面我们来了解一下其含义。

（1）"黑天鹅"事件

欧洲人在发现澳洲之前，一直认为天鹅全都是白色的。然而，在到了澳洲之后，他们竟然发现了黑色羽毛的天鹅，就是这一只黑天鹅，将欧洲人坚信上千年的结论彻底推翻：原来天鹅不仅有白色的，还有黑色的。

后来，美国著名投资人塔勒布便使用"黑天鹅"事件特指罕见、无法预测，但是一旦发生足以颠覆以往任何经验的重大事件。

例如，1997 年的亚洲金融危机即"黑天鹅"事件。泰国政府宣布泰铢与美元脱钩后，当天泰铢就贬值近 20%。随后，超出意料地引发马币林吉特、新加坡元、菲律宾比索、印尼盾等下挫。这场金融危机使大部分东亚货币贬值、国际股市暴跌、多国社会秩序陷入混乱，甚至政权更迭。"黑天鹅"事件还发生在 2016 年 6 月 24 日，英国通过全民公投，宣布退出欧盟。受此影响，全球金融市场反应迅速且剧烈，英镑兑美元汇率闪电崩盘，跌幅超过 1000 个基点，触及 1985 年以来的最低水平，英国首相卡梅伦辞职。

（2）"灰犀牛"事件

灰犀牛是非洲大陆上的巨无霸，体重达 2~5 吨，它平时性情温和，除非受到挑衅或者其领地受到侵犯，基本不会攻击人类或其他动物。你在非洲大草原上旅行，碰见灰犀牛，你一步步向前，直到足够近，准备为其拍一张角度好的照片，发现它正向你冲过来，此时你所面临的危险就称作"灰犀牛"。

"灰犀牛"比喻大概率发生且影响巨大的潜在危机，这个危机有发生变化或改变的可能，是可预测的。例如，2008 年美国次贷危机就是典型的"灰犀牛"事件。当时大家知道"次贷"有风险，却并未足够重视。因为投资回报率高，"次贷"在相当长的一段时间内受到投资者的追捧，表现稳定。2007 年房价开始回落，"次贷"市场风险爆发，风险被迅速传导到其他市场，最终酿成了史无前例的全球性金融危机。

6. 相关启示

"黑天鹅"和"灰犀牛"事件的冲击力和破坏力对于银行而言是非常大的，结果往往是灾难性的。这再次唤起我们对于风险管理的思考，银行应正面审视"黑天鹅"和"灰犀牛"事件的由来，做好应对风险事件的基础性、先导性和前瞻性工作，切实提高风险管理能力和水平，在风险再次来临之前谨慎应对，做到未雨绸缪，防患于未然。

（1）风险管理意识的转变和提升

充分认识突发事件风险管理及其对银行业持续稳健经营的重要性和紧迫性。积极扭转重业务发展、轻风险管理及重处置、轻预防的风险认识偏差，由被动风险管理向主动风险管理转变。将风险管理工作的着力点前移，将风险压力由管理部门向生产经营前端传递，找到风险控制与业务发展的平衡点。

（2）建立风险全过程监控机制

从被动监控向主动监控转变，加强日常巡检，定期开展多维度风险排查，强化突发事件的风险识别能力。扩大监控覆盖面，关注极端现象和小概率事件，确保无盲区、无死角。对关键部位进行实时监控，设立预警阈值，加大监控频度。一旦触发预警，及时进行风险提示，切实增强对风险的敏感性。

（3）跟进完善突发事件应急预案

建立覆盖所有业务的总体应急预案和针对不同场景的专项应急预案。应急预案应具备多策略、多路径选择，并能根据业务的发展变化及时进行补充和调整，务必做到横向到边、纵向到底，不留盲点和真空。注意做好总体应急预案与专项应急预案之间、业务预案与其他预案之间的关系衔接。增强应急演练的计划性和针对性，突出应急演练的实操性与全面性。

（4）提高突发事件应急管理水平

摒弃突发事件风险管理的碎片化模式，各部门、各条线间密切配合，淡化局部利益，做到全行应急"一盘棋"。增强对突发事件风险的分析研判能力，丰富风险管理手段，实现风险的有序管理和信息通畅。组建技术精良、实战经验丰富的应急处置专业技术团队，强化人力资源储备。建立突发事件风险管理的后评价机制，强化事后的报告总结和整改落实。

1.3　本章小结

随着互联网技术的应用，我国众多商业银行纷纷发展互联网消费信贷业务。银行的数字化转型乃大势所趋，开展互联网贷款业务、争夺线上客户、触达更多客群，也是必然。要实现互联网信贷业务高质量发展，商业银行必须专注贷款的核心风控环节，规范互联网贷款业务行为。

本章围绕互联网信贷业务和风险进行了详细介绍，并对业务模式、监管政策、风险管理流程和原则进行了详细解释，希望能为银行的互联网信贷业务建设提供参考，增强银行的信贷风险管理认知，促进互联网信贷业务稳定发展。

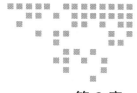

第 2 章 *Chapter 2*

大数据智能风控的由来

2017 年 5 月，中国人民银行金融科技委员会成立，旨在加强金融科技工作的研究规划和统筹协调。金融科技获得政府官方支持，并为整个金融业的商业模式和风险管理体系带来深层次的变革。银行业、证券业、保险业等金融机构，争相建立金融科技核心竞争力，创新金融产品，改进服务模式。科技赋能下的金融业务不再局限于人与人之间的博弈，而是科技力量的比拼。

本章首先介绍金融科技的概念、发展及影响，在阐述金融科技来龙去脉的同时，着重讲解商业银行在金融科技浪潮中的成长轨迹，分析商业银行数字化转型内涵、因素和基本思路；接着讲解商业银行风险管理迭代升级的背景和发展，以及风控进化发展情况，并介绍大数据智能风控的内涵和建设路径；最后通过 Capital One 的发展案例，为我国商业银行大数据智能风控的建设提供参考。本章可以为后续篇章分析大数据智能风控技术思路等打好理论基础，搭好知识框架，并厘清其中的逻辑。

2.1 金融科技的概念、发展及影响

我们平时使用的 App 转账、在线查看银行对账单等功能其实有个"时髦"的称呼：Fintech。Fintech 是 Finance（金融）和 Technology（科技）的集合词，中文译为金融科技。虽然看起来很简单，但实际上金融科技一词包含了大量产品、技术和商业模式的革新，重塑了金融服务业，也潜移默化地改变了我们的生活方式。即使没

有金融账户，附近没有线下营业网点，只要有一部手机，我们就可以打破时间和空间的限制，随时随地办理贷款、保险、理财等各种业务。

在金融科技普惠大众的同时，社会各界也不断对它产生好奇：金融科技为何可以在短短十年内颠覆人们的生活方式？

2.1.1　金融科技的概念

20 世纪 90 年代初，美国花旗银行意识到科技创新可以应用于金融行业，于是成立了 FSTC（Financial Services Technology Consortium，金融服务技术联盟），首次将"金融"和"科技"两大概念结合在一起。金融稳定理事会将金融科技定义为由科学技术推动的金融创新，认为服务模式和金融产品的创新将对金融机构与市场产生巨大影响。中国人民银行（下文简称"人行"）在《金融科技发展规划》中，将金融科技定义为技术驱动的金融创新，旨在运用现代科技成果改造或创新金融产品、经营模式、业务流程等，推动金融发展提质增效。

通过上述权威机构给出的定义不难发现，金融科技被视为一种金融创新，而这种金融创新可以对金融市场产生积极的影响，依靠电子和计算机技术以及通信和互联网技术的金融领域，统称为金融科技。为明晰金融科技的概念，下面将其与科技金融、互联网金融做进一步比较。

1. 金融科技与科技金融

科技金融的重点落足于科技，旨在利用创新后的金融产品来服务科技企业，是科技企业寻求融资的过程。而金融科技的侧重点在金融，旨在利用科技创新来为金融产品赋能，是金融服务和金融业务改革的过程。总而言之，金融科技是以科技发展辅助金融创新，而科技金融是以金融创新辅助科技企业发展。

2. 金融科技与互联网金融

互联网金融与金融科技实际上具有相似性、连续性和传承性。互联网金融作为金融科技的初级形态而存在，因此对金融科技的研究可以以前期关于互联网金融的研究为基石继续深入挖掘。两者相同的地方在于都是将科技元素融入传统金融，而不同的地方则体现在，相较于互联网金融，金融科技更加强调利用新兴技术来支持并优化金融产品和业务。

互联网金融体现的是渠道的变化，将传统金融互联网化。金融科技则是通过技术进步实现金融业务和组织形态的创新，升级拓展了互联网金融概念，更强调金融本质性、科技载体性以及金融和科技融合性三个特点。

2.1.2 金融科技的创新历程

从科技对金融行业的推动和金融工具变革角度来看，迄今为止金融科技经历了三大发展阶段，分别是金融电子化、金融信息化、金融智能化，具体见图 2-1。

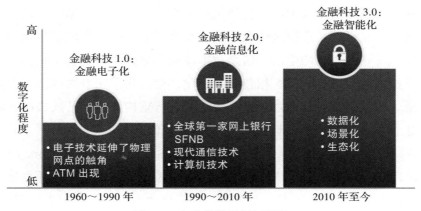

图 2-1　金融科技的创新历程

1. 金融科技 1.0：金融电子化

从 20 世纪 60 年代中后期到 20 世纪 90 年代，金融科技处于起步阶段，银行的部分业务以计算机处理的方式代替手工操作，标志性事件是 1964 年 IBM 推出 System/360 大型机计算器，为银行的电子化转型提供了稳定的技术支持，并在此基础上开发了银行会计联机实时处理系统和联行对账系统，实现了对公业务、储蓄业务、联行对账业务、编制会计报表等日常业务的自动化处理。

20 世纪 80 年代，随着信息科技的发展，电子技术延伸了物理网点的触角，自动柜员机（Automated Teller Machine，ATM）的诞生改变了存贷业务办理需由柜员人工服务的情况。这种无人服务模式出现在银行的各分支网点，展现出以往柜台模式难以实现的能力：7×24 小时全年无休，实现金融交易的自助服务，支持现金提取、存款余额查询、账户之间资金划拨等功能，并替代部分柜面人员的工作。但是 ATM 仍无法克服柜台模式的一个缺点，即地理条件的限制，银行网点虽多，但无法做到随处部署 ATM，负载能力有限，而且无法承担部分复杂金融业务。

在这个阶段，金融科技更多是金融电子化的转型，通过持续运用通信技术、计算机技术等，开展金融业务和金融机构内部办公管理，逐渐替代人工操作，提高业务的自动化水平。然而，该时期的金融科技仍处于探索阶段，部分金融业务更依赖于专家经验和人工操作，与金融服务全流程的线上电子化还相距甚远。

2. 金融科技 2.0：金融信息化

20 世纪 90 年代，互联网技术飞速发展，出现了第一批互联网巨头和独角兽科技公司，这些公司利用网络技术汇集海量用户、行为、资产等数据，实现金融业务资产端、交易端、支付端、资金端任意组合的互联互通，推动金融信息化的风潮席卷全世界，并走进寻常百姓的生活。信息技术渗透到金融领域的各个机构、业务和环节，金融科技进入信息化时代。相较于电子化，信息化意味着更广泛的连接以及更纵深的发展，即结合信息技术，对传统金融业进行重构并建立开放式的金融信息化体系，而电子化则更适用于内部管理和封闭式系统的完善。

1995 年 10 月，全球第一家网上银行 SFNB（Security First Network Bank，第一安全网络银行）正式宣布成立，它不仅提供传统银行的所有业务，还不断推出新形势下方便客户办理的网络金融产品，满足客户的多样化需求。SFNB 的成立标志着金融科技的进一步发展和应用，实现信息共享和业务撮合，本质上是对传统金融渠道的变革。自此以后，新兴的网上银行如雨后春笋般涌现，比之前便捷，迅速改变了用户依赖银行物理网点的行为。网上银行充分利用电子渠道和各种信息技术手段，优化了服务渠道，极大地丰富了银行的服务手段和能力，可以快速满足差异化的用户需求，并为用户提供了前所未有的控制感和多元选择。

在金融信息化阶段，金融业通过运用现代通信技术、计算机技术等科技手段，大幅提高了业务自动化水平与服务效率，但该阶段并没有将金融科技与金融业务本身的环节进行深度融合，金融业的整体运营效率和智能化水平仍有提升的空间。

3. 金融科技 3.0：金融智能化

从 2010 年至今，金融科技的应用和细分领域比上一阶段更加广泛，大数据、人工智能、云计算、区块链等现代技术相继被应用到金融领域，不仅能对传统金融产品和服务进行改革和创新，改变传统金融的信息采集来源、风险定价模型、投资决策过程、信用中介角色等，还能大幅提升传统金融的效率，解决传统金融的痛点。特别是随着金融机构和科技企业主体之间逐渐走向开放与合作，金融机构也正以科技创新贯穿模式变革，逐渐向数据化、场景化、生态化发展，具体特点如图 2-2 所示。

图 2-2　金融科技 3.0：金融智能化的具体特点

❑ 数据化：金融科技对金融机构原有的数据体系产生了巨大冲击，打通了数据孤岛，链接了各个系统数据并实现了对数据的高效利用。在精准营销、风险控制、风险定价、量化投资等领域，数据已成为金融机构最重要的生产资料。

❑ 场景化：从金融科技在金融服务行业的发展趋势来看，场景化是金融科技应用的关键。随着互联网和区块链技术的发展，更加强调基于客户需求和体验的场景构建成为关键点。根据波士顿咨询的调查显示，金融科技行业的触角已经从之前的支付、贷款、转账等有限领域，延伸到数十个不同的业务领域，涵盖零售、财富管理、保险、理财、资本投资等金融服务全生态场景。

❑ 生态化：金融科技的普及和持续发展，不仅极大地增强了金融企业与用户之间的联系，也增强了金融业内企业与企业之间、产品与产品之间的联系。在互联网潮流的新形势下，互联网科技公司和传统金融机构开始加强合作，科技公司负责提供客群、营销、客服体系以辅助建设，金融机构则负责提供风控、产品、资金，双方通过合作形成金融服务的生态闭环。

金融智能化阶段是金融业全面科技化阶段，金融科技的应用比金融信息化阶段更加广泛。在新一轮科技革命和产业变革的背景下，现代技术相继被应用到金融领域，为金融创新提供了重要的推动力，同时深度应用于获客、风控、贷后管理、客户服务等环节，丰富了金融业的业务来源，继而扩大了金融的服务半径，实现了金融企业、科技企业与金融需求客户的高效连接，精准满足了金融需求客户的个性化需求，为金融发展提供了源源不断的创新活力。

2.1.3 金融科技的影响

金融科技利用大数据及人工智能技术，帮助传统金融行业降低人力成本、减少重复劳动，改变了金融业处理信息不对称的方式，创造了新的金融服务模式。这不仅显著提升了传统金融机构的运营效率，而且引入了新的金融服务供给者，极大地拓展了金融服务对象的范围，提升了交易速度，促进了金融市场的流动性，提高了金融市场的效率和稳定性，对金融业带来了深远的影响。

第一，金融科技极大地降低了服务成本，提高了金融运营效率。

金融科技的引入使得金融机构能够基于客户的交易与行为模式对其信用水平进行自动化评估，改变了依赖资产抵押和正式财务报表进行风险控制的传统方式，大幅降低了金融信贷的边际成本。例如，语音识别、自然语言处理和图像识别系统等金融科技将客服中心和柜台的大量人工解放出来，使金融机构的零售业务由劳动密集型转变为资本密集型和智力密集型，大幅提升了运营效率。生物识别与人工智能的运用让诸多原本需要到金融机构物理网点办理的业务得以通过手机远程进行，大大节约了客户的交通与时间成本。基于移动支付体系，信贷、支付、保险、证券、财富管理等金融业务得以整合在单个手机应用中，让相关金融操作前所未有的便捷，金融运营效率得以极大提升。

第二，金融科技推动了金融服务场景化，使金融服务的提供方式更为灵活。

金融科技的赋能使金融机构从简单的产品提供转向平台化协同的服务生态体系，支持场景化和灵活性的金融服务。通过线上和线下的无缝对接，金融服务场景化将金融业务嵌入客户日常生活，提供最优的服务方案，使客户得到更专业、便捷、全面、精准的金融服务。在金融服务场景化模式下，金融产品研发从最终使用该产品的真实场景出发，深度挖掘有效需求，并按需定制产品功能，从而提升需求匹配度，使产品定位及目标客群更加清晰，同时与潜在客户兴趣和消费习惯相结合，使获客更为精准、效率更高、提供服务的方式更加灵活。

第三，金融科技显著降低了金融市场的进入门槛。

在需求侧，由于金融服务的成本下降和便捷化提升，金融服务的范围拓展到更广泛的消费者层面，一些被传统金融机构所忽略的长尾用户群体也被纳入服务对象。金融消费者和供给者的范围大大扩展，金融服务的普惠性得以极大提升。在供给侧，金融科技的运用使得金融服务的开展摆脱了物理网点的束缚，显著减少了所需人力，进而减少了金融服务的固定投资与边际成本，降低了金融机构的市场进入门槛。

1694 年第一家具有现代银行体系的英格兰银行成立，标志着现代金融体系开始形成。在 300 多年的现代金融历史中，金融科技只用了不到 50 年的时间，就推动金融业完成了从电子化到网络化，最后再到智能化的升级。金融科技的迅猛发展对整个金融行业的办事效率、应用场景、准入门槛、服务范围产生重要影响。

2.2　银行数字化转型

在金融科技水平不断提升的基础上，数字经济发展成为社会经济发展的目标，数字化程度也成为衡量一个国家综合实力的标准。"十四五"规划指出，新发展阶段经济社会发展要实现"市场主体更加充满活力"目标，"加快数字化发展，建设数字中国"。作为中国金融体系的重要组成部分，商业银行要想符合市场发展的趋势，就必须进行数字化转型，将各类业务与数字化相结合，充分体现数字经济发展特质，运用金融科技大力拓展服务范围，精简审批流程，降低融资成本，提高风控能力，提升服务市场主体质效。换句话说，数字化转型已成为我国商业银行保持行业地位和健康发展的内在要求。

2.2.1　银行数字化转型的内涵

商业银行数字化转型的实质是建设数据驱动的商业银行。所谓数据驱动是指通过自动化技术实时收集海量数据，对数据进行整理、提炼形成信息，分析业务信息，总结业务规律，构建数据模型，最后通过人工智能的方式作出最终的业务决策。也就是说，借助数据、科技共同发力，让商业银行数字化转型成果更广泛、更深入、更公平地惠及广大人民群众，促进经济稳定、健康发展。

数据是商业银行最关键的生产要素和核心竞争力。数据驱动下营销模式、信贷产品、操作流程、风控技术等的创新，为商业银行创造了新的商业价值。国内银行业纷纷在数据驱动业务发展的模式上进行探索与实践。例如，在风控方面，工商银行的大数据反欺诈系统，目前在集团内全渠道覆盖 49 个业务场景，累计预警超 500 万笔贷款，涉及风险金额超 200 亿元；在运营方面，平安银行公司业务创新"上有卫星，下有物联网设备，中有数字口袋、数字财资和开放银行"数字经济服务生态，提升其数字化经营能力；在营销方面，建设银行在普惠金融领域，结合企业及企业主行内外数据，运用大数据技术，建立全新的客户评价体系。金融服务是商业银行的立身之本，未来核心竞争力将更多来源于数据，商业银行应加强数据的积累、管理与使用，改进和优化核心业务，积极用数据驱动创新金融产品和业务发展模式，提升核心能力，扩大领先优势。

银行数字化转型不能仅停留在银行技术条线的变革或者只满足于建立一个新的企业 IT 架构。转型的关键应是以科技引领业务，将科技能力深度赋能业务，从而引领业务的创新。商业银行更应以客户体验为中心，实现全流程数据化运营，在通过大数据技术实现规模化获客后，积极运用技术手段完善内部运营系统，为银行经营管理提供源动力，并帮助商业银行输出客户洞察、智能决策、风险管理等技术解决方案。

2.2.2 银行数字化转型的三大因素

商业银行数字化转型既是我国发展数字经济、建设数字中国的必然要求，也是破解银行自身发展难题的内在需要。依托金融科技深化金融供给侧改革已成为银行业提升服务质量和自身竞争力的普遍共识，加之国家政策的推动、消费者需求的驱动，共同改变了银行业的生态格局，加速推进了银行数字化转型。

1. 金融科技牵引力

在科技革命和产业变革的背景下，信息技术逐步向引领创新方向转变，并与金融深度融合，为金融发展提供源源不断的创新活力，形成银行数字化转型的强劲牵引力。

商业银行以营业网点为渠道，以存折、银行卡等为载体的经营模式有较大的局限性，而利用互联网通信技术开通的网上银行、手机银行业务，将渠道拓展至电脑和手机这两种人们日常使用的终端上。网上银行和手机银行业务的开展提高了银行的获客能力。一方面，银行摆脱了物理网点的时间、空间限制，显著扩大了商业辐射范围，其客户数量呈倍数增长态势；另一方面，网上银行和手机银行使信息提供成本降低，在信息传播和共享方面比物理网点具有更大优势，有利于提高客户满意度。

网上银行和手机银行是商业银行线上化的直接体现，也是数字化转型的基础。除了线上渠道，金融科技还对商业银行线下的物理网点进行了优化。目前，许多银行网点已引入智能柜员机，不同于 ATM 只能存、取款，该类机器可以实现转账、身份维护等多项业务的自助处理，分担了柜台客流，缩短了银行现场排队等待时间，提升了客户体验。

2. 政策推动力

从政策层面上看，国务院、人行、中国银行保险监督管理委员会（下文均简称"银保监"）先后发布多项规划和指导意见，顺应时代发展的需要，为商业银行数字化转型指明了方向。2021 年，中共中央在《中华人民共和国国民经济和社会发展第十四个五年规划和 2035 年远景目标纲要》（简称《规划》）中特别指出，要"稳妥发展金融科技，加快金融机构数字化转型"。《规划》中也提出力争到 2025 年实现金融科技整体水平与核心竞争力跨越式提升。

金融科技已成为国家重点关注的领域，与银行数字化相关的重点政策如表 2-1 所示。政策导向和技术突破为商业银行推动数字化转型提供了引领和支持，同时也对商业银行顺应新经济、新金融、新科技发展提出了更高的要求。

表 2-1　2014—2022 年银行数字化相关重点政策

序号	时间	政策	意义
1	2014 年	人行提出了《关于大力推进体制机制创新，扎实做好科技金融服务的意见》	以官方的角度要求银行等金融机构大力培育和发展服务科技创新的金融组织体系，对进一步深化科技和金融结合试点等七个方面提出了部署和要求
2	2017 年	人行提出成立金融科技委员会	加强金融科技工作的研究规划和统筹协调，切实做好金融科技发展战略规划与政策指引，金融科技提升到国家战略层面
3	2020 年	银保监印发《关于 2021 年进一步推动小微企业金融服务高质量发展的通知》	支持银行业金融机构利用金融科技手段服务小微企业客户
4	2021 年	人行印发《金融科技发展规划（2022—2025 年）》	明确提出近 3 年金融科技工作的指导思想，出台顶层设计方案，全视角统筹金融科技的未来发展，对积极筹备数字化转型工作的各类银行而言，正是 2022 年开年布局的最好指导
5	2022 年	银保监印发《关于银行业保险业数字化转型的指导意见》	数字化转型也将纳入对银行的考核，这是围绕着经济增长模式升级进行的全方位推动，发起了一场对数字经济的全面适应性调整，这会让很多银行的数字化转型进程加快、加深

3. 需求驱动力

随着国家科技兴国战略的实施，产业结构变动带来服务客群的调整和消费者需求的迭代升级，也加速了产业转型升级的步伐，客户的业务习惯逐渐从线下转为线上。互联网与金融科技的渗透在一定程度上改变了客户的金融行为与偏好，消费者呈现出年轻化、长尾化特点，更倾向于移动渠道和产品需求个性化等，用户对金融服务的需求逐步转向数字化、定制化。商业银行要解决规模化的金融体系与灵活化的用户需求之间的矛盾，这也是驱动商业银行数字化转型的必要条件。

商业银行可以利用技术手段深入挖掘数据的隐含价值，依托多年积累的客户基础，准确分析并掌握个人和企业的需求及偏好，着重加强对市场、舆情等方面的信息搜集，并在此基础上进行产品创新。这样不仅能有效维护现有客户，还有利于获取潜在客户。大数据能帮助商业银行明确客户的消费能力、兴趣、风险接受程度，以及企业的生产、流通、运营、财务、销售情况等，在信息相对对称的条件下针对客户的真实需求设计产品，并积极寻找未来的利润点，形成产品研发的先发优势。

商业银行只有大力发展数字化转型，找到符合自身客群特点、发展基因的差异化竞争模式，才能在激烈的市场竞争中赢得一席之地。数字化转型已经成为商业银行提升综合实力、实现可持续发展的必然选择。数字化转型上升至战略高度已成为多家商业银行的共识，并持续深入开展相关实践探索。

2.2.3 银行数字化转型的基本思路与对策

近年来，我国商业银行持续加大金融科技的投入，采取多方面的重大举措，在引领我国金融科技发展进入新时期的同时，也推动了自身的数字化转型。下面将围绕战略层、组织层、风控层、场景层对我国商业银行数字化转型的思路与对策进行阐述。

1. 将数字化转型提升到战略层面

商业银行在战略层面高度重视金融科技的发展，立足自身差异化竞争优势，制定全面积极的数字化转型战略。商业银行从顶层设计出发，对银行传统文化理念、经营管理、战略规划进行主动和深度的变革。例如，招商银行致力于实现金融科技银行的质变突破，构建面向未来的科技基础设施与能力、加快"云 + 中台"架构转型；中国工商银行提出"数字工行""建设科技强行"总体战略，打造第五代新系统，构建"深度感知、开放应用"的大数据与人工智能服务平台，全面打造数字新业态；中国建设银行将金融科技作为全行发展三大战略之一，提出"科技自立自强"的金融科技战略，打造"云工作室"，基于"建行云"打造弹性、敏捷、云化的金融级基础设施供给能力；交通银行秉持"科技向善"理念，加大金融科技投入，不断加快数字化新交行建设，以"为客户创造价值，打造最佳体验"为目标，把银行业务从柜台搬上"云端"，使金融与非金融场景深度链接，提供智能化、个性化、有温度的产品和服务。

随着数字经济的不断发展，银行已经普遍意识到数字化转型的重要性，并将其上升到战略层面。数字化转型战略的制定实施是一项系统性工作，只有在深刻理解数字经济客观特征与规律的基础上，根据自身经营发展特点从战略层面确定数字化转型的方向和路径，才能正确指导和支持具体的转型举措。

2. 推动组织数字化转型和人才培养

数字化转型要求银行具备快速响应不断变化的需求的能力，并且保证服务的持续稳定。银行传统的金字塔式组织结构已难以满足敏捷组织的要求，需要进行适应性优化，组建一支专业化、扁平化和网络化的数字化人才队伍，打造超强的适应能力和快速响应能力。

商业银行要紧紧围绕数字化转型的战略部署，从组织顶层设计的战略角度着手，以构建数字环境、强化数据应用为重点，以促进商业银行人力资源运营转型和平台化管理为支撑，加强业务部门和技术、合规等部门的融合联动，增强快速响应市场变化、创新产品服务和持续迭代优化的能力，促进业务人力一体化发展，让数字化思维贯穿于商业银行人力资源管理的方方面面，不断提高人力资源管理活动的数字化和智能化水平，推动组织管理实现更高质量、更有效率、更加公平、更可持续的发展。

3. 创新风控技术，构建数字化风控管理体系

金融科技推动各种平台化、场景化、批量化的获客模式深入发展，背后带来的是日益增加的管理和风控压力。数字经济发展开始提速，在推动经济高质量发展的同时，也拉长了资金链条，使得市场主体更多元，经济运行机制更复杂，各类风险传染更加快速、隐蔽。这就对银行风险管理的敏捷度和精准度提出了更高的要求，客观上要求商业银行必须推进数字化风控体系的建设，以在复杂的风险形势下和激烈的市场竞争中稳健发展。

商业银行应深刻认识风控体系数字化转型的重要性，把握数字化风控体系的内涵及外延，持续推动数字化风控体系的建立及继续升级。将风控体系数字化转型在发展战略中的重要性进一步升级，调配更多的资源用于数字化风控体系架构的搭建和路径的研发。

4. 丰富获客场景，加快客户引流

银行数字化转型是以客户为中心，通过数据和技术双要素的驱动，对业务模式

和管理模式进行创新和重构，进而持续提升金融服务质量和效率的过程。商业银行通过场景化获客，寻求新的业务增长点，大力推广零售业务，提升客户体验。

首先，商业银行要构建多维度大数据应用场景，扩大客户营销生产力。深入推进大数据、人工智能创新应用，充分挖掘银行内部各方面的数据，加快大数据应用场景构建与产品迭代更新，促进场景、数据、技术三大要素的融合转化，实现数字产品规模生产力，提升产品线上化获取"长尾客户"的效率和效果。其次，商业银行要提升场景挖掘、场景构建能力。商业银行需要抓住场景特点，深挖场景需求，创建、拓展新的金融和生活场景，全面加强商业银行场景能力建设。从现有的制度讲解、营销作业经验分享，拓展到大数据应用场景资源挖掘方式、场景搭建可行性评估方法等方面，提升分支机构大数据应用拓展能力。最后，商业银行要彻底改变业务经营的思维模式，持续推进场景建设，通过手机银行 App、信用卡 App、网上银行等各平台场景的一体化发展，全面增强场景服务能力。

在金融科技浪潮下，商业银行更应把握金融科技发展机遇，加大对金融科技领域的投入力度，坚持银行数字化转型的发展战略，重视组织和人才的培养，加强智能风控能力建设，丰富客户场景。通过多管齐下，商业银行能够借助金融科技缓解信息的不对称性，助力银行对客户的精准营销，降低银行的经营成本，提高银行的工作效率，加强银行的风险防控能力，推动商业银行向智能化、数字化方向转型发展，最终提高竞争力，提高盈利水平。

2.3 从传统风控到大数据智能风控

人行印发的《规划》明确指出金融科技成为防范化解金融风险的利器，运用大数据、人工智能等技术建立金融风控模型，有效甄别高风险交易，智能感知异常交易，实现风险早识别、早预警、早处置，提升金融风险技防能力，金融科技已成为风险控制的重要基石。风险管理已成为商业银行的核心竞争力，其能否适应数字化转型趋势，将决定银行数字化转型的成败，所以商业银行更应高度关注大数据智能风控体系的建设，充分发挥数据和技术等生产要素价值，全面推进数字化风控体系建设，以高质量风控助力高质量发展，保证数字银行模式下经营和发展成果的真正落地及实现。

金融科技的发展加速推动银行业进入风控 3.0 时代。商业银行充分借助先进信息技术，建立基于人工智能和数据挖掘的风险管理模型，推动智能风控体系的构建。

这种智能风控体系让金融科技、风险管理和业务经营有效地融合在一起，并在实践中不断完善和优化，实现全程智能风险管控，在风险可控的基础上，全力推动业务发展，为银行高质量发展提供更为强劲的动能。因此，本节主要讲解风控进化发展史。

2.3.1　风控 1.0：传统风控

风控 1.0，即传统银行的风控模式，以其成熟且成体系的风控流程和制度为特点。在这一模式下，业务逻辑主要依赖于人工信审，通过人行征信中心的个人或企业征信报告、信用评分卡以及信审人员的经验来判定客户的信用状况，作为是否放款的重要依据。

传统风控的特点在于其需要耗费大量人力来获取相关的风控信息，例如搜集报表、实地考察、经营者访谈、股东背景尽调等。同时，为了预防风险，还需要尽量寻找第二或者第三还款来源，例如抵押物、担保方、企业实际控制人签署无限连带责任担保。这套复杂、烦琐的风控手段对贷款的门槛有一定的要求，以避免出现无法覆盖人力成本的情况。因此，传统银行对业务和法律流程的熟悉能力、财务会计知识的掌握能力以及人际关系的运作能力成为传统风控的核心能力。这些能力不仅有助于信审员准确评估借款人的风险，还能确保银行在贷后管理中的高效运作，从而降低不良贷款的风险。

由于传统银行主营对公业务，因此风险的评估主要是利用历史借贷数据和财务数据对借款人的违约风险进行分析和判断，其业务属性和科技偏好决定了传统风控对数字化转型的要求不高。由于风险管控主要遵循按部就班的业务逻辑和对公业务的处置流程，通过复杂、烦琐的线下流程和大量的人力及时发现风险、降低风险，因此会存在以下弊端。

第一，风控成本高，手段弱。传统风控数据多来自企业内部，银行从企业外部获取的数据仅限于征信报告、部分合同、一些交易流水等。内部数据则来自企业报告，通过搜集例如收入、支出、负债、现金流等信息去评估企业的还款能力，这个过程一般是定量的。此类方法的评价标准单一，评估结果不够全面，同时存在一定的滞后性。这种基于历史数据的评估方法无法对缺乏历史借贷数据的借款人进行信用风险评估，导致企业内部数据很容易造假，尤其是在企业有动力去获得贷款的情形下，客户经理与客户企业串通造假的案例不胜枚举。

第二，审核周期长，效率低。在传统风控模式下，客户需要提交纸质贷款申请材料，在经历客户经理调查、审核人员审查、审批等多个环节之后才能实现放款，整个流程至少为2～3周。耗时久、流程长、手续烦琐的信贷模式不仅影响了服务效率和客户体验，也降低了信贷产品竞争力，特别是在消费信贷领域，人工审核成本高、速度慢，已无法适应小额高频的放款需求。

第三，覆盖群体有限，门槛高。在传统风控模式下，风控数据覆盖的人群仅限于在相关金融机构有信用记录的人群。银行信贷业务准入门槛高，服务群体有限的根源在于信息不对称，银行无法通过单一维度的金融数据对借款人的信用情况作出全面判断，在风险和收益的博弈下，只能通过提高准入标准来优选客户。

随着社会的进一步发展，个人和企业对金融服务的质量和时效性有了新的需求，传统风控模式难以满足银行对于风险管理的精准度、效率以及成本的需求，也无法满足客户对于资金到账的及时程度和其他多样性的需求。

2.3.2　风控2.0：大数据风控

在金融科技的支撑下，大数据风控能够利用大量非金融数据如消费行为、社交关系、用户偏好、网络活动等，填补传统风控模式的缺陷，通过多维度信息的交叉验证，实现全方位的客户画像绘制和风险评估。与传统风控相比，大数据风控具有更广泛的数据来源、更快的处理分析速度，有助于解决信息不对称问题。借助海量数据和模型算法，很多在传统风控模式下无法准入的"征信白户"也能得到相对客观的信用评价，金融机构可在风险可控的前提下扩大信贷服务的范围，从而推动普惠金融的健康持续发展。

大数据技术的赋能拓展了信贷风险防控的手段，逐渐完善了大数据风控体系。大数据风控构成了当前金融科技浪潮下银行数字化转型的核心竞争力。相比传统风控主要依赖于客户贷款所提供的客户基本信息、抵质押品、征信信息以及银行历史存款数据，大数据风控能够通过大数据手段收集更全面的客户信息，并以此为基础对客户信用评级和违约概率进行评估。通过挖掘自身积累的现金流数据，识别小微企业的经营记录，有助于提升普惠金融业务的风控能力，缓解自身的信息劣势地位，减少信贷配给现象的发生，从而更好地解决信息不对称问题。

大数据风控能提高风控效能。大数据技术支持在瞬间获取并处理海量信息，因此基于大数据风控的小额信贷产品支持实时线上申请、实时审批、自助放款，显著提升了业务办理效率和客户体验。传统风控主要依赖人工，但人的知识、能力和经验在短期内提升的空间较为有限。以大数据技术为核心的风控模型可以通过深度学习和数据挖掘实现自我更新、自我调整和自我迭代，从而在繁杂的数据分析中提高模型效果，更准确地评估违约风险。

大数据风控能有效降低管理成本。一方面，大数据风控对海量数据执行标准化、自动化的处理流程，最大限度地减少人工干预；另一方面，借助大数据分析平台、机器学习和模型计算实现智能决策，为消费金融、三农信贷、供应链融资等业务场景下的欺诈识别和授信评分提供高效率、低成本的解决方案。随着我国人力成本逐步攀升，科技赋能下的新型风控模式能够帮助金融机构节约人力物力，显著降低风险管理成本和运营成本。

2.3.3　风控 3.0：大数据智能风控

2019 年下半年，随着监管政策趋严，金融业务市场增速放缓，资产质量承压，整个金融行业进入激烈的红海竞争。尽管大数据风控使用了大数据技术，提供了丰富的数据源，引进了灵活工作流等金融科技手段，但这只能在一定时间内降低风险，并不是完全意义上的智能风控，因此它的弊端也逐渐显现出来。

❑ 各类数据源分布在各家机构，由于各家数据来源方式不同，导致数据的合规性、可靠性、稳定性存在较大差异。而且这些数据未能进行标准化处理，数据质量参差不齐，影响风控水平的持续提升。

❑ 供应链金融、小微金融、汽车金融等业务，由于业务逻辑和流程的复杂性，不适用于风控 2.0 的自动审核，仍需借助信审人员进行审批。审核成本高昂，不同人员对于同一个客户的好坏判定具有主观性，无法保证银行在风险偏好上的一致性。

❑ 随着互联网科技的发展，利用互联网新技术产生的欺诈风险和信用风险层出不穷，网络黑灰产技术借助高科技也在不断升级，其攻击技术已不局限于交易欺诈、活动套利、猫池攻击、刷机工具、线控式群控系统等，所以单纯依靠大数据风控很难驾驭日新月异的黑产技术。

大数据智能风控是对大数据风控的升级，它进一步提升了大数据风控的智能化，通过数据融合和自我完善、智能信用评分体系建设、引进前沿的智能科技手段作为风控的"护城河"，解决大数据风控的核心问题。具体体现以下几点。

❑ **数据融合和自我完善**：融合交易、信贷在内的自有业务数据，在外引入和校验工商、司法、百行征信、多头共债、税务等相关信息。打通并验证各类混杂的海量数据，整合孤岛数据，转化数据资产，快速形成数据服务运营能力，并集成于统一的数据平台。风控人员在数据平台可根据需求指定分析对象，快速生成用户画像，并进行对象的关联。通过对数据的融合和校验，最大化地提高数据的精度和有效性，为银行决策、运营提供数据支撑。

❏ **智能信用评分体系建设**：加强模型的建设，以模型支撑的审批策略逐步摆脱简单的规则审批和人工审核。根据模型更迭需要在变量池对已有变量进行重新组合，丰富入模变量类型，提升模型优化效率，对客户的信用风险和欺诈风险进行精确评估，并告别了拍脑袋放贷的方式，彻底取代了人工审批的方式，实现 7×24 小时全年无休、风险偏好统一的自动化审批。

❏ **引进前沿的智能科技手段作为风控的"护城河"**：引用设备指纹、关系图谱、影像识别、智能语音机器人、机器学习算法等多种智能风险检测手段，并渗透到个人信用贷款和消费金融的多个应用领域，提供更深入的信息分析和挖掘能力，综合运用防御、识别、跟踪、分析、完善、再运用等手段，将风控工具运用到信贷流程各环节，强化黑产欺诈的防控和预警，确保风险被及时遏制。

大数据智能风控使风控手段深入信贷业务的各个环节，基于科技能力构建了覆盖业务全流程的风险管理体系，形成了风险管控数字化闭环，愈发接近智能风控水平。

2.4 大数据智能风控的内涵与建设

商业银行作为金融中介机构，其经营的本质是对风险的运营和管理。金融科技的高速发展和国家政策的扶持，驱动商业银行向数字化、信息化、智能化的更高阶段发展。在此背景下，商业银行更应抓住数字化转型机遇，建立覆盖风险识别、计量、分析、处置全流程的大数据智能风控体系，全面提升银行风险防控能力。

2.4.1 大数据智能风控的内涵

传统的风控体系中定性风险管理占主体，以主观规则及客户评级为主，存在数据获取维度窄、定量分析能力偏弱、难以精确化用户特征等缺点。在数字化转型的背景下，传统的风险管控模式在风险管控时效性、模型有效性、监控范围等多个方面的短板日益凸显。

　　大数据智能风控利用不断完善的机器学习、自然语言处理、知识图谱等技术，结合持续提升的算法、数据、硬件处理能力，为解决风险领域的痛点问题提供了很好的契机。

- ❑ 大数据智能风控利用多维数据，填补传统风控模式的缺口，从更全面的角度进行客户画像和风险评估，对客户的特征和行为进行全景分析展现，深入地理解、认识、分析和判断客户。
- ❑ 构建量化的、合理的、科学的风险评估模型和风控系统，建立覆盖全流程、全业务、全客户的风险管控措施，实现对反欺诈、授信、贷中监测和贷后管理的全方位一体化的智能防护体系，为各渠道高风险交易提供实时的预警支持，将事后风险防控更好地推送到事前事中风险防控。

　　大数据智能风控利用数据、模型、系统提高风险防控能力，已成为商业银行塑造互联网金融时代核心竞争力的重要举措。

2.4.2　大数据智能风控的建设

1. 数据：打好大数据智能风控决策基础

　　大数据智能风控依赖于大数据技术和风险分析能力，它对数据的广度、深度、鲜活度都有较高的要求。并不是所有的数据都有价值，只有经过治理、整合后的高质量数据才是大数据智能风控的基石。

　　因为各种历史原因，数据不全、质量不高、应用不足等问题持续存在，导致风险数据利用效率不高，制约了风控决策能力。因此，建立完善的数据治理体系、数据标准和数据整合标准是风控平台建设的关键，如同城市修建下水道，数据治理是一项长期的、需要非常细致的"脏活累活"。要高度重视数据规范化管理，不仅要有采集海量数据的能力，更要有提炼整合各上下游系统数据统一存储的能力，实现业务数据向数据资产的转化。

　　传统银行的数据使用常常局限在某个系统的业务流程中，忽视了与其他业务系统的关联数据，缺乏对大数据的深度理解。相比之下，大数据智能风控能够存储海量数据并连通全域数据，建立统一规范的数据标准和质量体系，建设提纯加工后的标准数据资产体系，以满足银行对不同业务的数据需求。在对数据规范化处理后，智能风控对数据进行资产化、服务化，提供数据服务，为业务赋能。特别是对风险策略规则进行变量准备，创建用户画像体系、关系图谱，在线分析信贷业务跨系统数据查询能力，并为多部门协作等任务奠定数据基础，提供强大的分析工具和智能的数据可视化系统，为商业银行信贷各业务和各类分析提供支持和帮助。风控数据建设路径如图 2-3 所示。

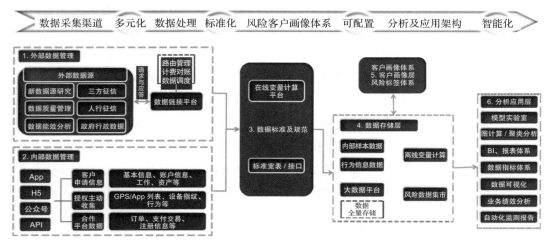

图 2-3　风控数据建设路径

2. 模型：构建大数据智能风控决策核心

模型实验室作为智能风控的基础设施，是保障风险计量工具规范性、保证分析准确性、提高模型开发效率的平台。首先，模型实验室改变了数据准备模式，使得数据获取和处理更加高效；其次，通过减少建模程序代码，降低了开发成本和代码错误率。此外，模型开发用户之间的交互也变得更加便捷和高效。最后，模型评估、审批、发布及监控等环节也实现了线上模式，进一步提高了工作效率。

加强智能风控模型实验室建设，嵌入到自动化的信贷业务审批流程中大数据覆盖面广、维度丰富、实时性高的风控模型，支持逻辑回归、支持向量机、自适应增强、决策树等各类算法，具体见图 2-4，重点在风控能力的整体性、主动性、协同性等方面进行突破，帮助预警风险，提升风险管理水平，同时也帮助改进传统模型过度依赖专家经验和规则的缺陷。

3. 系统：强化大数据智能风控技术支撑

风控模型怎么建，除了取决于模型团队对业务的理解、变量的挖掘、模型的开发，更取决于风控系统的支撑。

以前沿人工智能算法为核心，结合多种传统模型算法，对多维度数据关联度分析，实现精准预测。

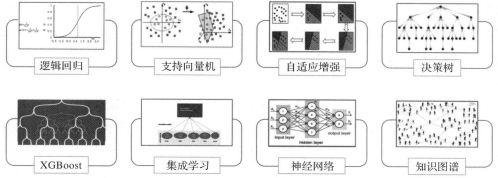

图 2-4　风控模型分类

　　风控系统作为风控平台的技术载体，是商业银行数字化转型的关键。传统建模工具通常缺乏对机器学习算法的直接支持，并且需要大量的人工编码。对于大部分银行建模人员来说，这种工具的使用门槛比较高，导致以往商业银行使用传统建模工具建模时常常面临效率较低、模型迭代周期较长、操作烦琐、模型部署的位置不灵活等痛点，严重影响了模型效力的发挥。

　　智能风控系统的建设方向是基于灵活工作流引擎和决策规则引擎的信贷审批系统，可以将模型快速、灵活地部署到运行环境，以便银行建模人员实现智能风控模型的便捷开发。智能风控系统架构可以支撑风控模型及时迭代优化，快速部署运行，保证模型的时效性，快速适应客群风险特征的变化，发挥智能风控的作用。具体如图 2-5 所示。

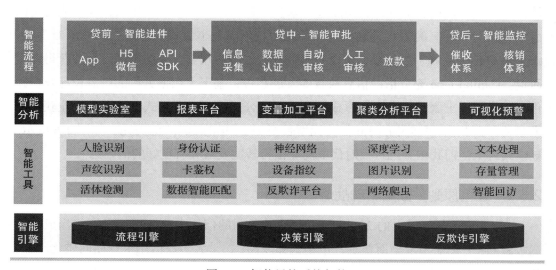

图 2-5　智能风控系统架构

智能风控要求工作流引擎将各种变量、数据源、模型服务化和节点化，支持灵活快速地构建多种不同的审批工作流程、调整审批决策节点顺序，针对不同场景和金融产品申请提供不同的审批工作流，针对不同客户的申请提供不同的风控策略，达到优质客户秒级审批通过，劣质客户快速拒绝，实现千人千面的信用评级和风险定价。同时，支持审批业务流程便捷调整、审批策略持续迭代、内外部数据源快速增加、简单策略调整与变更可实现当天部署，提高了风控审批效率，也提升了用户体验。

数字化转型的速度和程度越来越成为决定商业银行保持竞争力的关键。大数据智能风控的建设是商业银行数字化转型中高度关注的重点、加快突破的难点。商业银行更应全面树立风控新思维、新定位，大胆探索创新，加强风险管理，不断创新风险管理工作机制，深化风险技术工具应用，加速风险识别和风险评估的数字化转型，构建支撑精准化、差异化、智能化风险决策的风控 3.0 管理体系，以快速适应客户行为的变化和风险的演化，为银行高质量发展提供更好的科技支撑。

2.5 案例剖析

如今，数字化转型已经成为银行业实现高质量发展的共识，而早在 1988 年，美国的第一资本金融公司（Capital One）就提出了数据驱动战略，并成为银行数字化转型的标杆。

Capital One 创立于 1988 年，最开始只是一家地区性小银行的信用卡部门。它秉持信息化和大数据驱动理念，不断地寻求技术创新，在短短三十年间，发展成为美国前十大银行、前三的零售金融机构和前三的信用卡发卡机构。和其他的竞争对手比，Capital One 成立晚、规模小，但每一个业务领域都占据着重要的市场份额并获得高额回报。Capital One 充分借助信息科技的发展趋势，基于大数据分析的产品设计及多元化满足客户需求服务等方式，形成一套先进的公司综合运营模式，并在金融业获得巨大成功，营收由 1995 年的 7.6 亿美元增长至 2021 年的 304.4 亿美元，如图 2-6 所示。该模式对于当前我国金融科技时代下商业银行转型发展具有良好的借鉴意义。

2.5.1 经营原则：数据驱动战略

在 Capital One 成立的 20 世纪 80 年代，美国的信用卡业务市场发展相当成熟且竞争激烈：一是信用卡全面普及，市场饱和度高；二是大多数信用卡产品同质化严重，几乎所有银行都采用 "20 + 19.8"（20 美元年费和 19.8 的年化利率）的收费模式；三是行业竞争极其激烈，拥有庞大客户资源的美国运通、AT&T、通用汽车等跨界者纷纷入场。

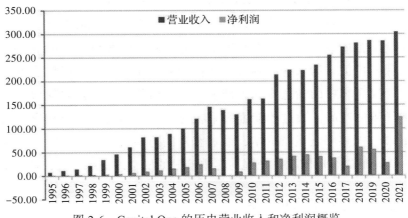

图 2-6　Capital One 的历史营业收入和净利润概览

资料来源：银行年报、招商证券

Capital One 另辟蹊径，发现了信用卡行业差异化定价的商机，将数据驱动战略应用于信用卡业务，把信用卡客户划分为三类：高风险客户、中风险客户、低风险客户。

高风险客户往往会推迟还款时间甚至不能还款，信用风险高，会给银行带来损失。低风险客户往往能及时还款，信用风险低，由于及时全额还款，很少支付利息，收入贡献小。Capital One 基于大数据分析判断客户价值，将目标客户定位为能够持续产生利息收入且最终能偿还贷款的中风险客户，这类客户能给银行带来较多利息收入且信用风险不高。该战略的核心是大规模使用科学测试，利用先进的信息技术和精密的定量分析，挖掘收集到的关于客户的大量数据，提供定制化产品和服务。Capital One 通过数据驱动战略，实现信用卡贷款风险的精准定价，为不同的客户提供差异化的利率、额度的信用卡产品，满足客户多样性、个性化的需求，实现盈利最大化，在当时美国竞争激烈而又同质化的信用卡市场中找到了自己的蓝海。

2.5.2　全面应用大数据和人工智能技术

Capital One 构建了层次化的数据架构体系，支持非结构化、半结构化、流式数据等差异化数据的处理，提供包括实时、准实时、$T+1$ 和历史交易的全方位数据服务，充分运用人工智能技术，实现数据资源的深度应用，并为客户提供智能化金融服务。例如，Capital One 自研的智能客服系统，通过扩展数据库和启动智能呼叫使得电话销售变得更加容易。在电话响后的 0.01 秒内，系统锁定来电者的记录，识别出客户的购买习惯和统计数据，然后自动流转到对应的客服人员，实现精准营销。

对于那些在固定时间打电话咨询账户余额的客户，Capital One 会自动让其接听账户信息系统语音播报。而对于那些想要打电话销户的客户，Capital One 会分析该客户是否有保留价值，如果有，则将其转接到客户保留专员，以提供更加细致和个性化的服务，提高客户的满意度和忠诚度。为了留住客户，客户保留专员会为其提供条件更加优越的产品。通过智能客服系统对业务的高度赋能及细致入微的服务策略，Capital One 能够降低运营成本，缩短客户的通话时间和等待时间，减少电话转接的次数，快速解决客户问题，把握与客户接触的机会，提高交叉营销的成功率。

2.5.3 打造一流的智能风控体系

Capital One 深耕智能风控体系建设，开发的大数据风控模型在多年的积淀中日趋完善，对算法和模型的引入极大地提升了银行风控的效率，重塑传统银行的风控流程。以授信为例，Capital One 采用决策引擎开展实时、自动化的线上信贷审批。每次授信所使用的画像标签体系基于大数据平台采集的数百兆客户数据进行构建，全面覆盖了互联网用户的资产情况、消费水平、浏览行为、生物特征和黑名单信息，通过对所有客户的各类数据的实时高频检测，在第一时间发现客户的异常情况以及可能带来的损失风险。系统通过在线对比多组授信策略，快速调整、迭代、优化授信策略，在保证资金安全的情况下，持续精准匹配客户需求，有效阻断黑产攻击、冒用申请等风险欺诈攻击，为业务开展筑起了坚实的防火墙。

2.5.4 对我国商业银行的启示

Capital One 的成功促进了金融行业信息化理念的传播，使大数据思维迅速扩散，提高了整个金融行业的运营效率。Capital One 也成为金融科技领域的摇篮，培养了一大批金融科技行业的创业者和数据专家，对于我国商业银行来说，有以下经验值得借鉴。

1. 夯实金融数据应用能力

当前，数据驱动能力正成为包括银行在内的金融机构最基本、最重要的能力之一。对于大多数商业银行来说，数据正在成为银行最重要的资产之一，如果缺乏相应的数据能力，那一定会在未来竞争中处在非常困难的境地，经营的效率和成本会大打折扣。

Capital One 的所有决策基本上都是基于大数据制定的，尤其在产品方面。除了每个业务部门内配有专属数据团队外，Capital One 还设置了专门的中央数据服务中心来为商业组的决策和工作提供数据技术支持。因此商业银行需要建立专门的机构夯实金融数据应用能力，同时组织全行各级部门深度参与数字化能力建设过程，升级数据管理能力，解决数据质量问题，实现数据能力的快速提升和持续迭代。

2. 通过数据分析实现风险管理精细化

Capital One 利用信息、科技和人才的力量为不同的客户定制解决方案，将市场营销、风险管理、信息技术等原本相互分离的功能模块整合到一起，形成一个灵活的风险决策体系，提高了业务办理的效率，并对不同的客户需求和风险状况提供金融服务，实现精细化风险管理。Capital One 的数字化转型并不是简单的业务流程数字化和信息技术应用，而是利用数字化能力实现差异化的客户经营模式。在大数据时代，商业银行可以学习这种模式：重视数据的分析与应用，运用大数据理念重新设计全面风险管理体系；建立信用风险评级模型，对海量数据进行分析和高维特征计算，对客户的履约意愿、履约能力情况进行全面的分析、甄别和判断，从数据角度量化评估因违约而导致损失的可能性，根据客户背景、还款意愿、还款能力进行综合信用风险计量，作出合理决策；在此基础上建立差异化的授信策略，设置不同的风险管控规则，实现综合化、个性化服务，实现有效的风险管控和业务价值的平衡。

2.6 本章小结

金融科技本质上是金融的突破性创新。当前，数字化转型已成为银行业发展的普遍共识，而金融科技应用正加速应用于银行业，并将成为银行数字化转型的重要推动力，对于金融体系纳新重塑、银行机构提质增效意义重大。风险管理已成商业银行的核心竞争力，其能否适应数字化转型趋势，将决定银行数字化转型的成败，所以商业银行更应高度关注大数据智能风控体系的建设。本章最后围绕 Capital One 从一家名不见经传的小公司跃升为美国著名金融集团的传奇故事，为商业银行的数字化转型提供一些参考和启示。

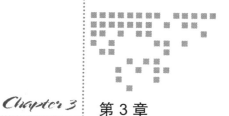

第 3 章

大数据智能风控基础：大数据

随着数字生态和金融科技的持续发展，商业银行在业务数据化和数据业务化两个核心领域不断深化数字化转型。为了更好地适应这个趋势，商业银行在数字化转型过程中需要特别关注大数据智能风控体系的建设。通过将大数据与风险管理相结合，商业银行可以充分利用信息技术提升风险管理水平，并建立更加科学、智能、直观的新一代信贷风控管理体系。

为了成功构建大数据智能风控体系，商业银行需要首先完善内部数据，确保数据的准确性、完整性和一致性。其次，商业银行需要积极接入和整合各类数据源，包括范围更广、层次更深、质量更高的外部数据，以构建更加全面的数据体系。通过智能数据体系建设，商业银行可以夯实智能风控的基础，为后续的数据分析和风险评估提供有力支持。

本章将围绕商业银行的数据体系建设进行探讨和研究。在分析完大数据对商业银行的影响及商业银行的内部数据后，本章将重点介绍外部数据和中国人民银行征信系统（下文均称"人行征信"）在智能风控中的重要作用。最后，提出智能数据体系的构建路径，为实现智能风控提供坚实的数据基础，为商业银行的数字化转型注入新的活力。

3.1 大数据对商业银行的影响

2020 年 4 月 12 日，中共中央、国务院发布《关于构建更加完善的要素市场化配置体制机制的意见》）。这是中央第一份关于要素市场化配置的文件。文件将"数据"与土地、劳动力、资本、技术并列为五大生产要素，提出"加快培育数据要素市场"，标志数据已成为经济发展赖以依托的基础性、战略性资源。这意味着数据资本化的进程在加快，市场层面的数据交易机制可能会越来越完善，国家和政府也会越来越重视大数据和相关产业的发展。

在大数据背景下，商业银行需要不断炼成大数据底层基础能力，并打破原有瓶颈，扩大风险管理分析对象范围，提升管理的精准性，实现海量吞吐及高效风险业务，促使自身风控能力得到提升，从而推进商业银行的快速发展。

3.1.1　大数据的特性

数据和信息关系密切，但它们是两个不同的概念。数据是观察、实验或计算得出的结果，是构成信息的基本单位。而信息则是由数据有序排列组合而成，传达给读者某个概念方法等。在处理和理解数据时，我们需要明确数据的类型、来源和可靠性。同时，数据的质量和准确性也需要得到充分的关注。只有经过认真分析和处理的数据，才能成为有价值的信息。随着科技的不断进步，数据和信息的处理方式也在不断变化。例如，现在我们可以利用各种软件工具和算法对数据进行自动分析，这不仅可以提高处理效率，还可以减少人为错误和主观偏见。

数据有很多种，比如数字、文字、图像、声音等。随着人类社会信息化进程的加快，我们在日常生产和生活中每天都会产生大量的数据，比如商业网站、政务系统、零售系统、办公系统、自动化生产系统等每时每刻都在产生数据。数据已经渗透到当今每一个行业和业务职能领域，成为重要的生产因素，从创新到所有决策，推动着企业的发展，并使得各级组织的运营更高效。可以这样说，数据将成为每个企业获取核心竞争力的关键要素。数据资源已经和物质资源、人力资源一样成为国家的重要战略资源，影响着国家和社会的安全、稳定与发展，因此，数据也被称为"未来的石油"。

随着大数据时代的到来，"大数据"已经成为互联网信息技术行业的流行词汇。关于"什么是大数据"这个问题，业界比较认可关于大数据的"4V"说法，包含 4 个层面：规模性（Volume）、多样性（Variety）、高速性（Velocity）和价值性（Value）。

1. 规模性

随着人类进入信息社会，数据的增长速度和处理速度已经成为各行各业必须面对的挑战。在这个时代，数据以惊人的速度自然增长，产生的数量之大已经远远超出了人类可以控制的范围。大数据时代的到来，使得数据的处理和分析变得至关重要。传统的数据存储和处理的单位是 GB 或 TB，但是在大数时代，数据的规模已经远远超过了这些单位，需要使用更高级的计量单位，如 PB（1024 TB）、EB（1024 PB）或 ZB（1024 EB）。这些高级计量单位说明了大数据的规模之大，远远超出了传统的数据处理方式的能力范围。

2. 多样性

多样性主要体现在数据来源多、数据类型多两个方面。

数据来源多，企业所面对的传统数据主要是交易数据，而随着互联网和物联网的发展，也会面对诸如社交网站、传感器等多种来源的数据。由于数据来源于不同的应用系统和不同的设备，大数据的形式也呈现出多样性。大体可以分为三类：一是结构化数据，如财务系统数据、信息管理系统数据、医疗系统数据等，其特点是数据间因果关系强；二是非结构化的数据，如视频、图片、音频等，其特点是数据间没有因果关系；三是半结构化数据，如 HTML 文档、邮件、网页等，其特点是数据间的因果关系弱。

数据类型多，并且以非结构化数据为主。在传统的企业中，数据都是以表格形式保存的。而大数据中有 70%～85% 的数据是如图片、音频、视频、网络日志、链接信息等非结构化和半结构化的数据。

3. 高速性

在大数据时代，数据的产生速度和处理速度是极其重要的。许多应用都需要基于快速生成的数据给出实时分析结果，以指导生产和生活实践。例如，在金融领域，需要迅速分析股票价格的实时波动以指导交易；在医疗领域，需要立即分析病人的实时生命信息以提供准确的医疗方案；在商业领域，需要快速分析消费者的实时购买行为以提供个性化的营销策略。因此，大数据的处理和分析速度通常需要达到秒级响应，这和传统的数据挖掘技术有着本质的不同。

4. 价值性

大数据中蕴含着能体现未来趋势的高价值数据，包括消费者行为、市场趋势、健康状况、金融市场波动等，这些数据不仅可以帮助企业更好地了解市场和消费者需求，还可以预测未来的趋势，从而做出更明智的决策。通过机器学习和人工智能等先进技术的深度分析，大数据的价值性得以充分挖掘。例如，在医学领域，通过对大量医疗数据的分析，可以更好地了解疾病的发病机制、传播途径及治疗效果等，有助于提高医疗水平和疾病的预防控制水平；在金融领域，通过对海量数据的分析，可以更好地掌握市场趋势、预测股票价格波动和识别欺诈行为等，有助于投资者做出更明智的投资决策。

3.1.2　大数据赋能

数字技术的快速发展，深刻改变着社会经济形态及人们的生产生活方式。抓住产业数字化、数字产业化赋予的机遇，是实现新一轮高质量发展的关键。《中华人民共和国数据安全法》明确指出，鼓励数据依法合理利用，保障数据依法有序自由流动，促进以数据为关键要素的数字经济发展。信贷与数字技术具有天然的融合性，大数据作为商业银行的重要资源，日益成为商业银行的重要生产力和驱动力。商业银行需要整合自身和外部数据资产，挖掘有价值的信息生产力，进行风险管理，提供产品、客户营销服务等方面的创新，提升信贷服务实体经济、服务各类客户的能力。

1. 全面性提升数据信息采集质量和效率

在风险管理过程中，基础数据的采集和利用是一项重要的任务，没有数据的支撑就难以开展高效的风险控制工作。传统的人工收集数据方式已经无法满足信贷业务对数据全面性的日益增长需求。而大数据技术的应用，一方面可以拓宽商业银行获取风险数据的渠道，打破原有的数据获取固定模式；另一方面，可以通过预先设定的程序自动搜寻、计算、分析客户的各种数据，无须人工参与。换句话说，大数据技术降低了搜集数据、分析数据的成本，不仅整合了碎片化数据的需求和供给，同时也大大降低了商业银行交易成本，实现了跨区域信息流动和交流，客户群体也随之大幅增长，为商业银行的信贷业务提供了更全面、更准确的数据支持。

2. 有效补充风险数据

商业银行虽然有大量的客户金融数据，但主要以支付链末端的交易数据为主，单靠银行内部数据难以获得洞悉用户信贷需求的能力和手段，这也制约着商业银行在大数据领域的发展。而通过引入大数据技术，商业银行可以对其持有的金融数据进行有效补充。通过整合各渠道、各业务场景的有效信息，商业银行可以更全面地评估用户需求，寻找新的突破点，并更有效地持续推进大数据技术的发展，为商业银行的发展注入新动力。

3. 全面提升风险管理灵活性

在商业银行风险管理中，成本效益的平衡是一个重要课题。传统风控手段下，增加风险识别监控必然会导致相关流程的增加和人力物力的更大投入。依托大数据技术，商业银行可以把更多的精力从格式化数据收集中解放出来，放到数据处理判断中，从而更有效地提高风险管理效率、简化操作审批流程、减轻员工工作负荷。比如传统的风险控制只停留在对客户财务数据的简单审核，缺乏深层次的逻辑挖掘，部分客户经理的尽职调查流于表面。利用大数据技术，商业银行能够让风险管理人员更高效地获取实时、全面、可靠的数据，通过对数据的专业性研读判断，形成风险报告，全面提升风险管理灵活性。

3.2　内部数据

在大数据智能风控的发展历程中，风险管理逐渐从依赖专家经验的阶段，发展到结合专家经验和半自动量化的阶段，最终进化到利用大数据进行智能量化的阶段。这个发展历程不仅体现了科技的发展，也代表了风控领域的不断创新和进步。这是一个从主观到客观的转变过程，从依赖人工到自动化的创新，同时也经历了从非结构化数据到结构化数据，再到非结构化和结构化数据相结合的变革。所有的风控策略和模型都是基于对数据和特征的深度挖掘，而数据的质量对于一个银行贷款项目的成功起着至关重要的作用。因此，数据已经成为商业银行的核心生产要素，数据越丰富，对于提升商业银行的经营管理能力的作用就越大。

内部数据是指利用商业银行接触和收集到的一手数据，包括用户填写的个人信息、联系人信息、设备信息、用户行为数据、借据明细数据、风险名单数据、系统衍生数据等。这些内部数据都是商业银行在与客户交互过程中收集到的第一手资料，通过智能技术和风险模型，商业银行可以对这些数据进行深入的分析和应用，从而更好地进行智能风控。

首先，通过利用个人信息、联系人信息和设备信息，商业银行可以进行身份验证和风险识别。通过对这些信息进行比对和分析，商业银行可以有效地识别出潜在的身份欺诈和虚假交易行为，进而降低风险。其次，借据明细数据可以为风险评估和趋势分析提供重要的参考，通过分析客户的借贷行为和还款记录，商业银行可以评估客户的信用状况和债务还款能力，并预测未来的还款风险。此外，用户行为数据是智能风控的重要依据之一。通过分析客户在银行系统中的交易行为、浏览偏好和支付习惯等数据，商业银行可以建立用户行为模型，检测异常活动和欺诈行为，并实时监测风险情况。

除了以上提到的数据之外，名单数据也是银行进行智能风控的重要工具之一。通过将客户的个人信息与风险名单进行比对，商业银行可以及时发现潜在的高风险客户和欺诈行为。此外，系统衍生数据也是商业银行进行风控的重要依据之一。这些数据是由银行内部系统产生的，例如风险评分、授信额度等。通过分析这些数据，并与其他内部数据进行关联，商业银行可以制定更准确的风险管理策略和决策，并实现智能化的风险管理流程。商业银行内部数据如表 3-1 所示。

表 3-1　商业银行内部数据

数据来源	数据大类	具体数据
个人信息	身份信息	姓名、曾用名、证件类型、证件号码、出生日期、年龄、户口所在地（省）、户口所在地（市）、籍贯、性别、婚姻状况、受教育程度、所在地居住证、社会保障号码、公积金账号、手机号码、其他号码（区号）、其他号码（号码）、身份证有效期限（起），身份证有效期限（至）、身份证有效期限（年）、身份证地址
	银行卡信息	卡号、银行卡类型、预留手机号、绑卡身份证号、银行卡图片、URL路径、绑卡渠道
	住宅信息	地址、省份、城市、区、起始居住时间、住宅类别、邮政编码、业主、关系、按揭供款/租金、与谁同住、总人数、居住年限、住宅电话（区号）、住宅电话（号码）
	个人工作信息	工作单位全称、工作单位电话、公司所在城市、公司详细地址、月收入（元）、工资发放形式、工作职业
	联系人信息	姓名、关系、第一联系人、第二联系人
设备信息	设备信息属性	设备标签、设备品牌、设备类型、Android ID、设备序列号、IMEI、IMSI、设备 MAC 地址、设备硬件名称、设备主机地址、设备固件版本号、蓝牙 MAC 地址、浏览、UserAgent、基带版本号、系统版本、系统设置中显示的版本号、SDK 版本号、总内存（GB）、总容量（GB）、可用内存（GB）、可用容量（GB）、电池健康状态、电量（%）、电池状态、CPU类型、CPU 子类型、CPU 数量、GPS 经纬度、占用内存（GB）、可用内存（GB）、Wi-Fi SSID、模拟器信息（是否是模拟器）、IMEI1、IMEI2、IMSI1、IMSI2、是否插 Sim 卡、手机型号、产品制造商、设备名、主板型号、是否 root、Wi-Fi MAC、设备类型（手机/终端）等
	设备网络属性	运营商、国家代码、移动国家码、移动网络号、2G/3G/4G/Wi-Fi、网络信号类型、Sim 卡信号类型、Sim 卡序列号、外网 IP、蜂窝内网 IP、Wi-Fi 内网 IP、无线网络的名字、BSSID，默认为路由器的 MAC 地址、Wi-Fi 掩码、网关、代理地址和端口号、当前连接的基站信息、经度、纬度、IP 地址类型、IP 所属国、IP 一级行政区、IP 二级行政区、IP 三级行政区、IP 属主、移动设备国家代码、移动设备网络代码、LAC 或 TAC、Cell Identity、基站系统识别码、基站网络识别码、基站小区、基站类型

（续）

数据来源	数据大类	具体数据
设备信息	用户行为属性	当前时间、开机时间、运行时间 (ms)、时区、设备语言、设备名称、屏幕亮度、键盘列表、电话号码、日期格式、是否自动网络对时、是否自动选择时区、小时格式、锁屏时间、有可用 Wi-Fi 时是否提示、休眠时保持 WLAN 网络的连接方式、获取位置的精度、是否使用锁屏图案、是否解锁图案可见、是否解锁振动反馈、字体大小、字体列表、用户程序列表、铃声列表、手机铃声、闹钟铃声、通知铃声、是否打开声音效果、是否在输入密码时显示最后一位、是否支持屏幕亮度自动调节、是否支持屏幕自动旋转、当前壁纸、系统程序列表
内部系统生产	生物识别信息	身份证信息：身份证号、身份证地址、身份证正面、身份证反面、有效日期、签发机构 活体检测信息：照片、活体检测数据、状态码、相似度、是否本人、验证次数
	行为埋点信息	用户登录日志、登录信息、浏览信息、打开 App 时间、上次登录时间、上次登录 IP 等
	借据申请信息	申请编号、申请时间、申请渠道、申请产品、申请金额、申请期数、申请用途等
	借据审批信息	审批时间、拒绝原因、风险类型、审批备注、当前状态等
	还款信息	还款时间、还款方式、应还金额、还款通道、财务减免、滞纳金额、还款状态、还款期数、是否结清等
	催收信息	联系状态、最后跟进时间、备注信息、通话记录、关键词命中情况等
	风险名单数据	身份证号、手机号、属于黑/灰/白名单的原因、风险 IP、风险域名、风险设备号
	渠道名单	渠道、联系人、联系电话、推广链接、渠道限量、平台流量监控、合作结算等
	交易支付	交易时间、交易金额、交易对象、交易目的

3.3 外部数据

作为经营风险的金融机构，商业银行风险管理水平直接决定了其经营能力的优劣。风险管理的核心在于避免信息不对称，而信息的背后则是数据的支撑。因此，商业银行本质上也是经营数据的企业，数据已成为其核心生产要素。数据的丰富程度对提升商业银行的经营管理能力起着至关重要的作用。然而，由于客户提供的数据有限，因此商业银行的内部数据存在体量不足的问题。这不仅影响了用户覆盖范围，也限制了数据维度的多样性。仅依赖内部数据进行风险评估往往会过于片面，无法全面掌握某位客户的风险状况。为了解决这一问题，商业银行通常需要外部数据提供有力的补充和支持。

外部数据是指为实现特定的业务目标,通过采购、合作、自主采集等方式,由商业银行外部引入的数据。作为信用体系建设的核心环节,外部数据在传递重要金融信息并推动金融业务实践发展方面具有不可忽视的作用。在信息不对称的金融市场环境中,外部数据能够显著降低交易主体之间的信息不对称程度,提升金融交易效率,降低交易成本。例如,外部数据可以帮助商业银行对借款人进行精准的定量分析,降低违约风险。外部数据也可以帮助借款人获得与之相匹配的资金服务支持,防止多头借贷行为,实现金融资源的优化配置。

因此,如何有效利用外部数据,挖掘更多应用价值,已成为商业银行大数据智能风控建设的重要任务。对于商业银行而言,积极拓展外部数据,提高数据应用水平,将有助于其在竞争激烈的金融市场中保持领先地位。

3.3.1 外部数据分类

商业银行外部数据的合理分类是实现管理体系优化和数据安全有效管控的关键步骤,同时也是向精细化数据管理迈进的重要里程碑。合理的外部数据分类具有以下两方面的重要作用。首先,它帮助商业银行细化外部数据的管理程度,从数据引入、使用、共享到退出等环节实现数据的垂直管理,进一步优化平台工具的建设。其次,分类及在此基础上进行的分级有助于金融机构明确数据保护的重点,对不同级别的数据实施不同程度的保护,尤其要保障重要敏感数据的安全。这不仅有助于防范数据风险,也确保了数据的合法交易和价值释放。因此,实现外部数据的合理分类是商业银行在大数据时代背景下进行智能风控建设的重要任务,在提升其经营管理能力、优化资源配置及降低运营风险等方面都具有深远的影响。

从自身业务实践出发,可以根据不同的实现目的和需求从各角度进行分类,最常见的是从数据种类、数据主体、数据服务方式三个角度对外部数据进行分类,如图 3-1 所示。

在商业银行的日常运营中,不同部门、不同业务线都需要处理大量的数据。这些数据在性质、重要性、来源等方面都存在差异。为了更好地管理和使用这些数据,商业银行需要按照数据种类对其进行分类,如表 3-2 所示,分别是核验类、评分类、标签类、黑名单类、价格评估类数据。

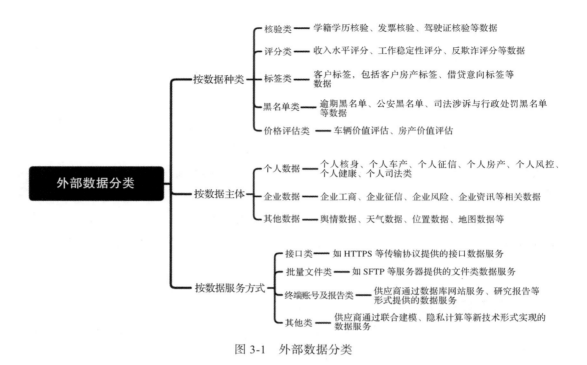

图 3-1　外部数据分类

表 3-2　按数据种类对外部数据进行分类

数据种类	类别描述
核验类数据	核验类数据是指根据客户提供的原始信息进行一致性和准确性校验的数据，主要包括学籍学历核验、发票核验、驾驶证核验等数据，以确保数据的真实性和准确性
评分类数据	评分类数据是指对客户敏感信息进行统计分析形成的区间化、分级化的评分结果，包括收入水平评分、工作稳定性评分、反欺诈评分等数据
标签类数据	标签类数据是指对客户敏感信息进行统计分析后形成的模糊化的客户标签，包括客户房产标签、借贷意向标签等数据
黑名单类数据	黑名单数据通常是指因违反道德底线事实、违反社会责任底线事实、失信事实等原因而被列入相关权威机构的黑名单的自然人和法人的数据，包括逾期黑名单、公安黑名单、司法涉诉与行政处罚黑名单等。这类数据主要用于监控和预防欺诈等不良行为
价格评估类数据	价格评估类数据是指通过商品计价原则、标准和市场供求情况，评估得出的商品价格数据，包括车辆价值评估、房产价值评估等

　　不同的数据主体对数据的关注点不同，如表 3-3 所示，这里主要从 3 类数据主体进行分类说明。个人数据主要用于满足个人在生活、工作等方面的需求，如社交、购物、求职等。企业数据主要用于满足企业在运营、决策、市场等方面的需求，如客户关系管理、财务分析、市场分析等。其他数据则可能涉及政府、社会组织、媒体等机构，用于满足不同领域的需求，如政策制定、社会治理、舆情监测等。按数

据主体对外部数据源进行分类，可以更好地满足不同数据主体的需求，保障数据安全和隐私，促进数据流通和共享，实现数据的精细化管理。

表 3-3　按数据主体对外部数据进行分类

数据主体	类别描述
个人数据	个人数据是指个人核验类数据，如个人核身、个人车产、个人征信、个人房产、个人风控、个人健康、个人司法类等相关数据
企业数据	企业数据是指与企业经营运营相关性数据，如企业工商、企业征信、企业风险、企业资讯等相关数据
其他数据	其他数据是指以上分类之外的数据，如舆情数据、天气数据、位置数据、地图数据等

不同的数据服务方式代表了不同的数据交互方式，每种方式都有其特点和适用场景。例如，接口类服务通常用于实时、高频率的数据交互，批量文件类服务适用于大规模、低频率的数据传输，终端账号及报告类服务则可能涉及定期查询和数据分析等。根据不同的业务需求和数据处理需求，选择合适的数据服务方式可以大大提高数据处理效率。例如，接口类服务可以提供更快速的数据传输速度和更灵活的数据格式，批量文件类服务则可能更适合大规模数据的离线处理，具体见表 3-4所示。

表 3-4　按照数据服务方式对外部数据进行分类

服务方式	类别描述
接口类服务	接口类服务是指供应商通过互联网传输协议（如 HTTPS 等传输协议）提供的接口数据服务
批量文件类服务	批量文件类服务是指供应商通过服务器（如 SFTP 等服务器）提供的文件类数据服务
终端账号及报告类服务	终端账号及报告类服务是指供应商通过数据库网站服务、研究报告等形式提供的数据服务
其他类服务	其他类服务是指供应商通过联合建模、隐私计算等新技术提供的数据服务

3.3.2　外部数据源的管理原则

在使用外部数据源时，商业银行必须遵循外部数据源的管理原则，才能确保引入数据的准确性和可靠性。这对于提高数据质量、保障数据安全、降低法律风险、提升治理能力和最大化数据价值都具有非常重要的意义。

1. 合规性和权威性

合规性是外部数据管理的基本原则，是指所有外部数据的获取、使用必须合规，符合国家相关法律法规、政府相关部门规章、监管要求以及相关国家标准和行业标准。涉及个人用户的外部数据需在获取与使用前取得其充分授权，并遵循合法、正当、最小必要原则，不得过度处理数据。

权威性是指应首先考虑从数据权威部门引入一手外部数据源，并在引入前进行数据验证与测试以确保数据可用，价值有效释放。权威的数据实际上只能来源于部委、政府部门、央企、国企，以及与这些机构相关的事业单位、全资子企业，包括持牌征信机构、合规数据交易场所等都是合规的数据源服务方。各数据源根据其数据敏感程度不同，分为较开放和限场景两种。较开放数据源只要需求机构资质合规、场景合规及有用户授权就能获得采购机会。限场景数据源（如人行、人社部及税务局等）的数据常用于持牌金融的信贷业务风险防控。

2. 稳定性

外部数据管理中的稳定性包括数据供给的可持续性和数据口径的稳定性。数据供给的可持续性是指外部数据源能够不间断地提供数据，确保数据的及时性和连续性。为了实现数据供给的可持续性，外部数据管理应该建立数据稳定约束机制，明确外部数据合作机构保障提供数据稳定性的义务，并设定违规惩罚条款。这可以促使外部数据合作机构认真履行数据供给的责任，避免数据中断或数据提供不稳定的情况。数据口径的稳定性是指外部数据源所提供的数据指标、定义、计算方法和范围等方面的一致性和可靠性。为了确保数据口径的稳定性，外部数据管理系统应该要求外部数据合作机构针对可能出现的数据中断、数据口径变更设定应急机制和约束条款，这样可以在数据中断或数据口径发生变更时，及时采取应对措施，避免对业务系统造成影响。

3. 共享连通性

共享连通性是指在引入外部数据到各业务系统之前，通过一个统一的外部数据管理系统进行接入，以避免重复引入数据，提高数据管理效率。同时，这种共享连通性还可以确保在无合作协议限制的前提下，实现金融机构全域范围内的数据共享，从而促进内部数据的集成整合。通过实现共享连通性，商业银行可以更好地管理和整合其内部和外部数据资源，提高数据质量和准确性，进一步提升业务运营效率和市场竞争力。例如，在多个业务部门需要引入同一外部数据的情况下，共享连通性可以避免重复引入数据，降低数据管理成本和风险。同时，通过实现内部数据的集成整合，商业银行可以更好地了解客户需求、市场变化和风险状况，为业务决策和风险管理提供更加全面、准确的数据支持。

4. 成本合理性

成本合理性是指在引入外部数据时，应该充分考虑成本效益和投入产出合理性，实行成本计量和费用分摊机制。这样的做法可以更加合理地集约化管理外部数据，更准确地计算经营绩效。成本效益是指投入与产出的比例关系，即引进外部数据的成本与其所产生的效益之间的比较。在引入外部数据时，需要对其成本和效益进行全面评估，以确定引进数据是否具有经济合理性。投入产出合理性是指引进外部数据所带来的效益应该与其所投入的成本相匹配。也就是说，引进外部数据的投入不能过高，必须控制在合理范围内，以避免资源的浪费。针对以上考虑因素，实行成本计量和费用分摊机制是必要的。成本计量是指对引进外部数据的成本进行量化和预测，包括数据的采集、处理、存储、分析和维护等方面的成本。费用分摊机制则是指将引进外部数据的成本分摊到各个业务部门或产品线中，以便更准确地计算每个部门或产品线的实际成本和效益。

5. 渠道多样性

渠道多样性是指在满足业务需求的前提下，可以通过多种形式获取外部数据，列举如下。

1）公共的数据：通过公开的数据库、政府发布的数据、网络爬虫等技术手段获取。

2）共享银政的数据：与政府机构、银行业等共享数据，例如通过银政企合作项目获取数据。

3）银企合作的数据：通过与大型企业或银行业建立合作关系，获取其内部数据或信息，以满足业务需求。

4）对接子公司的数据：如果外部机构是集团或连锁企业的一部分，可以通过与子公司的对接获取相关数据。

5）外部采购的数据：通过购买专业公司或数据供应商的数据产品来获取所需数据。

这些不同的获取方式可以满足不同的业务需求，并在不同的场景下发挥各自的优势。例如，公共的数据可以满足日常经营分析需求，共享银政的数据可以支持政策研究等，银企合作的数据可以用于风险评估等，对接子公司的数据可以实现集团或连锁机构的内部数据整合，外部采购的数据则可以快速获得某些特定数据或补充临时数据缺口。

3.3.3 外部数据管理流程

商业银行的外部数据管理流程是一个全面且系统的流程，它涵盖了外部数据的评估、接入、融合和退出等各个环节，如图 3-2 所示。这个流程的主要目标是确保商业银行能够合法、合规地引入和使用外部数据，同时也能充分地共享这些数据，并在需要的时候正常地退出使用。

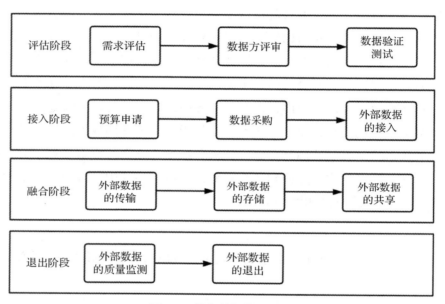

图 3-2　外部数据管理流程

❑ 需求评估。各部门提交至外部数据归口管理部门的需求内容应包括需求内容描述、应用场景描述、数据使用量预估、效益预估、业务可行性方案和安全保障措施，其中需求内容描述又包括数据字典、数据范围、更新频率、数据质量要求以及售后服务要求等要素。外部数据归口管理部门将根据数据测试情况、初步询价结果、效益预估以及业务可行性分析等来判断是否采购数据。

❑ 数据方评审。在确定外部数据需求后，需要对数据厂商进行调研评估，包括公司资质、数据合法合规、数据产品质量、数据供应能力、合同履约能力、数据价格与售后等方面。评估一般由外部数据归口管理部门、业务部门等联合执行，目的是掌握当前数据供方市场状况和业务用数情况，对符合要求的供应商进行合作准入，建立并维护商业银行的外部数据资源库。具体如图 3-3 所示。

序号	角色	评估事项分类	详细评估事项	评估标准	
				外部数据源准入评审标准	
1	数据需求部门	数据来源合规	数据范围	公开、未公开、企业、个人；是否为敏感数据	法律合规部牵头提供是否敏感数据范围清单
2	数据管理部门		获取方式	自有数据、采购数据（合同）、政府授权数据（授权书、合同）、爬取数据	
3	数据管理部门		经营资质	个人征信、企业征信资质	
4	数据需求部门	数据质量	测试	测试报告	
5	数据管理部门	合作案例	同业合作情况	如新网、微众、众邦等民营银行，其他消金、城商行等（国家机构除外）	
6	数据管理部门	数据安全	数据存储	公有云（提供安全相关说明）、私有化部署	盖章说明文件
7	数据管理部门		资质证书	信息安全管理体系认证、信息系统安全等级保护、质量体系认证、安全测试报告	
8	数据需求部门		数据有效性	数据更新频率、查询率、可用性	
9	数据需求部门		应急响应时间	工作时间 5 分钟以内，节假日及 5×8 小时以外要求 30 分钟以内	
10	数据管理部门		高可用保障	双机热备、冷备、灾备等	
11	数据管理部门	基本情况	注册 / 实缴资本	注册资本 1000 万元以上，实缴资本 500 万元以上	
12			成立时间	2 年以上	
13			高管任用	高管概况	
14			企业股东及股权	个人、公司、国有股权情况	
15			企业规模	企业人数	盖章说明文件
16		信用信息	涉诉情况	无涉诉（裁判文书网、全国法院被执行人信息网、全国工商企业信用信息系统等查询）	
17			信用报告	无不良征信信用记录	
18			被执行信息	无被执行人信息（法人、企业）	
19			行政处罚	无性质处罚信息（法人、企业）	
20			负面舆情	无重大负面舆情（法人、企业）	
21	财务部门	经营情况	财务状况	近 3 年财务状况良好（财务状况是否良好、科技投入比例等）	
22	数据需求部门	数据选择	数据调研	是否单一数据来源	
23				接入数据行业状况	
24		成本管控	数据成本		

图 3-3　数据厂商评审标准

❑ 数据验证测试。在确定了外部数据引入需求和数据厂商后，还应组建专门的测试团队对引入的数据进行验证测试，通过内、外部数据共享融合的方式，对一定数量的外部数据进行测试，用以验证外部数据的完备性、时效性、准确性、合规性和安全性。

❑ 预算申请。预算申请一般分为定期申请和随时申请两种模式。定期申请是指财会部门约定本年度预算申请的时间和周期，外部数据预算应在相应的时间内完成申请。随时申请是指财会部门在年初框定外部数据概算，在概算范围内，外部数据预算可以根据业务需要随时申请。相较而言，随时申请的模式更灵活，更有助于提高外部数据的引入效率。

❑ 数据采购。外部数据的采购需要严格按照各商业银行相关的采购制度和流程执行。通常来讲，采购流程包括采购申请、采购实施、合同管理、费用结算、服务验收五个主要步骤。具体由业务部门向外部数据归口管理部门统一提交申请并等待审核。归口部门根据采购预算金额批复情况规定数据的采购方式，并牵头起草采购合同，合同经法律、内控合规等相关部门审核后提请签署流程。合同签署方依据合同进行服务验收并执行费用支付。数据采购流程的具体内容如图 3-4 所示。

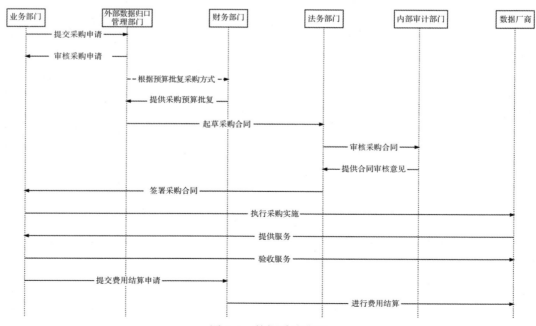

图 3-4　数据采购流程

❑ 外部数据的接入。商业银行外部数据接入的主要方式是系统对接，进一步可分为数据直连、联合建模和隐私计算三种模式。数据直连模式是指双方通过建立数据接口进行传输，包括实时联机查询和批量数据传输。联合建模模式是指金融机构与外部政府部门或第三方企业合作建模并在此基础上进行数据共享，避免了数据向第三方传递而产生的衍生问题，目前在数据共享领域中的应用占比日趋增大。隐私计算模式是指采用联邦学习、多方安全计算、隐匿查询等新接入技术的模式。具体内容如图 3-5 所示。

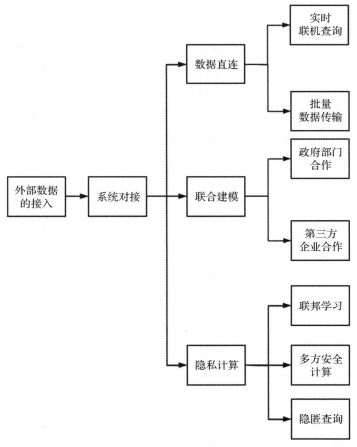

图 3-5　外部数据的接入方式

❑ 外部数据的传输。外部数据传输包括线下传输和线上传输，随着商业银行对数据安全需求的增加，系统直连成为当前外部数据传输的主要方式，一般分为网络专线传输和互联网传输两种形式。网络专线传输是指金融机构与供应商之间通过运营商建立独立的网络连接通道，互联网传输是指金融机构与供应商之间通过互联网建立网络连接，并通过软硬件加密的方式传输数据。

❑ 外部数据的存储。外部数据的存储需根据数据遭到破坏后的影响范围和所造成的影响程度来确定存储的安全等级以及相关技术手段，并确保数据可在生命周期结束后被及时销毁。个人类外部数据原则上应仅在业务办理时使用，在业务流程结束后应及时删除查询结果数据，非必要不得留存。如确有必要留存个人类外部数据的，应明示留存内容、用途及期限，取得客户授权同意，并按照"谁留存谁负责"的原则，采取必要措施保证数据安全，且将留存记录归档备查。

❑ 外部数据的共享。外部数据的共享通常是指同一条数据在有效期内由不同部门进行二次及以上的查询。外部数据的共享应由各业务部门发起，提交共享需求至外部数据归口管理部门进行审核。待审核通过后，数据由外部数据管理系统或者数据中台统一提供，当数据共享内容以及数据共享范围发生变化时，需要业务部门再次提出申请。外部数据管理系统可提供数据共享情况统计分析功能，辅助数据共享部门定期汇总统计数据，跟踪数据使用情况以及数据应用成果，结合各机构数据资产评估方法撰写投入产出分析报告。外部数据的共享同样需要遵循"最小必要"原则，共享范围应限于业务实现目的。个人类外部数据原则上应通过"可用不可见"的方式进行共享，相关信息原则上应嵌入系统化的业务流程或模型中使用，非必要不得采用个人查询的方式。

❑ 外部数据的质量监测。外部数据质量用于衡量引入的外部数据能够真实、完整地反映实际情况的程度。外部数据质量监测是指依据质量规则对外部数据质量进行检查、核对，量化外部数据质量水平并识别质量问题的过程。监测分析应由外部数据归口管理部门定期执行并形成质量监测报告，此外，各业务部门也应在使用过程中将发现的质量问题及时反馈至外部数据归口管理部门进行汇总。

❑ 外部数据的退出。外部数据退出分为正常退出和异常退出。正常退出是指与外部数据供应商合作到期且无相关数据需求的自然退出；异常退出是指与外部数据供应商合作期间出现政策规制、供方履约异常、重大违法违规、严重舆情以及其他不可抗力问题而导致的强制退出。需要对外部数据建立统一的退出管理机制和流程，在每份外部数据采购合同到期前一段时间，外部数据归口管理部门应针对此数据再次征集需求，若无续期需求，则应协同相关业务部门开展数据停止供应影响性分析，并根据分析结果协同相关部门在合同到期后下线相关数据服务。

3.3.4　外部数据评估

商业银行在引入外部数据以提升其风险控制能力时，必须进行全面且深入的评估。首先，理解外部数据的基本逻辑和构成是至关重要的。这包括了解数据的来源、收集方式、处理流程以及特征提取等关键环节。例如，数据可能源自公共数据库、第三方数据提供商或社交媒体平台等。了解数据的收集方式有助于商业银行确定数据的可靠性和有效性。此外，还需要了解数据的处理流程，包括数据清洗、转换和整合等步骤，以确保数据的准确性和一致性。特征提取是从原始数据中提取出对风险评估有用的信息的过程，如客户的信用评分、行业分类等。

其次，理解数据背后的业务含义同样重要。对于引入的外部数据源，需要深入了解其与商业银行业务的关联性，以及如何将其应用于风险评估和管理。例如，这些数据能否反映客户的信用状况、行业风险、市场趋势等，以及如何将它们整合到现有的风险评估模型中。通过深入了解数据的业务含义，银行可以更好地利用外部数据来识别潜在的风险和机会，并制定相应的风险策略。

在完成以上两个步骤之后，商业银行通过"三率""三性""三度"对外部数据进行价值评估。具体内容见图 3-6。

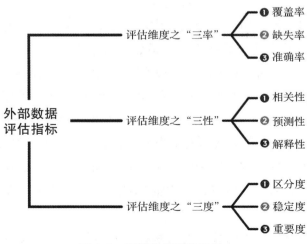

图 3-6　外部数据评估指标

以下是每个指标的解释和计算逻辑。

覆盖率：衡量引入数据项和自家客群交叉覆盖情况。在多数情况下，外部数据的覆盖率能达到 90% 以上，就可以满足业务需求。

$$覆盖率 = 已匹配样本数量 / 总样本数量$$

其中已匹配样本数量为全部评估特征不全为空的样本数量，总样本数量为测试数据总样本。

缺失率：每个测试样本在数据匹配下，不一定都能返回有效值。缺失率就是对于每个待评估特征字段的缺失情况评估。一般情况下，缺失率低于 10% 都是可以满足业务需求的。

$$缺失率 = 特征缺失值样本数量 / 总样本数量$$

其中特征缺失值样本数量为评估特征缺失的数量，总样本数量为测试数据总样本。

准确率：准确率是指数据源所提供的数据与真实情况相符的程度。

$$准确率 = 准确数据量 / 总数据量$$

准确率越高，表明该数据源的数据质量越好，越能够准确地反映实际情况。评估准确率时，需要进行数据清洗和校验，去除异常值、重复值和错误值，并使用样本验证、对比分析等方法来评估准确率。

相关性：用来评估引入数据项与现有数据项之间或多项引入数据项间的相关性。除同项数据互备及价格考虑因素外，我们期望引入的新数据项与现有数据项或多项新数据项间有一定区分度，而非绝对重合，避免相同效用数据重复采购。若引入数据项为连续型数据，可采用特征相关性皮尔逊系数等来衡量。皮尔逊系数用于衡量两个连续变量之间的线性相关性程度，系数取值范围为 [-1, 1]。正值代表正相关，负值代表负相关。系数的绝对值越大，说明变量之间的相关性越强。在实际业务中，当特征之间的皮尔逊系数小于 0.5 时，说明特征的线性相关性程度很低。在某些情况下，如特征变量池的字段较少，相关系数的评定标准可以放宽至 0.7。

预测性：数据源所提供的数据对于未来的趋势和变化的预测能力。预测性越高，表明该数据源的数据越能够准确预测未来的趋势和变化，越具有指导意义。评估预测性时，需要考虑数据源的历史数据质量和稳定性，以及历史数据与未来变化的相关性。

解释性：数据源所提供的数据的可解释性和易懂性。解释性越高，表明该数据源的数据越能够被用户理解和分析，越具有参考价值。评估解释性时，需要考虑数据的表达方式、语义清晰度、可视化程度等因素。

区分度：用来评估引入数据项可区分好坏客户的程度。可采用特征信息值与区分度来衡量。信息值（Information Value，IV）表示特征对目标预测的贡献程度。IV 值越大，指标预测能力越强。IV < 0.02，表示无预测性。IV 为 0.02～0.1，表示弱预测性。IV 为 0.1～0.3，表示一般预测性。IV 为 0.3～0.5，表示强预测性。IV > 0.5，表示非常强预测性但疑似有误。区分度（Kolmogorov-Smirnov，KS）用于衡量好坏样本累计分布之间的差值。KS 值越大，模型区分能力越强。一般情况下，当单个特征对应模型 KS 值大于 20% 时，说明特征具有一定区分度，可以在实际应用中进行保留。KS < 20%，不建议使用。KS 为 20%～40%，表示区分度较好。KS 为 40%～50%，表示区分度良好。KS 为 50%～60%，表示区分度很强。KS 为 60%～75%，表示区分度非常强。KS > 75%，表示区分度极强但疑似有误。

稳定度：用来评估引入数据项在不同时段数据间均能有良好特征表现，不会出现大波动性，进而失去数据意义。稳定度评估可采用 PSI 指标。PSI 可以衡量特征在不同样本分布的稳定性。

$$PSI = SUM [（样本 A 占比 - 样本 B 占比）\times \ln（样本 A 占比 / 样本 B 占比）]$$

将测试样本分为两个时间段，对比特征在两个先后时间段内的数据分布，进而评估特征在时间维度上的稳定性。

重要度：数据源所提供的数据对于具体业务或研究的重要程度。重要度越高，表明该数据源的数据越能够反映业务或研究的本质和关键问题，越具有指导意义。评估重要度时，需要考虑具体业务或研究的需求和分析目的，分析数据源的数据对于业务或研究的重要程度。

3.4　人行征信

尽管人行征信也是商业银行的外部数据，但作为国家级的信用信息，具有极高的公信力，其数据质量和权威性与其他外部数据源存在显著差异。同时人行征信是我国金融体系中最为核心的信用信息来源，能够提供借款人的历史信用记录、还款表现以及其他相关信息。这些信息能够帮助金融机构更加准确地评估借款人的信用风险，为信贷决策提供有力支持。因此本章将其单独作为一节进行讲解。

3.4.1 人行征信简介

我们所称的人行征信，即"金融信用信息基础数据库"，是国家金融基础设施的重要组成部分，根据国家的授权，由征信中心负责搭建和运营。人行信于 2006 年开始正式运行，2020 年 1 月 17 日，二代征信顺利上线运行，实现了对一代征信的优化升级（为便于区分，这里将二代征信上线前的人行征信系统称为"一代征信"）。人行征信通过采集、整理、保存、加工企业和个人的基本信息、信贷信息和反映其信用状况的其他信息，建立企业和个人信用信息共享机制，加快解决金融交易中的信息不对称问题，在促进金融交易、降低金融风险、帮助公众节约融资成本、创造融资机会和提升社会信用意识等方面发挥了重要作用。

人行征信目前分为个人版和企业版。人行征信中心基于采集的征信主体的信用数据加工生成人行信用报告，包括个人信用报告和企业征信报告。根据展现详略程度差异，信用报告又可分为授信机构版信用报告和非授信机构版信用报告。比如对于个人来说，信用报告会分个人版和银行版等多个版本，我们个人去征信中心官网或者银行网点（包括网上银行等渠道）查询的通常是个人简版，而授信机构版一般是提供给银行或者其他授信机构查询使用的。目前，个人信用报告除上述两个版本外，还包括供其他社会主体查询的"社会版"和供征信系统管理使用的"征信中心版"。

3.4.2 人行征信的历史沿革

1997 年，中国人民银行开始筹建银行信贷登记咨询系统（企业征信系统的前身）。1999 年，经朱镕基总理批示，上海资信有限公司（Shanghai Credit Information Services，Co.，Ltd，下称上海资信）开始个人征信的试点。上海资信成立于 1999 年 7 月，并于 2009 年 4 月成为人行征信中心控股的子公司。2000 年后，中国房地产市场和消费金融兴起，政府开始积极推进个人征信系统的建设。

2004 年，国务院批复了人行牵头的企业和个人征信体系建设专题工作小组起草的《建设企业和个人征信体系总体方案专题报告》，这是中国最早的关于征信业建设的顶层设计。同年，中国人民银行开始组织商业银行建设全国集中统一的个人征信系统。这个系统主要用于收集和整理个人的信用信息，包括信用卡还款情况、贷款记录、社保缴纳情况等。这个系统的建设标志着中国征信业进入了一个新的阶段。

2005 年 10 月，《个人信用信息基础数据库管理暂行办法》开始实施。该办法规定了个人信用信息的基础数据库的管理和使用规范，为个人征信系统的正常运行提供了法律保障。

2006 年 1 月，一代征信系统在全国联网运行，全国统一的企业征信系统和个人征信系统正式建成并投入运行。这标志着中国征信业进入了一个新的阶段，为金融机构和社会各界提供了更加全面和准确的信用信息。

2007 年，个人征信异议处理系统正式对外提供服务。这个系统为个人提供了更加便捷的异议处理方式，使得个人可以更加方便地维护自己的信用记录。

随着时间的推移，人行征信逐渐完善。2011 年，新版个人信用报告上线。2012 年，新版企业信用报告上线。这些新版本的信用报告更加详细和全面，能够更好地满足金融机构和社会各界的征信需求。

2013 年，《征信业管理条例》正式实施，该条例从行政法规层面确立了人行征信的法律地位及功能定位，并解决了征信业发展中无法可依的问题。这个条例的实施为人行征信的发展提供了更加坚实的法律保障。

2014 年，为了更好地满足金融机构和社会各界的征信需求，适应金融科技发展趋势，征信中心正式启动二代征信系统建设，对一代征信进行优化升级。经过升级后的征信系统能够更好地支持金融业务的发展和创新，提高征信服务的效率和质量。

2018 年 11 月至 2019 年，二代征信系统进入试运行阶段。这个阶段的目的是测试新系统的稳定性和可靠性，为正式上线做准备。

2020 年 1 月 17 日，征信中心启动二代征信系统切换上线工作。自 2020 年 1 月 19 日起，征信中心依托二代征信系统面向社会公众和金融机构提供二代信用报告（包括"二代个人信用报告"和"二代企业信用报告"）的查询服务。新系统的上线为人行征信业的发展开启了新的篇章。

2021 年底，全国和地方金融机构基本完成对二代征信系统的数据采集切换工作。这个切换工作的完成标志着二代征信系统在全国范围内的普及和应用，为人行征信业的发展奠定了更加坚实的基础。

3.4.3　人行征信数据的主要来源

人行征信中心本身并不产生数据，其数据主要来源于提供信贷服务的金融机构。以个人为例，只要客户在商业银行办理过贷款、信用卡、为他人贷款担保等涉及个人信用风险的授信担保类业务，该客户提供给商业银行的基本个人信息、还款记录及账户交易信息就会通过商业银行报送给征信中心并记录于征信系统。这些信息可依法被其他商业银行等授信机构查询及使用。从征信系统的搭建目的及功能设计看，征信系统收集的数据主要是金融信用信息。2013 年实施的《征信业管理条例》也明确将人行征信系统定位为"金融信用信息基础数据库"，允许其接收"从事信贷业务的机构按照规定提供的信贷信息"。

随着征信系统功能的逐步完善，为满足信用社会体系建设的客观要求，征信系统收集的数据已突破原先的"金融信用信息"范畴。从人行征信系统目前的运作情况看，其数据来源还包括以下几个方面。

首先，社会公共信息是其中的一部分。例如，个人公积金缴存信息、社会保险缴存和发放信息、车辆交易和抵押信息，税务部门提供的个人或企业的缴纳税款数据，法院系统提供的法院判决数据（包括生效判决执行信息等），行政执法部门依法行政过程中产生的行政处罚信息等。另外，公安部门提供的个人姓名、身份证号等用于核验信息主体身份的居民身份信息，也是征信系统数据来源的重要组成部分。

其次，水电燃气等公共事业单位也提供了非信贷信用信息。征信系统可以收集水电煤以及电信逾期等数据，比如电话费缴纳情况由电信部门提供，水电燃气费数据由自来水、电力、燃气公司分别提供。由于水、电、电信等公共事业缴费信息具有"先消费后付款"的性质，含有信用成分，所以也被纳入"反映信用状况的其他信息"或"借钱还钱的信息"的收集范围。

概括来说，人行征信数据的主要来源（以个人征信信息为例）如图 3-7 所示。

信息来源	信息类型	信息内容
• 社会保险经办机构 • 住房公积金管理中心 • 商业银行等授信服务机构	个人基本信息	标识信息：姓名、证件类型、证件号码 身份信息：性别、配偶、联系方式 职业信息：单位名称、地址 居住信息：居住地址、居住状况等
• 银行及其他信贷类非银行金融机构	个人信贷信息	贷款信息：贷款发放及还款情况 信用卡信息：信用卡发卡及还款信息 担保信息：为其他主体提供担保的情况
• 国家机关 • 公用企事业单位	反映信用状况的其他信息	履行相关义务的信息：社保参保缴费信息、住房公积金缴存信息、车辆抵押交易信息 先用后付费非金融负债信息：电信等公用企业事业部门交费信息 公共信息：资质信息、行政许可信息、行政处罚信息、奖励信息、执业资格信息、法院判决和执行信息、欠税信息、上市公司监管信息等

图 3-7　人行征信数据的主要来源

3.4.4　二代征信的主要改进

与一代征信相比，二代征信提供的二代信用报告在基本信息和信贷信息方面的内容更加丰富，同时改进了信息展示形式，提升了信息更新效率。

1. 丰富基本信息

二代个人征信报告的个人基本信息更加全面。除了原有的信息之外，新增了"国籍""就业状况"和"电子邮箱"等数据项。职业信息中也增加了"单位性质"，并且联系方式中可以包含最多 5 个不同的号码，包括"手机号码""住宅电话"和"单位电话"。此外，信息概要部分还增加了非信贷交易信息概要和公共信息概要。具体如图 3-8 所示。

信用报告展示样例-非信贷交易及公共信息概要　　——中国人民银行——征信中心

（五）非信贷交易信息概要

后付费业务欠费信息汇总		
业务类型	账户数	欠费金额
电信业务	1	10 000
水电气等公共事业	1	200

（六）公共信息概要

公共信息汇总		
信息类型	记录数	涉及金额
欠税信息	1	10 000
民事判决信息	1	10 000
强制执行信息	1	10 000
行政处罚信息	1	10 000

图 3-8　二代征信非信贷交易信息概要和公共信息示例

二代企业征信报告的变化不仅包括新增"共同借款"信息和 5 年还款记录，还包括新增首次相关还款责任年份以及非信贷交易账户数等。其中，"共同借款"信息是指一笔贷款由两个或两个以上借款人共同承担连带偿还责任的借款，征信中心在二代信用报告中设计展示这一信息，是为了更全面地反映企业和个人状况。而 5 年还款记录可以让使用者更全面地了解报告主体的还款意愿和历史记录。

首次有相关还款责任的年份是指报告主体承担的担保责任，这一信息的加入可以更好地评估报告主体的信用状况。此外，二代企业征信报告还新增了非信贷交易账户数，主要包括电信缴费和用水用电缴费信息等，这些信息有助于更全面地了解报告主体的日常经营和生活状况。具体如图 3-9 所示。

信息概要

主要指报告主体承担的担保责任。①

首次有信贷交易的年份	发生信贷交易的机构数	当前有未结清信贷交易的机构数	首次有相关还款责任的年份
2012	6	5	2014

借贷交易		担保交易	
余额	295.66	余额	243.80
其中：被追偿余额	38	其中：关注类余额	0
关注类余额	0	不良类余额	0
不良类余额	40.16		0

②

非信贷交易账户数	欠税记录条数	民事判决记录条数	强制执行记录条数	行政处罚记录条数
1	1	1	1	1

主要指电信缴费和用水用电缴费信息。

图 3-9　二代企业征信新增首次相关还款责任年份和非信贷交易账户数的示例

2. 增强征信报告的扩展性

一代个人征信报告主要按照"信贷业务"类别来展示信息，比如贷款和信用卡等。然而，随着新型信贷业务的不断涌现，需要重新调整信用报告的结构并增加相应的展示模块，这不利于维持信用报告结构的稳定性，并可能会影响信息更新的效率。为了解决这个问题，二代个人征信报告采用了更加稳定和灵活的"借贷账户"概念，将各种信贷业务抽象为借贷账户进行展示，提高了信用报告的扩展性，使其能够快速适应新型信贷业务的展示需求。同时，这种变化也增强了信用报告的稳定性。借贷账户信息具体内容如图 3-10 所示。通过这种方式，二代征信能够更好地满足不断变化的市场需求，提供更加全面和准确的信用信息。

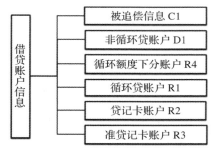

图 3-10　借贷账户信息具体内容

在二代企业征信报告中，基本信息中新增了上级机构、实际控制人信息，基本概况信息中增加了组织机构类型、企业规模、所属行业等重要信息。这些改进使企业信用报告更加详细和全面，能够更准确地反映企业的信用状况和潜在风险。同时，这种变化也使得企业信用报告更加适应市场发展的需要，为投资者和合作伙伴提供了更有价值的参考信息。具体内容见图 3-11 所示。

二代企业信用报告 展示模块	信息 / 数据项	一代企业信用报告数据项	差异说明
基本信息	上级机构信息	无	二代企业信用报告新增内容
	实际控制人信息	无	二代企业信用报告新增内容
	无	有直接关联关系的其他企业信息	二代企业信用报告删减内容
	基本概况信息	身份信息	展示内容调整
	注册资本及主要出资人信息	主要出资人信息	展示内容调整
	主要组成人员信息	高管人员信息	展示内容调整
基本概况信息	经济类型	无	二代企业信用报告新增内容
	组织机构类型	无	二代企业信用报告新增内容
	企业规模	无	二代企业信用报告新增内容
	所属行业	无	二代企业信用报告新增内容
	成立年份	无	二代企业信用报告新增内容
	办公 / 经营地址	无	二代企业信用报告新增内容
	存续状态	无	二代企业信用报告新增内容
	无	登记注册类型	二代企业信用报告删减内容
	无	登记注册日期	二代企业信用报告删减内容
	登记证书有效截止日期	有效截止日期	数据项更名
	登记地址	注册地址	数据项更名

图 3-11　二代征信信用报告新增

3. 细化信贷交易信息明细

在信贷交易信息的细节方面，一代个人信用报告主要包含了"贷款的合同信息""当前负债情况""当前逾期信息""最近 24 个月的还款记录""最近 5 年内的逾期记录""特殊交易信息""与该笔业务相关的贷款机构说明""异议标注"和"本人声明"等元素。二代个人信用报告在保留了上述内容的基础上，进一步进行了优化。首先，它将贷款还款记录的时间期限延长至 5 年，使用户可以查看更长时间的贷款和还款记录（包括具体的还款金额）。此外，二代个人信用报告还新增了信贷交易信息提示。这部分信息会展示个人名下信贷信息，包括个人住房贷款、个人商用房贷款、其他贷款的笔数，以及个人名下贷记卡、信用卡的数量，可以帮助商业银行更加清晰地了解客户的信贷交易情况，及时发现并解决潜在的信用问题。信贷交易信息提示示例如图 3-12 所示。

（二）信贷交易信息提示

业务类型		账户数	首笔业务发放月份
贷款	个人住房贷款	2	2007.09
	个人商用房贷款（包括商住两用房）	1	2007.09
	其他类贷款	2	2007.09
信用卡	贷记卡	2	2007.09
	准贷记卡	1	2007.09
其他	—	3	2007.09
合计		11	—

图 3-12　信贷交易信息提示示例

另外，在一代个人信用报告中，如果夫妻双方共同偿还贷款，男方是主贷款人，则女方的信用报告中不会显示任何负债记录。然而，在二代个人信用报告中，非主贷款人的一方也会有负债记录，即使双方离婚，仍会有相应的贷款记录。这种改进有助于防范一些借款人的不良投机行为。例如，新增的"还款金额"信息使商业银行能够及时识别借款人的养卡套利行为。过去常见的"0账单"养卡套利策略，即在每次账单日之前一日全额还款，然后在账单日之后将资金刷出。然而，在二代个人信用报告中，这种策略将无法再使用。因为即使在账单日前还款，还款行为也会被展示在信用报告中。

二代企业信用报告引入"逾期"概念，增加了逾期本金、逾期利息及其他、逾期总额等指标，如图 3-13 所示，更加全面地反映了企业的履约情况，有助于商业银行精准识别信用风险。同时，报告中也增加了授信额度信息，所有借贷账户增加展示逾期信息、最近一次还款信息以及提前还款信息。

☞ 未结清信贷及授信信息概要

二代系统增加采集企业贷款逾期指标。

由资产管理公司处置的债务			垫款			逾期		
账户数	余额	最近一次处置日期	账户数	余额	最近一次还款日期	本金	利息及其他	总额
1	38	2018-08-15	0	0	—	10	19	29

图 3-13　企业逾期概念示例

4. 数字解读

二代个人信用报告中增加了个人信用报告"数字解读"信息，该信息是基于信用报告中给出的信息主体的评分信息，即对信息主体未来信贷违约可能性的预测，用分数值的形式体现。数字解读示例见图 3-14。

（一）个人信用报告"数字解读"

数字解读	相对位置	说明
468	＞10%	影响因素1：存在逾期还款记录
		影响因素2：无

图 3-14　数字解读示例

分数值的取值范围为0～1000，每个分数值对应一定的违约率。分数越高，表示未来发生信贷违约的可能性越低，信用风险越小。分数越低，表示未来发生信贷违约的可能性越高，信用违约风险越大。一般情况下，分数较高人群整体的信用状况优于分数较低人群，即未来发生信贷违约的可能性越低。具体内容见表3-5。

表 3-5　数字解读说明

数据项名称	数据项释义
数字解读	征信中心基于个人信用报告给出的个人信用评分分数值（取值范围0～1000）
相对位置	报告主体个人信用评分在总体评分人群中的位置
分数说明	说明分数影响因素。具体包括：存在逾期还款记录、存在展期记录、当前债务相对较多、当前信用卡债务笔数相对较多、当前债务笔数相对较多等

在信贷审批环节，数字解读既可单独使用，也可与现有的信贷审批手段结合使用，对信贷产品申请进行审批决策。在单独使用时，可以直接根据在本银行客群上得到的各个数字解读分数的人数占比和相关联的好坏概率来划定"审核分数线"（cut off point），并基于该分数线进行信贷审批决策。例如，商业银行可以根据与数字解读分数相关联的好坏概率对批准人数和坏账率进行评估，在保持一定批准人数的基础上将坏账率降到最低，或在保持一定坏账率的前提下增加批准人数，或达到商业银行信贷政策规划的其他业务目标。在将数字解读分数和商业银行内部评分结合使用时，可以将其作为一个变量嵌入商业银行内部申请评分模型，或将其与信贷机构内部评分组合形成二维评分矩阵，从更多的角度评估借款人的信用风险，提升信贷审批决策的准确性。

3.4.5　人行征信的业务实践

贷前审查和风险评估是银行控制业务风险的关键环节，无论是对个人信贷业务还是企业客户信贷业务来说都至关重要。银行通过查询人行征信报告，可以全面了解企业及其关联人员、股东的信用情况。征信报告可以为银行综合授信提供准确的信息支持。另外，企业法定代表人、主要自然人股东、关联自然人的个人征信也是信贷审查的重要内容，查询企业管理人员的个人信用报告，也是判断企业信用状况的关键环节。因此，商业银行应做好尽职调查，综合分析企业各项信息，准确预估潜在风险，做出准确授信判断。

例如，我们经常提到征信有五种颜色，即"亮、白、灰、花、黑"，分别代表不同风险类型的客户，亮色代表风险最低，黑色代表风险最高。银行会根据借款申请人的征信颜色来采取不同的授信准入策略。如果银行碰到征信颜色为"亮色"的借款申请人，那么银行会非常满意，因为"亮色"代表信用记录非常好，该借款申请人是银行眼中的优质客户。而对于征信颜色为"白色"的借款申请人，因其缺乏信用记录，银行可在符合监管要求的基础上，综合运用经营信息、交易流水或公共信用信息等其他维度数据，弥补信用信息不足的问题。这不仅增加了小微企业信贷供给，也解决了小微企业融资难的问题。然而，对于征信颜色为"灰"、"黑"或"花"的借款申请人，商业银行需要更加谨慎地做出授信决定，需要更深入地调查申请人的信用状况和其他相关信息。例如，对于征信颜色为"花色"的申请人，银行需要了解他们短期内的多次信用查询是否与正常的信用卡申请行为相符。如果存在异常情况，银行需要对申请人的真实信用状况进行深入分析，以确保信贷风险得到有效控制。

实践案例：A 公司近期面临资金周转的困境，因此决定向 B 银行申请小企业贷款。此次贷款的申请金额为 200 万元，贷款期限为一年。为了确保贷款的安全性和可靠性，B 银行的信贷人员分别查询了 A 公司的信用报告和法定代表人的个人信用报告。经过详细的查询，企业信用报告显示 A 公司在过去的经营中没有任何不良信用记录。这表明 A 公司在履行合同义务和金融交易方面具有较高的信誉度。然而，法定代表人的个人信用报告却显示存在个人经营贷款的逾期记录。这些信息对于 B 银行评估贷款风险具有重要意义。在综合评估中，结合 A 公司的企业信用状况以及法定代表人的个人资信情况，B 银行认为 A 公司的贷款申请可能存在潜在的风险。根据 B 银行的信贷政策，A 公司不符合贷款申请的条件。因此，B 银行婉拒了 A 公司的贷款申请。

3.5　智能数据体系

商业银行积累了大量的经营管理数据，同时也有了更多获取外部数据的渠道。

数据作为数字时代新的生产要素，已成为银行的战略资产。面对纷繁复杂的数据来源和多元化的数据结构，通过对数据资产的采集、治理、整合、应用，数据驱动业务模式创新已成为各领域转型和发展的关键。因此，商业银行需要建立一套完善的智能数据体系，整合孤岛数据，沉淀数据资产，快速形成数据服务能力，实现全域数据的有效运营，促进技术和业务的进一步融合，为银行的智能化决策、精细化运营提供支撑，释放数据资产价值，引领银行迈向信息化的下一站。

3.5.1　数据技术架构

在商业银行的数据技术架构中，数据仓库、数据集市、数据湖和数据中台扮演着不同的角色，它们相互配合，建立了一个完整的大数据体系，从而更好地实现智能风控建设。

数据仓库（Data Warehouse）：数据仓库是一个面向主题的、集成的、相对稳定的、反映历史变化的数据集合，用于支持管理中的决策制定。数据仓库主要用于企业级数据存储和分析，能够整合多个异构的数据源，按照主题进行重组和存储，包含历史数据，并且存放在数据仓库中的数据一般不再修改。数据仓库的逻辑架构通常包括数据源、ETL（提取、转换、加载）过程、数据存储和查询分析等部分。数据仓库为智能风控建设提供了稳定、可靠的数据源，确保了数据的准确性和一致性。

数据集市（Data Market）：数据集市是数据仓库的子集，它为智能风控建设提供了更细粒度的数据视图。数据集市通常包含与特定业务领域或风险类型相关的数据，智能风控常用的风险数据集市就是以业务应用为驱动，以全面风险管理为导向，建立面向各业务部门的、支持各类风险应用的数据集市。实现风险数据的统一与集成，能为各类风险管理功能的数据需求提供有效支撑。风险数据集市最大的作用是"供数"，服务于各类风险识别、计量、缓释、监测、控制、处置等主题。

数据湖（Data Lake）：数据湖是一个数据存储的概念，更相当于数据的一种自然状态。数据从源端流向这个湖，用户、应用系统可以在此进行数据校验、取样或完全的使用数据。数据湖在商业银行的数据体系中起到"缓冲区"的作用。它从源系统获取数据，经过必要的清洗和预处理，为智能风控建设提供更为广泛的数据支持，比如实现数据的集中式管理，帮助商业银行挖掘出之前不具备的能力，结合数据科学、机器学习等技术，构建出更多优化后的运营模式。同时，它也能为商业银行提供其他能力，比如预测系统、推荐模型等。

数据中台（Data Platform）：数据中台是商业银行数据体系中的核心组成部分，它通过整合和治理来自各个业务系统的数据，为智能风控建设提供统一的数据服务和支持。数据中台可以实现数据的共享和复用，提高数据利用效率和决策支持能力。

在技术架构中，数据仓库通常位于底层，作为数据存储和管理的基础设施；数据集市是数据仓库的扩展，提供更细粒度的数据视图和分析；数据湖位于中间层，作为数据处理和分析的中心；而数据中台则位于顶层，提供统一的数据服务和支持。通过这四个部分的相互配合，商业银行可以建立一个完整的智能数据体系，实现智能风控建设的目标。例如，通过数据仓库和数据集市，商业银行可以获取并整合来自不同业务系统的风险相关数据；然后，利用数据湖进行大规模的数据处理和分析，以识别风险趋势和模式；最后，通过数据中台提供的数据服务和支持，商业银行可以制定更加精准的风险管理和控制策略。

3.5.2　统一数据管理

在完成了数据技术架构的建设后，商业银行得以实现统一的数据管理，进而丰富和积累数据。这些数据具有规模庞大、类型繁多、流转速度快、价值密度低等诸多特性。同时，商业银行还会融合工商、税务、司法、人行等外部数据，进一步丰富和拓展其数据资源。统一数据管理的目的是通过严把数据准入关，建立常态化的数据采集、清洗、审核与数据验证机制，形成统一的数据规范和数据标准，确保从底层数据开始就要真实、准确。统一数据管理通过打通各系统间的数据壁垒，对各条线及各部门分别管理、分散运营的信息系统进行整合优化，实现各信息系统的信息共享。同时，引入精确、可靠、稳定的外部数据，实现金融机构内外部数据的相互补充，解决信息不对称等数据质量问题，提高风险管理的效率和质量。同时，利用构建大数据平台的先天优势，商业银行可基于平台强大的数据处理和计算能力，将人工智能等各类算法融入其中，对不同的风险场景选择合适的变量和数据，从而对客户风险进行科学的分析和评估，预测客户的还款能力和还款意愿，识别潜在的风险，对异常行为进行风险预警，形成主动和积极的风险管理模式，提高风险管控能力，守住不发生系统性风险底线。

为了实现上述内容，统一数据管理需要从数据采集与整合开始，到数据清洗与预处理，然后通过数据挖掘和分析，支持实时监控和决策，并在安全与合规的框架下完善数据管理。只有这样，商业银行才能更好地实现智能风控，提高风险管理和决策的准确性和效率。统一数据管理的关键步骤如图 3-15 所示。

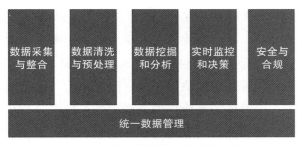

图 3-15　统一数据管理的关键步骤

以下是统一数据管理的关键步骤和各步骤的作用。

1）数据采集与整合：数据采集是商业银行大数据管理的基石。在这个阶段，商业银行需要从各种不同的业务系统、渠道和外部数据源获取数据。这些数据源可能包括核心业务系统、信贷系统、市场部门、CRM 系统、外部数据源以及公共数据源，如社交媒体、政府报告等。采集的数据涵盖了多个类型，包括结构化数据、半结构化数据和非结构化数据。结构化数据通常以表格形式存储，具有固定的字段和格式，如交易记录、客户信息等。这些数据可以直接存储在数据库中，方便后续的处理和分析。半结构化数据的形式相对不固定，需要特定的解析方法，如日志文件、电子邮件等。这些数据通常以文本形式存储，需要经过特定的解析和处理才能提取出有用的信息。非结构化数据通常需要自然语言处理等技术进行处理，如社交媒体数据、文档等。这些数据没有固定的格式和结构，也需要经过特定的处理和分析才能提取出有用的信息。采集到的数据需要进行整合，以建立一个统一的数据池。这个过程包括解决数据不一致性问题，如单位转换、数据格式统一等，以及将不同来源的数据进行关联和匹配，以构建完整的客户视图或风险画像。通过整合不同来源的数据，可以更全面地了解客户的行为和风险状况，为后续的风险管理和决策提供更准确的数据支持。

2）数据清洗与预处理：在数据采集后，需要对数据进行清洗与预处理。数据清洗包括去除重复、缺失、异常数据，以及解决数据不一致性问题。例如某个客户的交易记录在短时间内出现大幅波动，可能就需要人工进行干预和审核，以确定数据的真实性和有效性。预处理则包括将不同来源的数据标准化，例如将所有的日期格式统一，或者将所有的货币单位转换为统一的格式。这里介绍两种预处理方式：归一化与转换。归一化可以将数据的尺度或范围调整到同一级别，例如将百分比数据转换为小数值。转换则可以将数据适应于特定的分析或模型，例如将非线性数据转换为线性数据。

3）数据挖掘和分析：数据挖掘是一种从大量数据中提取有价值信息和知识的技

术，它基于统计学、人工智能、机器学习等方法，通过分析数据的内在联系和规律，发现隐藏在数据中的价值。在信贷业务实践中，数据挖掘可以帮助商业银行更好地了解客户行为模式、市场趋势和风险偏好，从而制定更加精细化的风险管理策略。例如，通过分析客户的交易数据和信用记录，商业银行可以了解客户的消费习惯和信用状况，从而为客户提供更加个性化的金融服务。数据分析是利用适当的统计分析方法对收集来的大量数据进行处理与分析，提取有价值的信息，帮助商业银行了解客户的行为模式和需求，预测客户的未来行为和需求，从而制定更加精准的营销策略和风险管理策略。例如，通过对比分析、分组分析、交叉分析等方法，商业银行可以了解客户的消费习惯和需求，从而为客户提供更加个性化的金融产品和服务。通过回归分析、机器学习等方法，商业银行可以预测市场的风险趋势和客户的信用状况，从而制定更加科学的风险管理策略和投资策略。

4）实时监控和决策：为了实现实时监控和决策，商业银行需要具备流式计算能力，以便对实时数据进行即时处理和分析。流式计算可以处理实时数据流，并即时生成分析结果。商业银行通过使用流式计算框架，如 Apache Kafka、Apache Flink 或 Spark Streaming 等，可以在实时数据流中发现潜在的风险和欺诈行为，从而更加快速、准确地做出风险决策，并采取相应的措施来降低风险和减少损失。

5）安全与合规：数据安全和合规在大数据体系建设中的重要性不容忽视。商业银行需要保证大数据处理过程符合法规和监管要求，遵循相关合规性标准。在与第三方数据交互的安全管理方面，商业银行需要对数据接收方的背景资质及数据安全能力进行审查，当涉及个人信息或重要数据时，需要依法开展安全评估。接收数据时，对数据来源合规性进行评估，并严格按照与第三方签署的数据安全协议进行管理和执行。此外，由于监管层对于金融机构数据质量及业务合规性的要求不断提升，因此商业银行需要提升自身的数据治理能力以满足更高的监管要求。这包括建立数据分级分类管理制度，明确保护策略，落实技术和管理措施，强化对数据的安全访问控制，以及建立数据全生命周期的安全闭环管理机制。只有构建健全的数据安全管理体系和完善的数据治理机制，商业银行才能充分利用大数据的优势，提高决策效率和风险控制能力。

3.6　案例剖析

在现代社会经济体系中，信用是一项非常重要的发展要素，良好的信用对于经济的稳定运行具有重要意义，而征信作为社会信用体系建设的重要手段，可以帮助商业银行评估风险，进行信用管理。深入了解国际征信行业发展的来龙去脉，能够帮助大家在国内征信产业发展创新环境下更好地为客户提供金融服务。

征信行业起源于 19 世纪的欧洲，伴随着商品经济的出现，交易双方越来越难了解到彼此的信用状况，因而催生了征信行业的萌芽与发展。

❑ 1803 年，英国裁缝店开始分享未偿还债务的顾客的信息。

❑ 1826 年，曼彻斯特监管协会（Experian 的前身）每月公开发布未偿还债务的人的信息。

❑ 1864 年，纽约一家名为 Mercantile Agency 的公司（后更名为邓白氏）创建了一个正式的公司信誉排名系统。

❑ 1899 年，零售信贷公司（现为 Equifax）在亚特兰大创立，开始提供个人征信业务。

二战后，随着美国经济的复苏，信贷需求迅速增长，推动了营利性征信机构的发展。个人信用信息在这个时期被广泛用于信贷决策，以支持日益增长的信用交易。到 1960 年，信用消费已经占美国消费总量的 12%。随着信用消费业务和消费信贷的持续扩张，对个人信用信息的评估需求日益突出，越来越多的营利性征信机构在这个时期成立。

与银行等金融机构相比，征信机构在数据收集、加工以及分析等流程中存在成本优势。然而，这个时期的征信机构仍以区域性或者在自身生态内经营为主。为了帮助信贷机构实现规模化的信贷决策以应对个人消费者广泛的信贷需求，美国的个人征信机构实现了迭代发展。一方面，区域性征信机构在此时期开始通过并购等方式扩展自身的服务半径；另一方面，征信机构也开始试图说服信贷机构主动提供用户数据、进行数据共享。

在这样的背景下，美国个人征信行业的信息"共享生态"逐步形成。在信息共享机制形成前，经常会出现一家银行垄断信誉好的借款用户，而其他银行对于优质客户存在获客能力不足的情况。这就导致信誉差的用户经常在银行端数据无法共享的情况下实现"多头借贷"。信息共享机制形成后，个人信用信息在机构端实现互通，信贷机构可以通过更广泛的数据为借款用户提供更多元的信用产品以及更准确的定价。自此，信誉状况较好的客户可以拥有更广泛的借款渠道，信用较差的客户则无法利用信息不对称实现"多头借贷"，规避了"劣币驱逐良币"现象，提高了信贷机构的信贷决策效率，让规模化授信成为可能。

在征信行业的共享生态中，Experian（益博睿）、Equifax（艾可飞）、TransUnion（环联）这三大全国性个人征信机构确实扮演了核心的角色。它们不仅负责收集、处理和提供个人信用信息给信贷机构和其他用户，还通过不断创新和优化，为整个征信行业树立了标杆。除了这三大征信机构，信用信息提供方、信用报告使用者、公共机构以及公共数据来源等也是重要的参与方。它们共同构成了征信行业的生态系统，为信贷机构和个人消费者提供了全面、准确、及时的信用信息。在这个生态系统中，个人消费者和监管机构也是不可或缺的部分。个人消费者通过提供个人信息，为征信机构提供数据来源；监管机构则负责监管征信行业的健康发展，确保数据的合法、合规使用。美国个人征信行业信息"共享生态"构成见图 3-16。随着新世纪的到来，Experian（益博睿）、Equifax（艾可飞）、TransUnion（环联）等征信机构也不断发展壮大。它们陆续上市，拥抱资本市场，布局海外市场，业务呈现国际化趋势。同时，这些机构也开始通过互联网向个人消费者提供征信服务，使得征信服务更加便捷、高效。这种共享生态模式不仅有助于提高征信行业的整体效率和准确性，还能促进信贷行业的健康发展。通过大数据智能风控的应用，征信机构能够更好地评估个人信用状况，为信贷机构提供更准确的风险管理工具，进而促进信贷行业的数字化转型和创新发展。

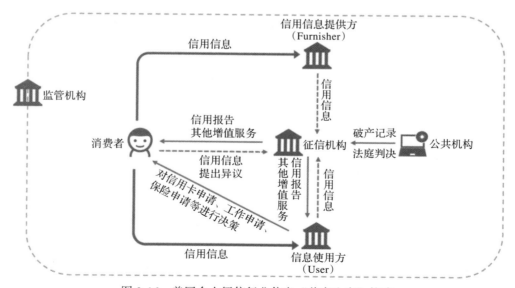

图 3-16　美国个人征信行业信息"共享生态"构成

通过市场化和各参与方的共同努力，美国个人征信行业得以形成高效、准确、透明的运作机制，为信贷机构和个人消费者提供了更好的服务。同时，这也为其他地区的征信行业提供了借鉴和启示，推动了全球征信行业的发展和进步。

❑ 美国网络用户信息收集适用的是"opt-out（选择退出权）为主、opt-in（选择进入权）为辅"的个人信息处理机制。在该机制下，美国相关机构对用户进行数据收集时不需要事先征得数据主体的同意，但是在后续使用、出售的过程中需要赋予用户选择退出权。当数据主体为未成年人时，消费者拥有的则是选择进入权，即美国相关企业不得直接出售小于 16 岁的消费者的信用信息，除非消费者的年龄在 13～16 岁并且其父母或者监护人已明确授权企业可以出售或对其信息进行后续使用。

❑ 提供基础信用信息产品以及丰富的数据增值服务。在数据的输出环节，征信机构将原始数据通过数据分析、数据挖掘后最终形成信用数据产品。基础的产品包括个人信用报告以及信用评分，此外征信机构还会基于丰富的数据资产和用户洞察提供企业决策以及风控支持、精准营销、信用检测、个人信用管理等数据增值服务。详见图 3-17。

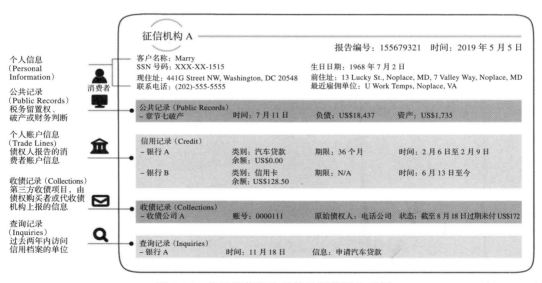

图 3-17　美国征信机构具体的征信报告示例

❑ 从立法的角度严格保障个人信用信息的准确性及公平性。美国拥有完善的个人信用修复机制，从立法的角度来看，目前美国个人信用修复机制以 1970 年颁布的《公平信用报告法》为核心，以其他法案为补充对整个机制进行完善，真正实现了信用信息的共享和个人消费者权益保护之间的平衡。

3.7 本章小结

在数字化时代，大数据已成为商业银行智能风控的重要基石。本章探讨了大数据在商业银行智能风控中的应用。通过了解大数据对商业银行的影响、建立内部数据体系、整合外部数据源、利用人行征信和构建智能数据体系，商业银行可以更好地管理风险、提升运营效率并满足客户需求，从而在激烈的市场竞争中保持领先地位。如今，大数据已成为商业银行智能风控的重要基础，随着大数据的不断进步及其应用范围的不断扩大，商业银行的智能风控将会更加完善和有效。

大数据智能风控核心：模型

在商业银行风险管理趋向全面自动化和智能化的背景下，数据、模型和风控平台在整个风险管理体系中的重要性不断增加。如果把大数据智能风控比作一辆跑车，那么数据就是为其提供动力的燃料，决定车能跑多远；风控平台是发动机，决定车辆的速度；模型则类似于方向盘，为风控决策提供可靠的指引，成为大数据智能风控的核心竞争力。

通过模型，商业银行可以利用海量且复杂的数据，从中提取有价值的业务信息，发现其中蕴含的知识和规律，解释客户行为，预测客户未来的表现，为信贷决策提供可靠的依据。模型的赋能不仅使商业银行提升了风险管理水平，还拓展了普惠金融的触达范围和服务效率，并实现了局部甚至更广泛空间的利润最大化。本章主要以深入浅出的方式介绍商业银行信贷管理实践中的模型理论框架、模型算法、模型评价指标以及模型开发流程，旨在帮助大家掌握大数据智能风控模型的业务知识和逻辑。

4.1　模型的理论框架

2011 年 4 月，美国联邦储备系统发布了《模型风险管理监管指引》（<SR Letter 11-7：Supervisory Guidance on Model Risk Management>，下文简称 <SR 11-7>）文件，指出模型是通过一种量化方法或体系，运用统计学、经济学、金融理论或数量理论、技术或假设，加工输入数据，并产出量化估计。<SR 11-7> 文件中的模型内涵和定义也逐渐成为行业标准。符合 <SR 11-7> 定义的模型可以用来分析商业战略，辅助商业决策，识别和量化风险，评估风险暴露、金融工具或头寸，执行压力测试，测度资本充足率，进行客户财富管理，评估有无超内部限额，维持银行常规内控机制，满足财务披露或监管报告要求和对外公示需求。

我国金融监管机关对商业银行使用模型的定义和要求越来越明确，范围也从互联网贷款、信用卡等零售业务逐渐向全业务扩展。2020 年 7 月，银保监会发布《商业银行互联网贷款管理暂行办法》，将模型定义为互联网贷款业务全流程的各类模型，包括但不限于身份证模型、反欺诈模型、反洗钱模型、合规模型、风险评价模型、风险定价模型、授信审批模型、风险预警模型、贷款清收模型等，强调风险数据和风险模型的应用。2022 年 7 月，《中国银保监会　中国人民银行关于进一步促进信用卡业务规范健康发展的通知》对风险模型的全流程管理机制提出要求，并明确提出要确保风险模型开发与评审环节相互独立。2022 年 1 月，银保监会发布《中国银保监会办公厅关于银行业保险业数字化转型的指导意见》，提出：加快建设与数字化转型相匹配的风险控制体系。建立企业级的风险管理平台，实现规则策略、模型算法的集中统一管理，对模型开发、验证、部署、评价、退出进行全流程管理。

4.1.1　模型发展历程

20 世纪 30 年代，英国统计学家 Sir Ronald Fisher 提出线性判别分析方法可以用来区分贷款的好坏，这是最早提出模型评分的概念。1941 年，Durand 在其著作中正式提出信用评分模型，该评分模型包括 9 个因素的指标体系，运用描述性统计和探索性统计对个人已有的信用数据进行简单分析，初步评估个人信用风险。20 世纪 50 年代，Bill Fair 和 Earl Isaac 在美国旧金山用两个人的名字成立了 Fair Isaac 公司，这是全世界首家从事模型评分的公司。该公司开发出了美国应用最流行的个人 FICO 模型信用分，广泛用于个人贷款、信用卡透支等业务。

20 世纪 60 年代，信用卡的诞生和高速发展推生了商业银行对信用决策实行自动化管理的需求。同一时期，计算机的发展为模型开发提供了技术条件，商业银行纷纷认识到模型评分的重要性，于是出现了专门提供客户模型信用报告和模型分数的三方数据公司。

20 世纪 80 年代，模型分析应用到信用评分系统中，此时的模型注重对借款者违约概率进行预测：若违约概率较低，则给予贷款；若违约概率较高，则拒绝贷款。

21 世纪伊始，因为模型的透明化、技术和定价水平的提升，之前无法享受商业银行信贷服务的低收入阶层也可以贷款了。模型首次应用在住房按揭贷款证券化的机构，如房地美和房利美，并逐步扩展到住房抵押贷款、汽车贷款等领域。在公司信贷方面，一些评级公司和大型银行逐步采用模型，利用中小企业财务报表数据，计算逾期违约率，并对不同公司进行评级。2004 年巴塞尔委员会认可商业银行在模型计量技术上的探索和努力。

2006 年，巴塞尔委员会发布了巴塞尔 II 协议，推出内部评级法（Internal Rating Based Approach，简称 IRB）。IRB 综合考虑客户评级和债项评级，通过违约概率（Probability of Default，PD）、违约损失率（Loss Given Default，LGD）、违约风险暴露（Exposure At Default，EAD）以及有效期限（Maturity，M）四个风险要素计算信用风险加权资产。IRB 最大的特点在于允许商业银行部分或者全部使用内部模型评级系统估算的风险要素计算风险加权资产，而不完全依照监管部门设定的参数标准。IRB 代表着信用风险管理定量化、模型化的发展趋势，从提升内部风险管理水平和节约资本两个角度推动商业银行不断加强科技和人力的投入，提高信用风险加权资产计量的科学性和准确性。也正是从这时起，我国银行业开始了信用风险模型技术的探索和实践。

从传统基于专业的主观判断的信用评分阶段逐步过渡到定性定量相结合的综合信用评分阶段，再发展到以信用风险度量模型为主的现代信用评分阶段，模型经过90 多年的发展，技术水平不断提高，模型设置更加合理。随着近年大数据、机器学习和人工智能的发展，风控模型的内涵和外延都发生了很大的变化。除了预测客户风险外，客户画像模型、动支预测模型、额度敏感模型、定价敏感模型等也在风控场景中频繁出现，信贷业务的发展要求模型更加全面、体系化地刻画客户的属性、偏好、风险。

4.1.2 模型的分类

按照信贷生命周期划分，有四种应用最为广泛的模型，分别是申请（Application）模型、行为（Behavior）模型、催收（Collection）模型、反欺诈（Fraud）模型，简称 A 卡、B 卡、C 卡、F 卡。

申请模型（A 卡）。A 卡主要用于信用卡、住房贷款、汽车贷款等贷前申请的审批和额度的确定。A 卡主要基于客户基本属性、历史信用记录等多个维度进行预测，通过对申请者的不同信用表现赋值，最终得出 A 卡分。商业银行根据其风险管理政策设定了通过审批的最低评分标准。当需要控制不良率时，可以提高评分标准，从而筛选出更具信用可靠性的申请者。当需要扩大次级客户群体时，可以降低评分标准，吸引更多申请者。对于通过审批的客户，A 卡分决定了他们的贷款成本和申请额度。高分客户通常可以享受低利率和高额度的优惠条件，而低分客户则可能面临较高的利率和较低的额度，以确保风险和收益的平衡。

行为模型（B 卡）。客户获得授信后，即进入贷中管理阶段。B 卡对在贷客户的额度使用、欠款和还款信息进行分析，以预测客户的还款表现行为。商业银行根据这些预测结果采取相应措施以应对风险，例如采取降低信用额度、提高利率、加大催收力度等措施，特别是针对高风险客户。与 A 卡的静态特征相比，B 卡更像是对客户行为进行动态观察，更关注客户过去一段时间内的动态表现，通过对存量客户的历史行为进行评分，合理评估客户未来的违约风险，并协助商业银行更有针对性地管理客户。B 卡在评估客户风险时除了分析 A 卡的特征变量和征信数据之外，还会分析更多的交易记录、还款表现、用信数据等，这些附加的数据可提供更全面的客户行为分析，帮助商业银行更准确地了解客户的信用状况和潜在风险。

催收模型（C 卡）。客户借款发生逾期后，即进入贷后催收阶段。在此阶段中，C 卡的主要目标是结合客户的属性数据、行为数据、征信数据等，判断客户回款的难易程度，为催收分案提供量化依据，确保催收资源的高效配置。C 卡从更全面的角度考察客户情况，不仅涵盖客户的贷款账户信息，还包括存款账户信息。商业银行通过全面掌握客户的在贷记录和风险敞口，可以将客户的信用额度分配到不同的信贷产品中，以充分控制风险。对于未超过信用额度的客户，商业银行还可以通过提高授信额度和交叉营销等方法进一步拓展业务。C 卡有助于商业银行确定客户的催收优先级，更好地管理催收流程，确保资源的合理分配，提供针对性的催收策略，进而提高催收效率和回款率，降低催收成本。

反欺诈模型（F 卡）。反欺诈贯穿于信贷业务的始终，从用户申请到放款，对整个生命周期的各个阶段进行欺诈防控。因此 F 卡通常会关注客户申请行为轨迹、申请资料以及关联关系中的异常点，通过引入与欺诈相关的核心数据与决策变量，对风控各个环节的客户进行欺诈甄别与风险分类，并根据不同欺诈风险等级输出 F 卡分，从反欺诈角度更精准地筛选出高风险客户，从而实现数据量化、智能科学的欺诈风险管理。

综合来看，A 卡是使用最广泛的模型，用于在贷前审批阶段对借款申请人进行量化评估。B 卡的主要任务是通过客户的还款及交易行为，结合其他维度的数据预测客户未来的还款能力和意愿。C 卡则是在客户当前还款状态为逾期的情况下，预测未来该笔贷款变为坏账的概率，由此衍生出滚动率、还款率、失联率等细分的模型。F 卡判断客户是否存在第一方欺诈、第三方欺诈、团伙欺诈的情形，并根据不同欺诈风险类型制定合理的风险管理策略。除上述模型外，还有获客阶段的用户响应模型，贷前阶段的风险定价模型，贷后阶段的账龄滚动模型、失联预测模型、还款率模型等。

4.1.3　模型的特征

模型的出现改变了商业银行传统人工信贷审批过程（以下简称人工信审）低效的局面，为自动化审批开启了一扇大门，从而充分发挥出大数据智能风控的规模经济优势。与人工信审相比，模型具有以下优点。

❑ 客观。模型基于历史样本，通过统计方法分析归纳，定量地描述了客户属性与其逾期风险间明确、客观的数学关系，是与人工信审最显著的差异。模型是基于从大量数据中提炼出来的预测信息和行为模式制定的，反映了客户信用表现的普遍性规律，在实施过程中不会因信审人员的主观感受、个人偏见、个人情绪而改变。人工信审通常聚焦于关键风险要素，而对于大量更加隐晦的风险因子则难以有效应用。模型擅长从纷繁复杂的众多风险因子中寻到蛛丝马迹，经过综合评判后，更加精准地预测客户风险，避免了人工信审的主观性，保证了审批过程的一致性、客观性和无偏性。

❑ 高效。随着商业银行信贷业务的显著增长，信贷审批决策的响应速度成为业务发展的瓶颈。在这种情况下，模型一旦完成开发，部署到决策引擎后，即可自动化地对客户风险进行评估。模型输出结果既可独立决策，也可辅助人工信审。模型大大降低了信审成本，实现了信贷业务的自动化管理，提高了审批效率，降低了运营成本和人力成本，同时减少了客户的等待时间，相应地提高了客户满意度。

❑ 灵活。随着经济和信贷周期的调整，商业银行可以通过模型设置阈值，及时灵活地调整贷款审批策略，实现对全行范围内审批政策的统一调控。模型的应用为商业银行提供了科学而可靠的决策支持，帮助商业银行更加敏捷地应对不同的经济环境和市场变化，优化信贷业务的决策流程，确保借贷决策与整体风险策略的一致性。

模型的使用为商业银行带来了诸多优势，包括减少审批时间、提高一致性和客观性、精确评估信用风险以及节约人力成本。然而，任何技术都有两面性，模型的优点虽显著，但也会为商业银行带来一些挑战。

❑ 对数据质量要求较高。模型的建立需要大量的高质量数据，而获取和整理这些数据可能是一个巨大的挑战。在模型领域有一句经典名言——Garbage in, garbage out，意思是说如果数据本身质量很差，那么基于该数据的模型自然也不会准确。因此模型只有对高质量、准确、代表性的数据进行训练，才能提升风险预测能力。如果商业银行没有好的数据基础，或者数据质量较差，会对模型的表现产生负面影响，使得模型的训练和预测能力受到限制。

❑ 投入成本较大。模型开发涉及多个关键步骤，包括数据清洗、模型算法设计和实施，以及模型在实际运营中的监控和调整。这些步骤都需要专业的模型专家参与和运营。此外，模型的开发和运行还需要计算资源和基础设施的支持。模型部署需要对现有系统进行修改和适配，以确保模型能够顺利运行。这可能涉及服务器、云服务和计算能力等方面的额外投入成本。因此，商业银行在进行模型开发和实施之前，需要进行充分的资源和成本评估，并确保拥有必要的人力和技术能力来支持模型的长期维护和运营。

❑ 模型在面对新的、未知的情况时可能会表现不稳定。如果模型只是根据历史数据进行训练，而无法适应新的市场变化或突发事件，那么它的预测能力可能会下降。模型的更新和迭代是必要的，以保持其在不断变化的环境中的准确性和实用性。

4.2 模型算法

在工作实践中，很多人常常会混淆算法和模型的概念，对两者的区别不够清晰，甚至将两者混为一谈。然而，在机器学习和数据科学领域，算法和模型有着明确的定义和不同的功能。算法是一系列针对特定问题或任务的计算步骤或指令。它是一种具体的计算过程，用于处理数据并生成有用的结果。相比之下，模型是通过算法在特定数据集上训练得到的结果或表示。它是对数据的一种抽象和概括，用于预测或推断新的数据样本。模型可以采用数学方程、统计分布、决策规则等形式，它的目标是对未知数据进行预测或分类。

随着技术的持续进步和业务需求的不断变化，出现了许多新的模型算法。这些模型算法不断优化和改进，旨在更准确地评估客户的信用风险，以更好地满足信贷业务的实际需求，使得风险评估更为精准和可靠。以下是模型常用的几种算法。

4.2.1　逻辑回归算法

逻辑回归（Logistic Regression，LR）算法：一种经典的二分类算法，用于预测客户的违约概率。它通过估计一个线性回归方程并将结果映射到一个概率值（0 到 1 之间）来预测违约概率。所谓线性，是指线性关系，比如两个变量之间存在一次函数关系，映射到直角坐标系中就是一条直线。比如 n 个变量 x_1，x_2，...，x_7，当它们的关系符合如下公式所示的关系时，那么这 n 个变量就是线性关系。

$$y = b_0 + b_1 x_1 + b_3 x_3 + b_4 x_4 + b_5 x_5 + b_6 x_6 + b_7 x_7 + e$$

该公式主要由四部分组成：

- ❑ x 是自变量或预测变量，可以是原始变量、转换变量或虚拟变量。
- ❑ b 是回归系数或参数估计，相当于变量的权重。虚拟变量的系数表示其相对重要性。
- ❑ y 是因变量、目标变量或响应变量，与结果有关。通常 0 代表坏，1 代表好，这样最终分数越高代表信用质量越好。
- ❑ e 是残差或误差，是模型无法解释的部分，通常可以忽略。

由此可见，线性关系是研究 n 个变量之间关系的函数，回归系数可以解释一个模型中预测变量与目标变量之间的关系，也是研究多个变量之间的关系，更具体地说是研究因变量和自变量之间的关系。根据是否违约，可以将信用评估结果划分为 0 和 1 两类。一般情况下，0 表示未违约，1 表示违约。由于线性回归会有多个输出值，无法进行直接分类，因此 LR 通过一个单位阶跃函数将线性回归函数输出结果映射到 0 或者 1，最终成为逻辑回归函数。逻辑回归算法通过把 y 的结果带入一个非线性变换的 Sigmoid 函数中，将结果映射到 0 到 1 之间的概率值，进而预测客户未来的违约概率，即：

$$g(y) = \frac{1}{1 + e^{-y}}$$

如果我们设置概率阈值为 0.5，那么当 y 大于 0.5 时，可以将其看成正样本，当 y 小于 0.5 时可以将其看成负样本。逻辑回归函数曲线如图 4-1 所示。

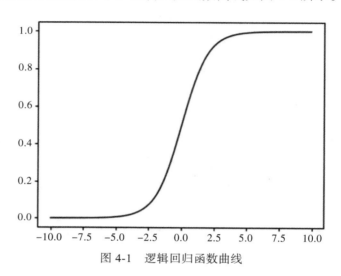

图 4-1　逻辑回归函数曲线

商业银行信贷业务的核心评估指标是客户能否按时还款，而逻辑回归算法可以提前预测客户是否会违约（即预测 Y），降低客户逾期还款的风险。在评估核心指标时，需要确定哪些 X 变量与 Y 变量真正相关，哪些不相关。例如，通过分析客户的性别（X_1）、职业（X_2）、学历（X_3）、年收入（X_4）、公积金（X_5）、消费支出（X_6）和消费频率（X_7）等信息进行评估。通常情况下，年收入（X_4）较高并且具备公积金（X_5）的客户更有可能按时还款。从消费记录来看，消费支出（X_6）越高，额度越大，客户更可能按时还款。因此，我们可以考虑将年收入（X_4）、公积金（X_5）、消费支出（X_6）和消费频率（X_7）等信息作为解释性变量。所有这些 X 信息用于预测 Y，并将模型转化为二分类问题，通过指定阈值来划分预测结果。若预测结果高于指定阈值，则归类为违约，反之则归类为正常。最后一步是为不同的 X 赋予不同的权重，也就是回归系数，从而了解不同变量之间的相对重要性。举例来说，某商业银行有两个不同的客户：根据信用记录，A 客户的负债为 10 万，资产为 1 万；而 B 客户的资产为 10 万，负债为 1 万。尽管资产负债合计都为 11 万，但他们的信用风险和违约概率是不同的。因此，需要为资产和负债赋予不同的权重，即不同的回归系数，才能解决实际的信贷业务问题。

　　逻辑回归算法在信贷风控中具有多个优点。首先，它采用简单直观的建模方式，并具有可解释性。通过分析特征变量的权重，逻辑回归模型可以评估客户的信用风险并给出可解释的违约概率。其次，逻辑回归模型适用于处理二分类问题，非常适合判断客户是否会违约。需要注意的是，逻辑回归模型的性能和效果取决于数据质量、特征选择和模型参数调优等多个因素。逻辑回归对于缺失值、异常值和共线性比较敏感，而且无法直接处理非线性特征。因此，商业银行在应用逻辑回归算法时，需要对数据进行充分的清洗和预处理，并进行特征工程和模型优化，以提高模型的准确性和稳定性。

4.2.2　决策树

　　在日常生活中，我们经常面临各种选择。无论是选择礼物，还是填报高考志愿，我们都需要在有限的选项中作出决策。尽管这些选择看起来很简单，但实际上每个选择背后都隐藏着一系列的问题。只有逐个回答这些问题，逐层深入地去思考，我们才能找到最合适的答案。举个例子，假设你需要选择一个旅游目的地，你可以根据一些关键因素进行分析。如果预算的优先级最高，则先从预算为分析节点，然后根据预算的高低分为两个分支，每个分支代表不同的预算水平。在每个分支下，你可以继续根据气候、文化、美食等因素进行分析，最终指定几个候选目的地。总结这个思考过程为：当我们要解决一个问题 A 时，首先会思考问题 A 的子问题 A1，对于子问题 A1 可以得到答案 B 或者答案 C。如果选了答案 B，会遇到新的问题 D，对于问题 D 可以得到答案 E 或者答案 F，选了答案 E 又会遇到新的问题 G，反复循环这个过程，直到获得最终的结果，也就是最初问题 A 的答案。如果用图形展现这个过程，会得到一棵倒着生长的树，随着问题越来越深入，枝叶越来越茂盛。因此，这个思考过程有一个形象的名字：决策树（Decision Tree）。

　　模型中的决策树是一种基于树形结构的预测算法，用于评估风险，并做出相应决策。决策树从根节点开始，对样本数据的某一个特征进行测试，并根据测试结果将样本分配到内部节点上，然后递归地将数据集划分为不同的子集，每个子集对应一个叶节点，即每个叶节点表示一个分类结果或决策，最终生成一棵决策树。决策树原理如图 4-2 所示。

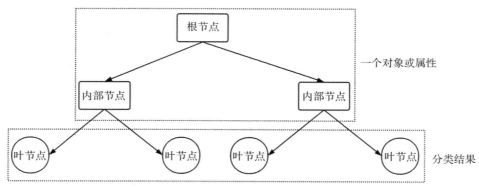

图 4-2　决策树原理

下面是决策树的一些关键概念和步骤。

❑ 特征选择：这是决策树构建的第一步。它基于每个特征的重要性和预测能力，选择最佳的特征作为分割数据的依据。常用的特征选择度量包括信息增益、基尼系数和方差等。

❑ 分割节点：在特征选择后，决策树根据选定的特征将数据集分割成不同的子集。分割的目标是通过特征值将数据分成纯度更高的子集，即同一类别或相似特征的数据在同一个子集中。

❑ 递归构建：对每个子集进行递归操作，重复步骤 1 和步骤 2，构建下一层的决策树分支，直到满足停止条件。停止条件可以是达到预定义的树的深度、节点中样本数量过小或纯度满足要求等。

❑ 叶节点分类：当满足停止条件时，决策树构建完成，然后需要为叶节点指定分类标签。叶节点的分类标签可以是出现频率最高的类别，也可以根据子集的平均值进行回归预测。

❑ 剪枝：决策树的过拟合是常见的问题，为了避免过拟合，可以进行剪枝操作。剪枝可以降低模型的复杂性，删除一些不必要的决策规则，从而提高模型的泛化能力。

❑ 预测和决策：构建好的决策树可以用于预测新样本的类别或作出决策。根据新样本的特征值，沿着树的分支逐步判断，直到到达叶节点，然后根据叶节点的分类标签进行预测或决策。

近年来，决策树作为一种主流算法在风险评估和风控决策领域受到了广泛关注和应用。这主要归功于决策树在这些领域中的诸多优势。首先，决策树具有较强的可解释性。它提供了简单清晰的决策规则，易于解释和理解。这一特点在风控领域尤为重要，因为需要向相关方（如管理层、监管机构等）解释决策的依据和逻辑。决策树的可解释性帮助分析师和业务人员理解模型的决策过程，验证决策是否合理，并进行必要的调整和优化。其次，决策树能够处理非线性关系和复杂的数据结构。相比传统的线性回归模型，决策树更适应非线性特征和复杂数据分布。这使得决策树能够更好地捕捉风险控制中可能存在的非线性关系和非常规模式。再次，决策树对缺失数据具有较强的兼容性。实际的风控数据中经常会存在数据缺失的情况，而决策树可以通过其他属性的信息来处理缺失值，并继续进行分类和决策，避免了额外的数据预处理步骤。此外，决策树具有可扩展性和高效性。在大规模数据和高维特征的情况下，决策树的构建和预测过程相对高效。训练和预测复杂度与数据量和特征数量呈线性关系，使得决策树成为处理大规模数据集的强有力工具。

总体而言，决策树在风控模型中的流行主要得益于其解释性强、处理非线性关系能力强、对缺失数据友好、可扩展性高以及模型高效构建等优势。这使得决策树成为风险评估和风控决策的重要工具，并在实践中得到广泛应用。值得注意的是决策树容易在训练过程中生成过于复杂的树结构，需要采用剪枝策略来防止过拟合。同时决策树不适合处理高维数据，当属性数量过大时，部分决策树就不适用了。

4.2.3　集成学习

集成学习是一种通过组合多个基础模型来提高整体性能和预测准确性的算法。它的原理是当单独运行某些基础模型表现不佳时，可以尝试将它们组合在一起，以增强模型的算法能力，通过互补和纠错的方式减少个体模型的偏差，并提升整体模型的泛化能力和稳定性。这种将多个基础模型组合起来的方法被称为集成学习。集成学习原理如图 4-3 所示。

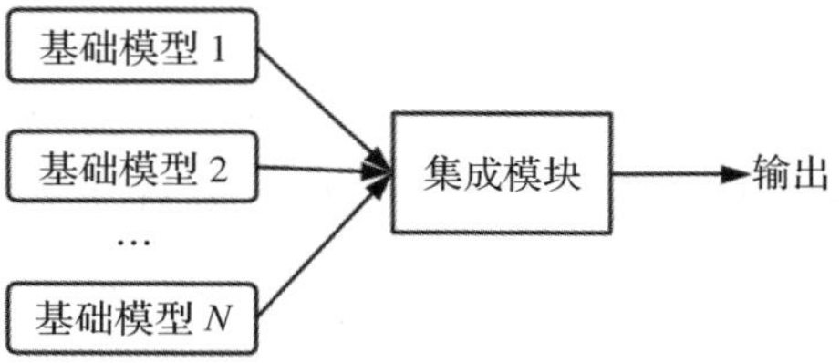

图 4-3　集成学习原理

目前，有三种常见的集成学习算法框架，分别是 Bagging、Boosting、Stacking。

Bagging（自助聚合）：Bagging 算法是通过从原始数据集中有放回地选取样本，构建多个训练集，并在每个训练集上训练独立的基础模型的方法。它通过综合所有基础模型的预测结果来产生最终的预测结果。其中，随机森林是一种常用的 Bagging

算法，它通过集成学习的思想将多棵决策树进行整合，能够处理回归和分类问题。随机森林算法的原理是从原始数据中有放回地随机抽取 M 个大小相等的数据子集作为训练集，每个训练集都是相互独立的。然后，每个训练集训练出一个模型，共计 M 个训练集和 M 个模型。这些模型被集成起来，根据特定的组合策略输出最终的结果。这种方法能够改善模型的鲁棒性和泛化能力。Bagging 算法原理见图 4-4。

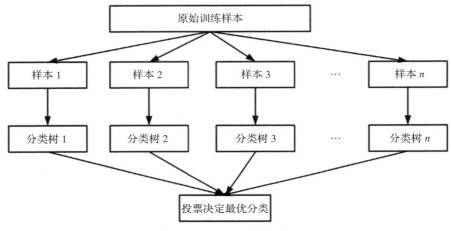

图 4-4　Bagging 算法原理

Boosting：Boosting 是一种迭代算法，它通过组合具有权重的基础模型来提升整体模型的性能，可以显著提升机器学习模型的性能和泛化能力。在每次迭代中，Boosting 根据前一次迭代的预测结果对样本进行加权，逐步调整模型以更接近真实值。其核心思想是关注前一轮模型预测错误的样本，重点训练区分度较低的样本，从而不断提高模型的准确性。Adaboost 是一种著名的 Boosting 算法，它利用加权投票的方式将多个基础模型组合成一个分类器。在每轮迭代中通过调整样本的权重，使得前一轮模型错误分类的样本在下一轮模型中得到更多的关注。这种方式使得 Adaboost 能够逐步提高整体模型的准确性，并对难分样本有良好的泛化能力。除了 Adaboost，还有一些其他常见的 Boosting 算法，如梯度提升树（Gradient Boosting Tree）和 XGBoost（eXtreme Gradient Boosting）。这些算法通过迭代地拟合残差并优化目标函数来提升模型性能，被广泛应用于分类、回归和排序等任务中。

Stacking（堆叠）：Boosting 和 Bagging 通常使用同一种基础模型，因此可以称它们为同质集成方法。Stacking 则是一种基于多个不同的基础模型的异质集成方法。Stacking 算法的主要思想是在模型预测结果的基础中训练一个模型，就像在原有的模型中加上一个"堆叠"的模型。与其他集成方法相比，Stacking 算法具有较高的自由度，可以结合多个相同或不同算法，综合考虑各个算法的预测效果，从而获得更精确的结果。为了捕捉数据的多个维度，应尽可能选择不同的基础模型。为了避免基本模型的过拟合，可以使用交叉验证来构建元训练集，并在真实数据上进行测试以评估模型的性能。通常情况下，Stacking 的模型结构相对简单，一般有两层。第一层的基学习器通常选择差异较大或较为复杂的算法，而第二层的模型则选用相对简单的分类器。尽管 Stacking 的内部工作流程难以直观解释，但它能够融合多种不同类型算法各自的优势，从而具有强大的分类效果，显著提高准确率。Stacking 算法原理如图 4-5 所示。

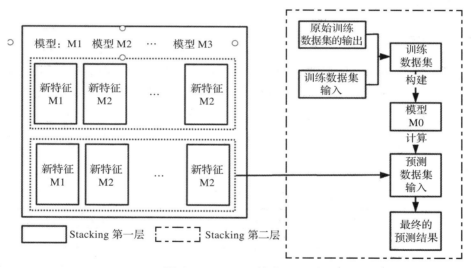

图 4-5　Stacking 算法原理

Bagging、Boosting 和 Stacking 是三种常用的集成学习框架，在不同情况下具有独特的优势和适应性。Bagging 主要用于降低方差，减少模型的过拟合风险。它通过对原始数据集进行有放回抽样来构建多个训练集，并在每个训练集上独立地训练基础模型，提高模型的稳定性和泛化能力。Boosting 则主要用于降低偏差，提高模型的准确性。它能够通过集中关注难分样本来提高模型在复杂数据上的分类效果，从而降低模型的偏差。相比之下，Stacking 更注重模型之间的协作和整体优化。它通过在基础模型的预测结果上训练一个元模型，从而利用不同模型之间的潜在关系来改善预测性能。深入理解这些框架的优势和适用性，有助于选择适当的集成学习方法以解决特定问题。

4.3 模型评价指标

商业银行在借助模型提高决策效率的同时，也必须认真对待模型的质量问题。评估模型质量的最重要的能力就是区分能力。区分能力是指分数的排序能力，或者说一个模型分数可以在何种程度上区分好坏。区分能力是模型的首要标准，模型的区分能力越强，它在信贷业务中产生的价值越大。模型的准确度是评估模型质量的另一个重要的指标。通常，模型的准确度可以通过好坏比率或违约概率估计值与实际值的比值来评估。如果模型能够准确地判断样本的好坏，那么模型的好坏比率就会与实际的好坏比率接近，从而反映出模型的准确度较高。下面是对评估模型区分度和准确性指标的详细介绍。

4.3.1 混淆矩阵

混淆矩阵（Confusion Matrix）也称误差矩阵，是表示模型精度评价的一种标准格式。混淆矩阵用于展示模型预测结果与实际观察结果之间的交叉对比，特别适用于二分类问题。商业银行最为常见的场景就是预测客户在未来一段时间内是否逾期，当模型试运行一段时间后，会对客户是否违约与模型预测结果进行对比，如表4-1所示。

表 4-1　模型预测与实际违约结果对比

客户是否违约	实际值（1代表是，0代表否）	模型预测结果（1代表是，0代表否）	预测是否正确
否	0	1	×
否	0	0	√
否	0	0	√
否	0	0	√
否	0	0	√
是	1	1	√
是	1	1	√
是	1	1	√
是	1	0	×
是	1	0	×

如果用混淆矩阵展示对比数据，则如表4-2所示。可以看出混淆矩阵是一种特殊的二维列联表，包含4种不同的预测标签和真实数据标签组合，使得多个变量的频率分布实现可视化，是用来评估模型好坏的常用指标之一。

表 4-2　混淆矩阵

	实际：正（Positive）	实际：负（Negative）
预测：正（Positive）	实际：违约 预测：违约 结论：TP（真正例）	实际：未违约 预测：违约 结论：FN（假反例）
预测：负（Negative）	实际：违约 预测：未违约 结论：FP（假正例）	实际：未违约 预测：未违约 结论：TN（真反例）

根据真实数据标签和模型预测标签组合可以将结果分为四类：

❑ 该信贷样本是违约样本数据且经过模型预测后也是违约样本实例，即真正例（True Positive，TP）。

❑ 该信贷样本是未违约样本数据但经过模型预测后是违约样本实例，即假正例（False Positive，FP）。

❑ 该信贷样本是未违约样本数据且经过模型预测后也是未违约样本实例，即真反例（True Negative，TN）。

❑ 该信贷样本是违约样本数据但经过模型预测后为未违约样本实例，即假反例（False Negative，FN）。

混淆矩阵还可以应用到医学领域。在医学领域，通常使用"阳性"或"阴性"来表示患者是否患有某种疾病，其中"阳性"表示患病，"阴性"表示没有患病。诊断结果基于化验结果，而化验结果可能会出现错误，因此真阳性（真正例）、假阳性（假正例）、真阴性（真反例）、假阴性（假反例）的情况可能会出现。

4.3.2　评价指标

通过混淆矩阵，我们可以计算出一些重要的模型评估指标。

1）准确率（Accuracy）：表示预测正确的样本数占样本总数的比例。在本案例中，样本一共有 10 个，模型预测对了 7 个，准确率为：7/10=70%。计算公式如下。

$$Accuracy = \frac{TP + TN}{TP + TN + FP + FN}$$

2）精确率（Precision）：表示预测为正的样本中实际为正的样本有多少。在本案例中，其中实际为正的样本有 3 个，预测为正的样本有 4 个，精确率为：3/4=75%。计算公式如下。

$$Precision = \frac{TP}{TP + FP}$$

3）召回率（Recall）：表示真实情况为正例，预测正确的样本占比。在本案例中，实际为正的有 3 个，预测为正的有 5 个，召回率为：3/5=60%。计算公式如下。

$$Recall = \frac{TP}{TP + FN}$$

从上面的公式可以看出，在理想的情况下，精确率和召回率越高越好，但是这两个指标是一对相互矛盾的度量指标，当精确率高时，召回率往往偏低，而当精确率低时，召回率往往偏高。精确率和准确率则是一对容易让人混淆的度量指标，二者是有区别的。一般情况下，精确率是度量二分类问题的指标，而准确率不仅可以度量二分类问题，还可以度量多分类问题。

4）F1 分数（F1 Score）：F1 分率是精确率和召回率的调和平均值，综合了这两个指标的信息，用于衡量分类模型的综合性能，提供对分类模型性能的整体评估。计算公式如下。

$$F1 = \frac{2}{\frac{1}{精确率} + \frac{1}{召回率}}$$

$$= 2 \times \frac{精确率 \times 召回率}{精确率 + 召回率}$$

$$= \frac{TP}{TP + \frac{FN + FP}{2}}$$

F1 分数对于平衡精确率和召回率非常有用，尤其是在正负样本比例严重失衡，如果单独使用精确率或召回率可能会导致评估结果偏向于多数类别的情况下。F1 分数充分考虑了这两个指标，并合理权衡，因此更适合评估在类别不均衡情况下的模型性能。

5）ROC 曲线：混淆矩阵输出后，每个样本都会获得对应的两个概率值，一个是样本为正样本的概率，一个是样本为负样本的概率。将这些概率值按照从高到低的顺序进行排序，排序后的概率值将对应不同的阈值。选择一个阈值，将大于或等于这个阈值的样本判定为正样本，小于阈值的样本判定为负样本。根据判定结果计算出对应的真正率（TPR）和假正率（FPR）。TPR 是判定为正样本且实际为正样本的样本数 / 所有的正样本数；FPR 是判定为正样本实际为负样本的样本数 / 所有的负样本数。由于判定为正样本的概率值区间为 [0, 1]，那么阈值必然在这个区间内选择，因此在此区间内不停地选择不同的阈值，重复这个过程，就能得到一系列真正率（TPR）和假正率（FPR）。以这两个序列作为横纵坐标，即可得到 ROC（Receiver Operating Characteristic，ROC）曲线。

ROC 曲线上每一个点都对应一种信用分数的划分方式，点的横坐标为对应划分方式下的 FPR，纵坐标为 TPR。ROC 曲线越靠近左上角，模型的表现越好。ROC 曲线示意图如图 4-6 所示。

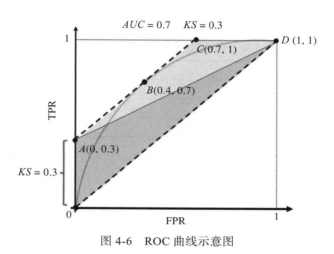

图 4-6　ROC 曲线示意图

6）AUC：AUC（Area Under the Curve，曲线下的面积）。AUC 曲线描述了 ROC 曲线下的面积，也即 ROC 曲线与坐标轴围成的区域的面积，取值范围是 0 到 1。AUC 的值越接近 1，表示模型的性能越好，具有更高的分类能力。当 AUC 的值等于 0.5 时，表示模型的分类能力与随机猜测一样，即没有区分能力。当 AUC 的值大于 0.5 时，表示模型具有一定的区分能力。因此，表现良好的模型的 AUC 的值应当超过对称线，即大于 0.5。不同 AUC 值对应的模型性能说明如表 4-3 所示。

表 4-3　不同 AUC 值对应的模型性能说明

AUC 值	模型性能
$0.5 < AUC < 0.6$	区分能力较弱
$0.6 \leq AUC < 0.75$	区分能力中等
$0.75 \leq AUC < 1$	区分能力较强

7）KS：KS 是根据苏联数学家 Kolmogorov 和 Smirnoff 的名字命名的，用于评估模型的风险区分能力。该指标衡量了好坏样本累计分布之间的差异，是评估二分类模型性能的常见指标之一，也是模型评分领域中最常用的评估指标之一。KS 的值越大，表示模型的风险区分能力越强，好坏样本的累计差异越大。KS 曲线和 ROC 曲线的本质和数据来源相同，只是 KS 曲线将真正率（TPR）和假正率（FPR）都绘

制在纵轴上，横轴则由选定的阈值充当。最大的 KS 值对应的概率即预测模型的最佳切分阈值。图 4-6 纵轴上 $KS = 0.3$ 的这部分表示 ROC 曲线的斜率为 1 的切线的截距。需要注意的是，在计算 KS 的值时，样本数据不能有缺失值，否则计算出的值将不准确。一般而言，当 KS 的值大于 0.2 时，表示模型的预测准确性较好。当 KS 的值超过 0.4 时，说明模型的预测效果更佳。然而，KS 的值也不能太高，如果超过 0.7，可能表示模型存在问题。不同 KS 值对应的模型性能说明如表 4-4 所示。

表 4-4　不同 KS 值对应的模型性能说明

KS 值	模型性能	KS 值	模型性能
$KS<0.1$	没有区分能力	$0.4 \leqslant KS<0.7$	区分能力强
$0.1 \leqslant KS<0.25$	区分能力一般	$KS \geqslant 0.7$	区分能力过强，不真实
$0.25 \leqslant KS<0.4$	区分能力中等		

8）PSI（Population Stability Index，群体稳定指标）是一种常见的评估模型稳定性的指标，用于衡量测试样本和建模样本评分的分布差异。模型在特定时间段内使用建模样本进行开发，但由于我们需要确定该模型是否适用于不同的样本（可能是不同时间段或不同客群），因此需要进行稳定性测试。PSI 通过将分数进行分组，然后比较不同客群或不同时期样本在每个分数区间内的占比，以判断总体分布是否发生显著变化。PSI 的计算结果始终大于或等于 0。

计算 PSI 时，首先将测试样本和建模样本的评分按照特定的分组方式进行划分。其次计算每个分组内测试样本和建模样本的占比。最后计算每个分组的 PSI 值，公式为：

$$PSI = \Sigma\left[(测试样本占比 - 建模样本占比)\times \ln\,(测试样本占比\,/\,建模样本占比)\right]$$

对所有分组的 PSI 值进行求和，得到总体的 PSI 值。PSI 值越小，表示测试样本和建模样本评分的分布差异越小，模型的稳定性也越高。通过评估 PSI 指标，我们可以判断模型在不同样本之间是否具有稳定的预测能力。不同 PSI 值对应的模型性能说明如表 4-5 所示。

表 4-5　不同 PSI 值对应的模型性能说明

PSI 值	模型性能
$PSI<0.1$	样本分布有微小变化
$0.1 \leqslant PSI<0.2$	样本分布有变化
$PSI>0.2$	样本分布有显著变化

9）基尼系数：模型中的基尼系数是用来衡量模型的预测准确性和分类能力的指标之一。基尼系数的范围是 0 到 1，数值越接近 0 表示模型的分类能力越好，数值越接近 1 表示模型的分类能力越差。在信贷模型中，基尼系数可以用来评估模型对于

客户违约与否的预测准确性。信贷模型可以将客户划分为违约和非违约两类，基尼系数可以衡量这两类客户的不平衡程度。计算基尼系数时，首先根据模型的预测结果对客户进行分类，得到两个子集。其次计算每个子集中违约客户所占的比例，记为 $p1$ 和 $p2$。最后计算基尼系数：$1-(p1^2 + p2^2)$。通过计算基尼系数，可以评估信贷模型的分类准确性和不平衡程度。较低的基尼系数代表模型的预测准确性较高，能够有效地区分违约和非违约客户。较高的基尼系数表示模型的分类能力不够准确，需要进一步改进或调整模型的参数。

4.4　模型开发流程

模型开发是一个系统性的流程，包括模型定位、数据处理、样本准备、特征变量评估、模型训练、模型管理环节，具体见图 4-7。这些步骤都是为了确保开发出的模型能够准确地反映业务风险特征，并在实际应用中具有较高的预测能力和稳定性。下面对模型开发流程的各个环节进行详细介绍。

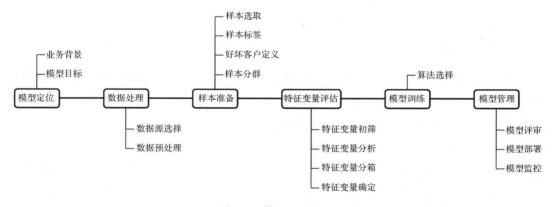

图 4-7　模型开发流程

4.4.1　模型定位

模型开发的目的是解决信贷业务中的实际问题，并提供可行、科学和规范的解决方案。信贷业务涉及风险评估、授信额度计算、贷款申请审核等复杂的决策过程，而模型开发可以帮助自动化和优化这些决策过程。商业银行开发模型之前，需要明确模型定位，建立明确的模型开发任务。模型定位可以是提高信贷决策效率、降低违约率、满足监管要求等。举个例子，假设某商业银行的风控部门希望根据已有数据，归纳出高、中、低信用风险客户的特征。这些特征可以为实际业务处理过程中对新申请贷款的客户的风险评估提供参考依据。因此，业务问题是"能否通过贷款客户的特征和贷款申请数据来判断该客户的风险度"。为了解决这个业务问题，首先需要将客户的"风险"转换成可预测的数据指标。模型的关键目标就是计算出客户在申请某个贷款产品后违约的概率。违约概率越高，该客户的"风险"度也越高。违约行为可以通过业务数据中客户在贷款期限内的逾期情况来反映，包括逾期的时长、逾期金额的大小以及在贷款期限内统计时间截止时的逾期次数等多个方面。明确模型定位后，商业银行还需要对建模进行可行性分析，例如是否有足够的数据来训练模型、是否有相关的技术支持以及模型开发的时间规划等。同时，还需要考虑与开发、测试和部署环节相结合，并根据情况选择合适的模型开发工具。

4.4.2 数据处理

数据处理在整个模型开发过程中是较为耗时的环节。在这个环节中，模型开发人员需要根据项目规划及模型方案设计，选择合适的数据源，进行数据预处理，奠定建模数据基础。

1. 数据源选择

根据数据来源的不同，我们可以将数据分为内部数据和外部数据两类。内部数据主要指客户在信贷机构产生和留存的各类行为数据，包括客户申请数据、借款行为数据和还款行为数据等。然而，对于新客户来说，内部数据通常不足以完成客户资质评估，因此依靠外部数据源对客户资质进行评估变得尤为重要。准备阶段需要确保数据的质量和适用性，结合内部和外部数据，为模型提供全面而准确的信息。只有选择合适的数据源，并充分考虑客户的特性和行为，模型才能更好地预测客户的违约行为。

2. 数据预处理

数据预处理是指通过对大量的、有噪声的、纷繁复杂的数据进行梳理和评估，从中发现数据的潜在价值，以获得对决策或管理有益的信息、知识或规律。以下是一些常见的数据预处理任务。

❑ 数据质量确认：在数据预处理阶段，确认数据质量非常重要。这包括检查数据中的空值、特殊值、离群点或异常值。如果发现数据质量有问题，需要进行相应的处理，例如填充缺失值、修正错误值等。

❑ 数据逻辑验证：对于每个数据，需要确保其值符合预期的逻辑，要逐一验证样本的数据是否符合预期逻辑，也要进行变量间的交叉验证，以查找是否存在逻辑冲突的样本和数据。如果发现问题，可能需要修正数据逻辑、删除噪声数据或修复错误数据。

❑ 数据转换和整合：在数据预处理过程中，可以根据数据之间的关联性进行数据转换并整合变量，帮助查找更多的测量指标，反映客户的某种特征。例如，根据各种指标（如诈骗概率、信用风险、偿还能力等）将变量整合为更大的变量。

❑ 数据分布检查：对于不同类型的数据，需要关注一些统计指标，例如连续性变量的最大值、最小值、平均值、中位数和标准差等。对于类别型数据，还需要关注不同类别的占比。如果类别过多，可以根据业务逻辑进行合并，以便更好地分析和建模。

4.4.3　样本准备

模型建立的前提是客户未来的行为模式与过去相似，并且这种行为模式可以通过适当的数理统计技术进行提取和总结，因此可以利用过去的数据来预测未来。银行拥有大量的数据存量，为了提高数据处理和建模效率，模型通常是建立在一定的样本上，而不是全量数据上。样本的代表性、数据质量以及从样本中提取的数理关系能否延伸到未来，都会在很大程度上决定模型的预测能力和效果。因此，恰当的建模样本选择对于模型的稳定性至关重要。

1. 样本选取

样本的选取方法主要有两种。第一种是随机抽样，是在确定样本规模后从总体中完全随机地抽取，每种类型的个体在样本中的比例与在总体中的比例是一样的。第二种是分类抽样，首先根据模型的需要确定样本的类别，确定每一个类别的样本抽样个数，然后在每一个类别内部随机抽取所需的样本。由于每一个类别的抽样比例可能很不一样，因此必须给每个样本类别设置相应的样本加权数。分类抽样是模型开发中最常用的样本选取方法，这种方法的好处是可以对不同类别的对象区别对待，既保证了每个重要类别的对象都在样本中占据足够的数量，又保证了对总体的代表性。

不管建模时用什么样的抽样方法，抽样的复杂程度如何，在选择样本时都必须注意以下几点。

❑ 相关性。样本必须充分地、强相关地代表总体，而且不仅要代表过去的总体，更要代表未来模型应用实施的总体，这样从样本中提炼出来的逻辑关系才能有效地预测未来总体的逻辑关系。如果把北、上、广、深的白领客群样本应用到村镇居民的群体中去，把对公企业贷款客群样本应用到消费贷的群体中去，把样本量不足的预测数据（例如长期睡眠账户）纳入样本等，那么这样会导致模型的预测效果大打折扣，甚至根本不起作用。

❑ 充分性。充分性是指建模时选取合适样本数量。样本数量太大，则数据加工和模型发展的时间较长；样本数量太小，则可能达不到统计的显著性。换句话说，如果所提炼出来的数理关系的代表性不足，则置信度太低。不仅样本总数要充足，更重要的是各个样本类别的数量也要充足。不管分类的复杂程度如何，保证表现变量类别（如好、坏）各自有足够的样本量是很重要的。具体样本数量视模型性质而定。

❑ 新鲜度。在满足样本量充足的情况下，样本的观察期与实际应用时间节点越接近越好，但观察期的选择还取决于数据的新鲜度。由于客户总体、基础设施、政策规则、宏观经济等发生了变化，数据的新鲜度会很大程度影响建模效果。

2. 样本标签

样本标签与建模目的密切相关。在许多情况下，模型开发人员将希望识别出的样本标记为正样本，将其他样本标记为负样本。这样模型可以学习识别这些样本的特征和模式，以便在未来遇到相似的样本时做出正确的预测或分类。标记其他样本为负样本可以帮助模型学习什么是非目标样本，从而更好地区分目标样本和非目标样本之间的特征差异。这种正负样本的标记方法通常在分类问题中使用。例如，在营销场景中，我们希望模型识别响应营销活动的客户，可以将活动响应的客户标记为正样本；在医疗场景中，我们希望检测仪器识别真正患有疾病的患者，可以将诊断结果为阳性的患者标记为正样本。

在信贷场景中，我们希望模型能够识别未来可能逾期或违约的客户。由于客户的逾期行为通常会在较长期的还款周期中逐渐发生，并且逾期的严重程度也各不相同，因此我们需要分为观察期和表现期两个时间段来定义坏客户。

在这个设定中，观察期是指收集样本的信用历史和行为特征等信息的时间段，以提取能够预测未来信用表现的预测变量。观察期代表的是决策时已知的信息。观察期的长度根据业务类型不同而有所差异。例如，A 卡的观察期通常为 6 个月以上，而 B 卡的观察期通常为 12～24 个月。

表现期是指贷款发放一段时间后，检查客户是否按时支付贷款的时间长度。这个时间长度取决于不同的贷款产品和银行的政策。一般来说，为了及时了解客户的还款情况，表现期会选择相对较短的时间窗口。在表现期内，如果客户没有发生严重逾期，即按时支付贷款，则可以将其标记为好样本，表示其信用表现良好。反之，如果客户发生严重逾期，未按时支付贷款，则标记为坏样本，表示其信用表现不佳。常见的表现期长度可以是 6 个月、9 个月、12 个月。

因此，在信贷场景中，观察期和表现期的设定对于定义坏客户和好客户非常重要。同时，选择合适的观察期和表现期长度对于保证样本的新鲜度和模型的准确性也有着关键的影响。样本观察期和表现期示意见图 4-8。

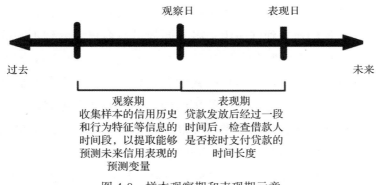

图 4-8　样本观察期和表现期示意

3. 好坏客户定义

确定表现期和观察期后，模型工程师还需要确定模型预测的目标是信贷账户未来的表现是"好"还是"坏"的概率。由于"坏"可以是不同程度的，从违约 30 天（1 期）、31～60 天（2 期）、61～90 天（3 期）……一直到 180 天以上的坏账核销。不同商业银行可能有不同的目标和风险偏好，因此对于定义"坏"的标准会有所不同。常见的标准有以下三种。

- ❑ 增加放贷金额和规模，承担更多损失：在这种情况下，可以将违约程度定义为更坏的情况，例如将违约期限定义为 120 天（4 期）以上。
- ❑ 在有效控制损失的前提下谨慎扩大信贷规模：如果商业银行希望在保持损失

控制的前提下扩大信贷规模，可以将"坏"定义为 60 天（2 期）以上的违约。这样可以更加谨慎地对待潜在风险。

❑ 控制欺诈风险水平：如果商业银行的主要关注点是预防欺诈行为，那么将 1 期违约定义为"坏"可能更合适，这样可以更早地识别出潜在的欺诈行为。

坏的定义是由多方因素决定的，必须与商业银行的总体政策目标相一致。2007 年的巴塞尔协议规定违约是指贷款出现 90 天逾期或贷款机构有理由认为贷款不会被偿还。因此很多商业银行会将逾期 90 天以上的客户视为坏客户。然而，由于不同的商业银行有不同的业务情况和风险承受能力，实际上定义"坏"的标准可能会有所不同。因此，在确定"坏"的定义时，商业银行需要综合考虑自身业务目标、风险偏好以及监管要求，与业务团队、风险管理团队和合规部门密切沟通，并确保与整体政策目标一致。

4. 样本分群

一个通用的模型很难在所有客群上都达到优秀的性能，原因是不同的目标客户具有不同的行为模式和风险程度。为了提升模型的预测能力，我们需要进行样本分群，将相似的目标客户划分到同一组，将不同的目标客户划分到不同的组，这样可以最大限度地区分不同的行为模式和数理关系。通过将目标客户划分为不同的组别，我们可以更好地捕捉每个组别中客户的共性和差异性，发现不同客群之间的行为模式和数理关系的差异，进而提高模型的预测能力。模型样本更多基于项目规划、业务逻辑、历史经验和数据验证结果进行分群，主要适用于业务规则确定、用户特征维度单一的场景。样本分群的方法有以下几类。

❑ 人口特征：人口特征是风控模型样本分群中常用的方式之一。如个人的年龄、性别、职业、学历、收入等因素都可以作为样本分群、评估风险的参考指标。这些个人特征可以提供客户的一些基本信息，帮助商业银行更准确地评估客户的信用和偿还能力。

❑ 征信记录：根据人民银行征信报告显示的信用历史，可以将客户分为两类——有征信记录（简称：非白户）客户和无征信记录（简称：白户）客户。征信记录在金融市场中具有重要的作用，能够提供更全面准确的客户信息，包括客户的信用历史、逾期情况、信用评分等，帮助金融机构进行风险管理和控制。通过将客户分为不同信用等级或信用分组，银行可以更准确地评估客户的信用风险。对于白户客户，样本模型通常会采取其他方式补充信用历史，如收集其他证明文件、调查工作单位情况等。

❑ 收入负债特征：基于客户的收入和负债特征进行分群也是常见的方法之一，该方法可以根据客户的收入水平、债务情况和负债比等特征进行分组，帮助商业银行更好地了解客户的财务状况，更准确地评估客户的偿债能力和风险，从而作出更明智的贷款决策。

除上述提到的方法外，单一维度分群主要根据经验确定，可以定义许多跟所属业务相关的分群。包括但不限于不同收入的客群、不同活跃程度的客群、额度使用率高低的客群，甚至是不同逾期程度的客群，比如历史最长逾期月数的客群、单月最高逾期总数的客群、总逾期次数的客群等。

4.4.4　特征变量评估

模型工程师准备样本后，下一步是特征变量评估，主要包括特征变量初筛、特征变量分析、特征变量分箱和特征变量确定。一般来说，特征变量初筛是指根据业务需求和模型定位，从样本中选出最有用的特征变量。特征变量分析是对选定的特征变量进行进一步的探索和分析。特征变量分箱是将连续型变量进行离散化处理，将其分为不同的区间。通过特征变量初筛、特征变量分析和特征变量分箱等步骤，模型工程师能够更好地理解数据，挖掘出最相关的特征变量，并对特征变量进行适当的预处理，为模型的训练和评估提供可靠的特征变量基础。

1. 特征变量初筛

模型是将所有能预测客户未来是否会发生目标事件的变量进行优化排列组合，并予以适当的权重后，给予目标客群一个客观的信用评价。因此，模型特征变量的质与量会对评分模型的评价预测结果产生显著的影响。特征变量初筛是开发评分模型非常重要的一环。从商业银行的信贷数据中往往可以提炼出数十个特征变量，加上三方数据源，甚至会有上百个特征变量。特征变量初筛的目的是发现具备强大预测能力的变量并将其作为模型的候选变量，剔除不具备预测力或预测力极其微弱的变量，以缩小候选特征变量的范围。特征变量的原始信息必须是在模型开发样本和将来模型实施时均可观察到的信息，其预测能力来源于它们与目标变量的相关性、稳定性和逻辑因果关系。

2. 特征变量分析

模型特征变量，按变量值是否连续可分为连续型变量与离散型变量两种。连续型变量是指在一定区间内可以任意取值的变量。其数值是连续不断的，相邻两个数值可作无限分割，即可取无限个数值。例如，生产零件的规格尺寸，人体测量的身高、体重等均为连续变量，其数值只能用测量或计量的方法取得。离散型变量只能用自然数或整数单位计算。例如，企业个数、职工人数、设备台数等，只能按计量单位数计数，更多用于定性或类别区分。有些特征变量不需要太多的分析和提炼，直接从原始数据中获得即可。比如学历程度就是典型的离散变量，可以直接从客户填写的申请表获得，是具备较强预测性的变量，即学历程度越高，风险越低，如表 4-6 所示。

表 4-6 学历程度与风险表现的关系

学历程度	总账户数	账户比例	好账户数	坏账户数	坏的比例
初中及以下	2000	10.26%	1800	200	10.00%
高中	3000	15.38%	2760	240	8.00%
中专	4000	20.51%	3740	260	6.50%
大专	4500	23.08%	4275	225	5.00%
本科	4000	20.51%	3860	140	3.50%
硕士及以上	2000	10.26%	1960	40	2.00%
共计	19 500	100.00%	18 395	1105	5.67%

3. 特征变量分箱

在模型开发过程中，有些特征变量需要从外部数据源获取。例如，商业银行常用的一个特征变量是最近 3 个月人行征信查询次数，需要从客户的人行征信报告中提取出来。一般来说，查询次数越多，风险越高。这个特征变量属于数值型变量，并具有连续性特征，因此通常会对其进行分箱处理。

特征变量分箱实质上是对连续型变量进行离散化处理，将拥有不同属性的特征变量分成不同的类别，以便在评分阶段给予不同的分数。我们可以将上一段提到的特征变量划分为 7 个箱：0、1、2~3、4~5、6~8、9~10、10 以上。另外还有一个特殊的箱，即 null 箱，表示没有获取到客户的征信报告，或者客户属于白户，没有征信记录，因此不会对该特征变量做记录，如表 4-7 所示。通过特征变量分箱，我们可以更好地处理连续型变量，将其转化为离散型变量，并且根据不同分箱的属性，赋予不同的分数。这样可以更准确地衡量每个客户的风险水平，并为贷款决策提供更可靠的依据。

表 4-7　最近 3 个月人行征信查询次数分箱后对应的违约率

最近 3 个月人行征信查询次数	总账户数	账户比例	好账户数	坏账户数	违约率
null	500	2.56%	485	15	3.00%
0	1500	7.69%	1495	5	0.33%
1	2000	10.26%	1987	13	0.65%
2～3	3000	15.38%	2977	23	0.77%
4～5	4000	20.51%	3953	47	1.18%
6～8	4500	23.09%	4280	220	4.89%
9～10	3000	15.38%	2693	307	10.23%
10 以上	1000	5.13%	525	475	47.50%
共计	19 500	100.00%	18 395	1105	5.67%

从表 4-7 中可以看出，特征变量分箱是把特征变量值合并成数量更少的粗分类组合。通俗来说，它是将某个维度的数值以分段的形式，分成不同的区间，从而形成新的维度进行分析。特征变量分箱取决于变量特征类型，例如连续、离散、顺序变量等具有排序性的特征变量，数据间的风险关系通常是单调的，不考虑特殊编码组，把其他临近的组合并在一起。为了使模型更加稳定，通常我们在建立分类模型阶段会对连续型的特征变量进行离散化处理，以有效地降低模型过拟合的风险。比如在建立基于逻辑回归的个人信用评分卡模型时就需要对连续型的变量进行分箱操作。分箱技术还可以与业务知识、专家经验充分结合，保留人工干预调整的空间，提升模型在样本少、样本波动大等情况下的稳定性。特征变量分箱方法多种多样，具体可参考以下指导原则。

- ❏ 箱位不宜过少，因为同一箱位的打分权重一样，箱位数量过少会降低模型的分辨性。
- ❏ 箱位不宜过多，因为每个箱位必须有足够多的好账户和坏账户作为模型的评估依据，箱位过多可能会导致有的箱位样本数量过少而置信度不够。箱位越多，越复杂，也容易过拟合。
- ❏ 箱位的划分必须能有效地区别模型表现变量，比如违约率的严重程度，而且有一定的规律，比如从大到小、从小到大或呈 U 形等。

从上表可以看出，最近 3 个月人行征信查询次数这个特征变量分成 7 个箱位（null 值箱位不计入），每个箱位都有相当数量的好账户和坏账户，从坏的比例可以看出，查询记录在 0 次以上的坏账率最低，只有 0.33%。随着查询记录次数的增加，坏账率逐步上升，10 次以上的坏账率超过 45%。该变量单调性较好，预测能力较强，是一个很好的候选特征变量。如果反过来，各个箱位的坏账率大体相同，或无规律可循，则说明没有多少预测力，可以剔除。

分箱方法和箱位数量确定后，模型工程师需要对最终分箱结果进行检查分析，主要考虑如下几点：

- ❏ 分箱结果业务逻辑及可解释性。
- ❏ 分箱结果除缺失值、特殊值外是否单调，如果不单调则必须确认其符合业务逻辑且稳定，而不是由于数据缺陷或偶然因素导致的波动。
- ❏ 分箱后风险的趋势在不同时间段的样本上具有一致性。

在对特征变量完成分箱后，我们需要计算变量分箱相关的两个统计量：证据权重（Weight of Evidence，WOE）和信息值（Information Value，IV）。WOE 是商业银行用来衡量违约率的指标，是对分箱后得到的每个分箱进行计算，是模型重要的特征转换方法，反映了单个分箱对好坏样本的区分能力，其计算逻辑如下。

$$WOE_i = \ln\left(\frac{P_{gi}}{P_{bi}}\right) = \ln\left(\frac{G_i/G}{B_i/B}\right)\ln\left(\frac{N_G^i/N_G}{N_B^i/N_B}\right)$$

其中，P_{gi} 是第 i 箱中的好样本（好客户）占所有好样本（好客户）的比例，P_{bi} 是第 i 箱中的坏样本（坏客户）占所有坏样本（坏客户）的比例，gi 是第 i 箱好样本（好客户）的数量，G 是所有好样本（好客户）的数量，bi 是第 i 箱坏样本（坏客户）的数量，B 是所有坏样本（坏客户）的数量。可以得到，WOE 的本质其实就是好客户的比例除以坏客户的比例再取对数，即 WOE 反映的是"现在分箱里好客户在所有好客户中的比例"和"现在分箱里坏客户在所有坏客户中的比例"之间的差异。如果WOE 的值为正，则说明特征变量当前分箱取值对整体起正影响，如果为负，则起到负影响。N_G、N_B 分别为样本中好样本、坏样本的总数，N_G^i、N_B^i 分别为第 i 个分箱中好坏样本的数量。以某商户月流水总额变量为例，计算 WOE 值，结果如表 4-8 所示。

表 4-8　某商户月流水总额变量对应的 WOE 值

月流水总金额	样本数				
	好样本数	坏样本数	好客户分布	坏客户分布	WOE 值
≤5000	9507	195	22.75%	17.66%	0.2532
5000＜月流水总金额≤10 000	14 280	339	34.18%	30.71%	0.1070
10 000＜月流水总金额≤20 000	10 626	324	25.43%	29.35%	−0.1433
＞20 000	7371	246	17.64%	22.28%	−0.2336

与 WOE 反映变量单个分箱对好坏样本的区分能力不同，IV 用于反映整个变量

对于好坏样本的区分能力。其计算公式如下。

$$IV = \sum_{i=1}^{k}\left(\frac{N_G^i}{N_G} - \frac{N_B^i}{N_B} \right) \times WOE_i$$

上面公式中，为变量的箱数，其他字母含义不变，仍以"商户月流水总额"这一特征变量为例，计算 IV 值，如表 4-9 所示。

表 4-9　某商户月流水总额特征变量对应的 IV 值

月流水总金额	样本数					IV 值
	好样本数	坏样本数	好客户分布	坏客户分布	WOE 值	
≤5000	9507	195	22.75%	17.66%	0.2532	
5000＜月流水总金额≤10 000	14 280	339	34.18%	30.71%	0.1070	0.033
10 000＜月流水总金额≤20 000	10 626	324	25.43%	29.35%	−0.1433	
＞20 000	7371	246	17.64%	22.28%	−0.2336	

特征变量的 IV 值始终为正数，且 IV 值越大，特征变量对好坏样本的区分能力越强。一般而言，常用参考值如下。

❏ $IV<0.02$，变量无区分能力，不建议入模。

❏ $0.02 \leqslant IV < 0.1$，变量有较弱的区分能力。

❏ $0.1 \leqslant IV < 0.3$，变量有不错的区分能力。

❏ $0.3 \leqslant IV < 0.5$，变量有较强的区分能力。

❏ $IV \geqslant 0.5$，变量有很强的区分能力。但是需要注意该变量是否存在包含未来信息、目标变量信息等问题，即使该变量没有任何问题，仍需当心该变量入模后支配整个模型，弱化其他变量并降低模型稳定性。

4. 特征变量确定

至此，我们已经基于 WOE 值、IV 值等指标对单变量进行了初步筛选，将符合业务逻辑、风险区分能力较好的变量作为备选入模变量。稳健的模型通常有 10～20 个特征变量，而可用的备选特征变量特征远远多于这个数量，因此还需要对备选变量进行剔除和筛选。剔除标准是区分好坏客户的能力偏小，或者与其他确定要使用的特征变量高度相关甚至存在共线性。因此，我们可以用账户的好坏状态做因变量，特征变量作自变量，然后进行线性回归。在回归方程中，可以用向前引入或向后剔除的分步回归方法确定哪些是最重要的变量。向前引入是从 0 个变量开始，从备选变量中逐一取出变量尝试加入模型进行训练，并选择对模型性能增益最大的变量正式入模，重复此步骤直至模型性能达到最优。向后剔除则与之相反，将所有备选变量都加入模型，逐一择优剔除直到模型效果最优。两者相比，向前逐步回归更加节省时间，应用更广。

不管运用何种方法，都必须从候选特征变量中选择一定的组合作为模型入参，并且根据统计原理分配相应的评分权重。最终得到的特征变量组合往往是模型自动选择和分析人员根据经验及各种统计指标选择相结合的结果。为了让最终评分模型最大限度地利用各种预测信息，一般的原则是尽可能让模型中有各种信息来源的特征变量代表，比如要进行行为评分，则往往从反映历史上拖欠行为、消费行为、欠款行为、付款行为等各方面选择一些预测力强、相关性低、互补性高的变量构成一个信息量丰富的变量组合。

4.4.5　模型训练

在大数据智能风控中，模型训练与算法选择之间存在紧密的关系。模型训练是指通过机器学习算法，根据给定的数据集进行模型的训练和优化。而算法选择是指在模型训练过程中，选择适合的算法来实现风控任务。信贷数据包含大量的信用特征，特征间存在复杂的相互关系、大量缺失值和矩阵向量稀疏等问题，需要基于大量的数据和复杂的算法进行训练和优化，以提高预测的准确性和稳定性。这就要求所训练的模型具有更高的预测能力，在更多方面关注信贷数据的特性，与信用数据的各种固有特性结合得更加紧密。传统的模型大多采用逻辑回归算法，随着信贷业务对于模型精度要求的不断提高和信贷决策的可解释性需要，一些更加先进复杂的机器学习算法也开始被引入风控模型中。模型训练和算法选择是一体的，是不可分割的，二者相互协作，提高整体的风险控制效果。在实际应用时，需要根据具体的场景和需求，选择合适的算法，并通过有效的模型训练来优化模型的性能，支持并帮助决策者做后续分析。以下是选择合适的算法时需要考虑的因素。

- ❏ 业务需求和问题类型：商业银行需要明确具体的业务需求和问题类型。不同的问题可能需要使用不同类型的模型算法，例如，分类问题可以使用决策树、支持向量机或神经网络等，而回归问题可以使用线性回归、随机森林或梯度提升等。
- ❏ 数据特点和数据量：商业银行需要了解数据的特点和数据量。例如，如果数据具有高维度、大规模等特点或存在噪声，可以考虑使用随机森林或梯度提升等能够处理复杂数据的算法。如果数据较少，可以选择简单的模型算法，以避免过拟合。

- ❑ 可解释性要求：商业银行需要考虑模型的可解释性要求。有些算法如线性回归或决策树具有较高的可解释性，可以帮助理解模型的决策过程。而其他算法如神经网络或黑盒模型可能更加复杂，解释性较差。
- ❑ 模型性能和稳定性：商业银行需要评估模型的性能和稳定性。可以通过交叉验证、模型评估指标（如准确率、精确率、召回率、AUC 等）以及实际应用场景中的实验来评估不同模型算法的表现。
- ❑ 预测能力和泛化能力：商业银行需要考虑模型的预测能力和泛化能力。一些模型算法如梯度提升、随机森林等在预测能力上表现优秀，而其他模型算法如决策树、朴素贝叶斯等则更适合处理高维度数据和稀疏数据。
- ❑ 计算效率和资源要求：商业银行需要考虑模型算法的计算效率和对计算资源的要求。一些模型算法如线性回归、逻辑回归等计算效率较高，而其他模型算法如神经网络、支持向量机等可能需要更多的计算资源。

4.4.6　模型管理

模型开发完成以后，进入模型管理环节。模型管理包括模型评审、模型部署、模型监控三个方面。

模型评审是对已经开发完成的模型进行全面评估。包括对模型样本选择的合理性、参数定义的准确性、模型表现的可靠性以及模型适用范围的评估。评审的目的是确保模型的方法适用于具体的问题，并且关键参数和定义是合规和可操作的。评审还要确保训练数据的真实完整性，以及风险量化和风险模型的稳定性等。评审过程中需要采用具有代表性和充分覆盖的样本，以确保模型的可维护性和可解释性。

模型部署是将开发好的模型算法和代码实施到生产环境中。这包括连接模型与数据源接口、设置模型参数和配置，以满足业务需求和风险管理要求。在部署过程中，还需要建立数据集成和数据传输的机制，以确保数据的准确性和及时性。模型部署的关键是确保模型在生产环境中能够实时获取并处理数据，并生成相应的预测和决策结果。

模型部署后，需要密切监控模型运行情况。模型监控是对已经部署的模型进行定期监测和评估。监控方案是根据预先设定的指标和方法，定期检查模型在生产环境中的运行情况，并生成相应的监控报告。监控内容应包括对模型的稳定性、有效性和重要输入变量的监测。如果监测显示模型稳定性下降或效果衰退，无法满足风险管理要求，就应考虑模型的更新或下线归档措施，以保证模型的有效性和适用性。

4.5　案例剖析

1. 事件回顾

美国长期资本管理公司（Long-Term Capital Management，LTCM）成立于 1994年 2 月，是一家主要从事采用高杠杆的绝对收益交易策略（例如固定收益套利、统计套利和配对交易等）的对冲基金公司。它与量子基金、老虎基金、欧米伽基金并称为国际四大"对冲基金"。自创立以来，LTCM 一直保持着骄人的业绩。其间，LTCM以 1994 年成立初期的 12.5 亿美元资产净值迅速上升到 1997 年 12 月的 48 亿美元，每年的投资回报为 28.5%、42.8%、40.8% 和 17%，1997 年更是以 1994 年投资 1 美元派 2.82 美元红利的高回报率让公司身价倍增。LTCM 的核心模型是"收敛套利交易"（Convergence Trade），利用两种相似金融工具之间价差的变化趋势来盈利。LTCM将金融市场历史交易资料、已有的市场理论、学术研究报告和市场信息有机结合在一起，形成了一套较完整的机器学习的自动投资模型。它利用计算机处理大量历史数据，通过连续而精密的计算得到两种不同金融工具间的正常历史价格差，然后结合市场信息分析它们之间的最新价格差。如果两者出现偏差，并且该偏差正在放大，那么计算机会立即建立庞大的债券和衍生工具组合，大举套利入市投资；在 1998 年之前，LTCM 凭借其高度精细的量化模型和风险管理获得了巨大的成功，吸引了全球众多投资者。LTCM 的投资策略主要是利用不同资产之间的价格差异来寻找投资机会。例如，他们预测俄罗斯的债券价格会上涨，而日本的债券价格会下跌，则通过买入俄罗斯债券并卖出日本债券来赚取利润。

然而，在 1998 年全球金融动荡中，LTCM 未能幸免，从 5 月俄罗斯金融风暴到9 月全面溃败，短短 150 多天资产净值下降 90%，出现 43 亿美元的巨额亏损。9 月23 日，美联储出面组织安排高盛、美林、德银、瑞银、瑞信、巴克莱等 14 家国际银行组成的财团注资 37.25 亿美元购买了 LTCM 90% 的股权，共同接管了 LTCM，避免了它倒闭的厄运。2000 年初，LTCM 破产清算。

2. 问题分析

LTCM 的数学模型建立在历史数据的基础上。在数据的统计过程中，一些小概率事件常常会被忽略，从而埋下隐患。一旦这个小概率事件发生，其投资系统将产生难以预料的后果。

1998 年 LTCM 事件是一个重要的模型风险事件。该事件的核心问题源于以下几个方面：

一是假设错误。LTCM 使用的模型是基于一些假设的，包括资产价格的统计特性和相关性。然而，在 1998 年的亚洲金融危机和俄罗斯债务违约危机中，这些假设被打破了。模型未能准确反映这些极端事件的发生和影响，导致 LTCM 无法应对市场的剧烈波动。

二是杠杆效应。LTCM 使用高度杠杆的交易模型，通过借入大量资金进行投资。它依赖于模型的预测来进行高风险、高收益的交易。然而，当市场不符合预期时，杠杆放大了亏损的影响，使 LTCM 无法承受巨大的损失。

三是过度自信。LTCM 的创始人和团队成员是一些知名的金融学家和交易员，他们对模型有着极大的自信。这种过度自信导致他们忽视了模型的局限性和风险，未能充分考虑到极端情况和市场的不确定性。

3. 经验教训

这个事件强调了模型风险管理的重要性。以下是从这个事件中可以吸取的一些经验教训。

1）模型应基于充分的数据和假设：在开发和使用模型时，必须确保有足够的数据支持模型的构建和预测。同时，模型的假设也应该基于现实且合理的前提条件。如果数据或假设存在缺陷，模型的结果就可能不准确。

2）模型应进行充分的测试和验证：模型在投入使用前，应该经过充分的测试和验证，以确保其能够在不同情境下正确运行。此外，当模型用于重要决策时，应该进行压力测试，以检测模型在极端情况下的表现。

3）认识到模型的局限性：模型的使用者应该清楚地认识到模型的局限性，而不是过度依赖模型的结果。因为所有模型都基于一定程度的简化和假设，所以不能完全依赖模型来作出决策。

4）建立风险管理和监测机制：为了及时应对市场的变化和模型的失效，需要建立相应的风险管理和监测机制。这包括对市场数据的实时监控、对模型结果的定期评估以及当模型出现异常时采取的应对措施。

5）透明度：模型的使用者应该与模型的开发者和数据提供者保持密切的沟通，以便更好地理解模型的局限性、假设和风险。同时，模型的运行结果应该对使用者保持透明，以便他们能够了解模型可能存在的风险。

6）持续学习和改进：从 LTCM 事件中吸取教训，金融行业需要不断学习和改进风险管理的方法和技术。这包括改进模型的假设、更新数据集、引入新的风险管理工具等。

LTCM 事件提醒我们，对于模型的使用者来说，不仅要了解模型的优点，还要充分认识到模型的局限性，并采取相应的措施来管理和监控风险。只有这样，才能确保金融市场的稳定和持续发展。

4.6　本章小结

模型作为大数据智能风控的核心，在预测客户未来的风险表现方面发挥着关键作用。本章详细介绍了模型的理论框架、模型算法、模型评价指标和模型开发流程四个方面，通过理论与实践相结合，使读者对模型有更深入的理解。本章旨在帮助商业银行的管理人员获取具有高度预测力的信息，以便协助他们制定符合银行经营宗旨的风险策略，从而实现高效益的经营管理。

大数据智能风控载体：风控平台

　　传统的风险管理体系以专家经验评估为主，存在数据获取维度窄、量化分析能力偏弱、精细化程度低等缺点。在数字化转型的背景下，传统的风险管理模式已无法满足全面风险管理的需求，需要一套高效、精准、智能的风控平台作为大数据智能风控的实现载体，为商业银行提升信贷风险管控水平。

　　风控平台通过风控系统和决策引擎重塑信用风控的业务和流程，实现流程自动化、决策自动化、智能监测与风险预警，提高风险管理的效能效率。本章以风控平台建设路径为主线，明确风控平台的理论框架，阐述风控平台最核心的组件风控系统和决策引擎的工作原理，并通过架构、工作流程、同行先进案例为智能风控建设路径提供参考和借鉴。

5.1　风控平台的理论框架

　　随着商业银行信贷业务从销售型向服务型转变，高并发、大数据量、低延时的业务场景越来越多，同时在强监管与全面风险管理的形势下，构建智能风控平台已成为银行业的共识。在建设风控平台前，我们需要做足功课，明确风控平台内涵，熟悉监管政策和要求，并借鉴同业应用实践成果，确定风控平台设计原则，为风控平台建设指引方向。

5.1.1 风控平台的内涵

目前业界对于风控平台的理解比较多样，缺乏清晰、标准的定义。随着金融科技发展进入新阶段，风控平台的定义已不局限于大数据或者人工智能等单一技术的应用。表 5-1 整理了业内较为知名的金融科技企业对于风控平台的理解。

表 5-1　金融科技企业对于风控平台的理解

企业名称	对于风控平台的理解
Capital One	目前是自动化发展，在信贷流程审批中，以风控系统和决策引擎为载体，替代人工审核，实现系统化和自动化；未来为了提升客户体验和业务效率，风控平台会向人性化、智能化和定制化的方向发展。风控平台提供大量的算法和能力对客户进行识别，实现定制化服务、精准营销，从而更好地为客户服务
ZestFinance	在数字金融时代，风控平台以数据为桥梁，以系统为连接器，达到节省成本、提高运营效率和精准度的效果。通过决策引擎进行智能决策，高效串联场景端与资金端，将数据产生方和技术连接，提升智能化程度
第四范式	智能除了能让风控系统代替人，实现效率的提高，还能通过决策引擎实现自动化判断风险趋势，其预测的意义远大于识别。对于传统风控来说，风控平台的应用更体现在高效的精准、海量的个性化和快速的识别
同盾科技	一方面运用技术手段，通过系统实现智能风控；另一方面通过决策引擎构造整体智能风控体系。智能化手段可以起到辅助的作用，在应用层面，真正的智能风控是无感风控，简化金融流程，提升用户体验，实现交互人情化
Talking Data	一方面是系统智能化，体现在系统可以做到更接近人的判断，例如身份核实、交叉验证；另一方面是决策引擎可以做到人工以前做不到的事情，在机器规则和精细化算法下达到降本增效

结合金融科技企业对风控平台的理解以及笔者的实践经验，风控平台是实现智能风控的工具载体，通过风控系统和决策引擎两大核心组件构建新一代智能、多场景、全流程的风控解决方案，对风险进行深度挖掘，实现风控的自动、高效、准确。除此之外，风控平台还具有综合性、自动化、专业性的特征。

❑ 综合性：风控平台综合运用大数据和模型，以决策引擎驱动风险决策，以风控系统实现风险管理流程智能化转型，旨在提高风险管理效率、解决信息不对称问题及降低风险管理成本。

❑ 自动化：风控平台在银行信贷业务中的应用呈现出全流程、多场景和高耦合的特点，最大限度地规避单一技术的缺陷，同时打通各个业务环节，实现风险管理的自动化闭环，降低风控成本，扩展商业银行服务的覆盖人群。

❑ 专业性：风控平台提供的能力各有分工，专业性强。决策引擎在大数据技术的基础上，通过生物特征识别、机器学习、自然语言处理、计算机视觉和知识图谱等手段，实现风控决策的模型化和自动化。大数据技术打破数据孤岛，整合多维数据，并提供大规模数据分布式计算以及高效实时的流式计算能力。风控系统提供充足的基础算力和灵活的算力分配。

5.1.2　风控平台建设的合规要求

在构建风控平台之前，首先需要仔细研究政策文件和监管文件，以充分理解合规管理的要求。此外，还需要了解风控平台的软件和硬件要求，做好充分的准备，确保风控平台的顺利建设和有效运行。风控平台建设的重要输入项如下：

- ❑ 政策和法规。监管机构制定的政策文件，商业银行必须严格执行。
- ❑ 监管文件或地方政策文件。监管部门对商业银行信贷行为规范要求的直接体现，包括监管部门所颁布的行业规范、监管规定。
- ❑ 协会或自律组织等行业组织发布的相关文件或通知。

风控平台建设的政策要求如表 5-2 所示。

表 5-2　风控平台建设的政策要求

序号	政策文件名	对商业银行数字化转型的要求概括	对风控平台建设的合规要求和解读
1	《关于开展金融科技应用风险专项摸排工作的通知》(银办发〔2020〕45 号)	商业银行应在移动互联网服务端加强安全措施和风险控制，切实做好合作机构安全评估工作，评估内容包括但不限于个人信息保护合规制度体系、监督机制、处理信息规范、安全防护措施	风控平台整合人工智能、大数据、区块链、物联网等新技术，做好应用软件、系统接口（如银行接口、H5 页面等）等在金融机构的安全保障措施
2	《金融科技（FinTech）发展规划（2019—2021 年）》(银发〔2019〕209 号)	商业银行应从战略高度重视金融科技对银行经营、风险管理、创新发展的重要作用，积极探索应用金融科技技术，提升金融服务水平。同时用金融科技技术保护网络安全和金融信息数据，增强银行风险控制的技术防范能力和管理水平	风控平台建设要合理应用金融科技技术，全面提升应用水平，增强金融科技技术防范能力，提升金融机构在风险识别、风险预警和风险处置等环节的能力，加强网络安全风险管控和金融信息保护，做好新技术应用风险防范
3	《个人金融信息保护技术规范》	重视科技信息风险，即技术风险。银行在新的科技技术应用与项目建设过程中，应具有充分掌握、了解该技术的人才队伍和科技信息安全防范的人才队伍。在项目风险管理中重视该类风险因素，制定合理的应对策略	风控平台提供的涉及个人客户信息的应用程序和软件开发工具包应符合相应的安全技术要求，严格按照规范设计系统的身份认证、密码密钥和功能模块，确保功能和数据安全
4	《中国人民银行关于进一步加强银行卡风险管理的通知》(银发〔2016〕170 号)	银行需要增强银行卡风险的防范体系，从技防、人防和流程制度上保障银行卡业务的安全	风控平台通过支付标记化技术的全面应用，建立健全银行卡风险监控模型和系统，增强银行支付敏感信息及银行卡的安全防护能力和内部控制管理水平，切实防范磁条卡和支付敏感信息相关的买卖、伪卡、盗刷等交易欺诈风险

（续）

序号	政策文件名	对商业银行数字化转型的要求概括	对风控平台建设的合规要求和解读
5	《中华人民共和国网络安全法》	加强对个人信息的安全保护，特别是在个人信息采集方面，须合法合规且征得被收集者的同意，银行应增强自身安全风险防范和网络安全保护，通过金融科技手段提升技防能力	风控平台定期检测和评估企业网络的安全性和可能存在的风险，要切实地评估风险和安全隐患，加强公民个人信息和业务数据的安全保护，打击网络犯罪，防范风险，保障网络安全
6	《关于开展支付安全风险专项排查工作的通知》（银发〔2018〕146号）	对银行App的安全提出更高要求，在业务拓展、产品创新时必须制定有效的事前、事中、事后风险控制机制和措施	全面检测与排查金融机构在支付领域的移动客户端应用软件及应用接口所存在的网络安全风险和信息安全风险，建立健全事前、事中风险防控机制，持续优化风控模型

5.1.3 风控平台建设的同业实践

近年来，金融科技的蓬勃发展推动风控平台建设取得了明显的成果，而风控平台建设的实践是先于理论研究的，业界还未形成专门的建设风控平台的方法和理论研究。因此，商业银行风控平台建设路径不仅需要基于监管政策要求，还需要借鉴同业的建设成果，汲取先进的经验和典型做法，推进风控平台建设合规化、前沿化。我们调研了7家银行，其中有国有银行、股份制银行和民营银行，每家银行都结合自身实际情况和原有优势开展风控平台建设，将系统化工作渐次展开，表现突出。

1. 国有银行风控平台建设实践

从对国有银行的调研结果看，中国建设银行依托"新一代"核心决策引擎，打通全行不同渠道、不同部门数据的壁垒，实现对小微企业和企业主信息的系统整合。同时广泛联通税务、工商等外部公共信息，以大数据手段精准分析小微企业生产经营和信用状况，围绕小微企业实际需要创新定制系列产品，形成分类分层的产品体系，创新"小微快贷"，实现自动化审批，构建"一分钟"融资、"一站式"服务、"一价式"收费的信贷模式，从而大幅提高服务效率，降低综合成本。

中国工商银行运用先进的大数据和信息化技术，紧密契合互联网时代金融同业及企业客户线上风险防控需求，于2015年自主研发投产了银行业首款风险信息服务平台——工银融安e信。按照中国工商银行行内业务风控需要和风险数据市场服务需要，工银融安e信陆续推出了风险、情报、关联、舆情、系数、报告、动态监控、监管处罚、集采风控等产品线，并根据不同服务对象开发了集团版、客户版、公益版3个服务版本。工银融安e信对内服务了中国工商银行数十万员工，对外服务了上百家同业、上万家企业，为工行赋能，为同业赋能，为社会赋能，为中国工商银行实现了风控效益、经济效益和社会效益的多赢。

2. 股份制银行风控平台建设实践

从对股份制银行的调研结果看，招商银行智慧风控生态体系以"天秤"风控平台为核心，将风险感知、实时决策、风险调查和问题处置等平台有机整合，实现覆盖可疑账户"事前感知—事中侦测—事后处置"的全生命周期闭环管理。"天秤"风控平台是招商银行为应对大数据、云计算时代下各类新型网络风险问题打造的实时风控平台。该平台综合运用了大数据、机器学习、实时流计算、内存计算、知识图谱、生物识别等大量金融科技技术，基于海量客户、账户、行为、设备等多维大数据和可信体系，实现了高并发下超千个线上风险变量的实时计算，并提供毫秒级风险决策。

平安银行信用卡全面升级智慧风控能力，依托行业领先的 Smart 智慧风控经营平台、业内首创的 Leo 实时交易决策引擎，以及行业首创的智能反电诈机器人三大系统，实现风险管理模式前置，将风险管理从事后推向事前、事中，同时还可预判客户所需，实时满足客户对金融产品、服务的需求，提供金融产品推荐、安全支付、信用卡欺诈防范等一系列服务。

兴业银行信用卡中心基于大数据技术，依托具备自我识别与学习能力的反欺诈技术，将移动互联、大数据、人工智能等新技术与欺诈风险防范更好地结合，提升欺诈风险的侦测能力及处理效率，实现对欺诈风险的自动化、智能化、精确化的管理，形成运转流畅的反欺诈系统。该系统主要包括规则决策系统、自学习系统、模型实时预估服务和机器学习模型训练组件。

华夏银行智能风控平台通过外部引智和借鉴业内先进经验，克服了架构、技术、数据、应用等多方面的困难，历时一年多，分两批投产上线，具备了客户风险画像、风控建模、智能风险分析等功能。第一批于 2019 年 3 月投产，完成了行内多个数据源重要风险数据的整合，并引入工商数据与行内客户数据融合；第二批于 2019 年 10 月投产，形成了"天机星"企业客户风险画像系统和"天算星"风控建模系统两大核心功能。

3. 民营银行风控平台建设实践

从对民营银行的调研结果看，重庆富民银行"F.A.R 远鉴"智能风控平台是一套具备全流程的智能风控系统，沉淀了 23 000 多个客户指标、300 多个风控模型，已实现小微企业信贷业务线上审批，自动化审批率达 99% 以上，审批时长最快仅 3 秒。2020—2022 年，富民银行强化线上风控模型和人工智能算法，对本地小微企业优化建模，实现精准客户画像，快速发现目标客群并满足其金融需求，实现了线上线下全场景、全渠道、全流程的联防联控，促进业界交流与学习，并加速推动智能信贷的数字化转型进程。2023 年 6 月，"F.A.R 远鉴"智能风控平台被中国人民银行重庆营业管理部评选为金融数据综合应用试点优秀实践项目。2023 年 7 月，"F.A.R 远鉴"智能风控平台荣获 2023 卓越数字金融大赛"数字风控银奖"。

通过上述同业银行建设成果可以发现，商业银行智能风控平台建设的核心组件由风控系统和决策引擎两部分组成，它们的建设和投入应用将颠覆银行业风控运营模式。将广泛和深入的风控专家经验融入风控系统中，并将海量的内外部风险数据、指标、模型部署在决策引擎中进行智能决策，实质性转变银行风控运营模式。风控平台架构如图 5-1 所示。

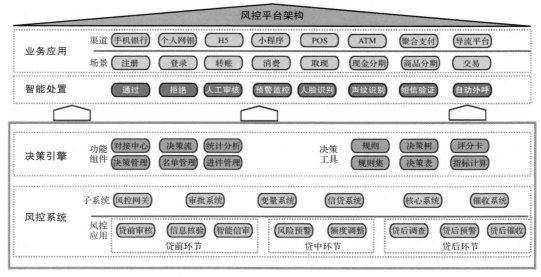

图 5-1　风控平台架构

风控系统和决策引擎相互协作又各自分工。风控系统将各类大数据、人工智能、生物识别、风险智能验证等科技手段充分应用，打破传统、陈旧的技术架构。决策引擎发挥科学决策作用，并在贷前客户准入、贷中风险评级、贷后风险预警和逾期催收等全信贷周期风险管理流程中进行科技赋能，帮助商业银行主动发现高风险客户，为不同的客户匹配与其风险级别相对应的额度和利率，实时发现客户的异常行为并及时预警。风控系统和决策引擎相辅相成，缺一不可，共同促进风控平台自我完善，提升金融科技的应用广度和深度，帮助银行智能决策，有效降低不良率，改善金融机构资产质量。

5.1.4　风控平台的设计原则

在风控平台建设过程中，对建设路径进行科学合理的设计是保障实现与业务发展目标相适应的关键。商业银行以风控平台的设计原则作为指导方针，在开发与实现的过程中尽量减小与实际业务需求的偏差，更好地支撑业务的发展。基于商业银行信贷业务的特性，风控平台建设需遵守以下设计原则。

1. 可靠性设计

商业银行每天都要处理大量金融业务，风控平台要确保每一笔业务在前后端数据传输过程中的准确性和完整性。对于异常业务数据，要设置相应的退出或回滚的处理机制，确保各类系统故障发生时能对数据进行恢复处理。通过日终数据批处理过程中发生错误和异常时的回滚机制，可以定义和监控回滚的执行。

2. 灵活性设计

为了满足风控场景的需求，风控平台对业务模块进行了单独拆分，并面向场景定制了相应的风控能力。这种设计使系统能够随着业务的快速发展而实现资源的横向扩展，从而更好地应对不断变化的风险环境。此外，风控平台还具有可配置的规则和流程条件参数，不需要依赖研发团队进行修改。这大大提高了系统的灵活性和可定制性，使用户可以根据自身需求进行快速调整和优化，以满足不同业务场景的风控需求。

在与外部系统对接方面，风控平台的设计要支持快速对接第三方获客渠道、第三方征信数据以及其他认证方等，以应对互联网带来的扩展需要。所有规则和流程的条件参数都可以进行配置，不需要研发人员进行修改。

3. 规范性设计

风控平台的设计要求风控系统管理的规范性，同时也要能够与其他信息系统进行有效连接和集成。所以风控平台的设计必须符合商业银行内部信息系统的统一设计标准，从系统本身的架构设计和对外提供服务接口的设计两个方面进行规范。

4. 安全性设计

在数据层，首先对密码、能识别客户关键信息的字段，如姓名、银行卡号、身份证号码、手机号码、放款金额等字段进行加密和脱敏存放。对在不同设备间以及系统前后端调用中传输的数据也采用加密的方式进行传输。

在应用层，对业务数据按照银行机构的总分支、机构内部的部门层级以及同一层级内不同用户的权限进行控制。

在安全稽核层，系统提供安全审计管理日志功能，对安全设置的调整等活动进行记录，该部分日志数据不能修改和删除。

在性能层，面对庞大的数据量级，数据的处理要求是秒级别，同时不能产生数据堆积的情况。

5.2 风控系统建设方案

商业银行的风险控制体系一般包括贷款审批、贷款定价、贷后管理等几个部分。在这个过程中，信贷业务风险管理是核心，而风控系统作为一个有效的风险控制手段，在整个风控平台中占有重要地位。

风控系统建设的目标是降低商业银行外部风险和内部操作风险，基于大数据技术的实时决策和对风险的深度分析，建立一套能够高效处理各类风险管理工作任务的信息管理系统，使风险控制人员可以根据风险管理的需要，快速、有效地处理信贷业务中遇到的各种风险问题，并获取收益。

5.2.1 风控系统架构建设

系统即若干部分相互联系、相互作用，形成的具有某些功能的整体。中国著名学者钱学森认为，系统是由相互作用、相互依赖的若干组成部分结合而成的，具有特定功能的有机整体，而且这个有机整体又是它所属的更大系统的组成部分。

计算机系统是指用于数据库管理的计算机软硬件及网络系统，需要大容量的主存来存放和运行操作系统、数据库管理系统、应用程序以及数据库、目录、系统缓冲区等，而辅存则需要大容量的直接存取设备。此外，计算机系统应具有较强的网络功能。

风控系统有两个特征：其一，它是计算机系统，包含软件、硬件、数据；其二，它服务于风控业务，在风控领域使用。从数据处理时效上看，风控系统分为在线系统和离线系统。在线系统需要实时处理信贷业务，并产生真实的业务结果。离线系统则不产生真实的业务结果，只用于分析、展示，如 BI（Business Intelligence，商业智能）系统、建模平台。从组成部分上看，风控系统由模块和组件构成。模块从逻辑上将系统分解，即分而治之，将复杂问题简单化。模块的粒度可大可小，可以是子系统、某个服务能力、函数、模型、功能块。组件则包括应用服务、数据库、网络、物理机，也包括技术组件，如 MQ（Message Queue，消息队列）、容器、Nginx。

在搭建风控系统前，需要确定风控系统架构。架构是指经过系统性地思考，为系统划分了明确的边界，深刻影响系统产品应用、功能组织、代码开发、部署运维等各方面，权衡利弊之后在现有资源约束下的最合理决策。完善成熟的系统架构包括子系统、模块、组件以及它们之间的协作关系、约束规范及指导原则。这个架构可以指导团队成员在思想层面上保持一致，确保风控系统的建设由业务需求驱动。以架构设计为指引，全局把控，选择合适的技术，解决关键问题，确保风控系统的成功建设和高效运行。

风控系统架构按照应用，可划分为数据层、分析层、系统层、应用层，如图 5-2 所示，四层在逻辑上循序渐进，在业务上环环相扣，共同构成了风控系统。

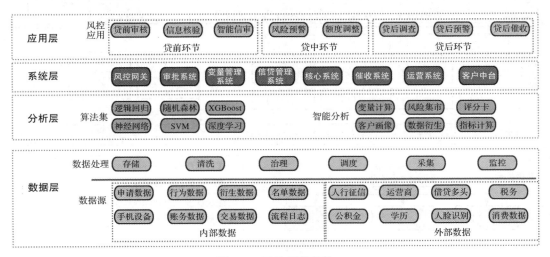

图 5-2　风控系统架构

1. 数据层

数据层是大数据在银行信贷业务上的直接体现，是大数据分析处理的基础，也是大数据信贷审批流程优化设计的前提。数据层主要负责从海量数据中搜集和整理有效

信息，主要对应的是内部和外部数据，每个部分均对应相应的服务级别和权限，实现
数据接入和存储。在银行实际信贷业务中，数据是分布在不同的数据库里的，如果风
控系统想要高效地利用数据，那么首先需要在数据层上融合全量业务的数据，然后进
行数据抽取、清洗、预处理等操作。

数据层通过数据平台提供的实时计算、离线计算、流式计算和批量计算进行数
据处理，并接入了多个系统的业务数据，其中包括大量的非结构化数据。通过对数
据的多样性、依赖性、不稳定性进行处理，最终输出完整的、一致的风控指标数据，
并通过数据接口提供给算法引擎层调用。

这一层最关键的作用是基于数据库的技术架构和数据架构，并结合风控体系业
务功能需求，建立数据治理体系，实现数据采集、数据校验、数据清洗、数据存储、
标准输出、数据监控的闭环管理，支持多种不同类型的任务和临时查询，保证数据
规范存储和顺畅流转，满足 SQL 查询、自定义函数、机器学习、深度学习、外部功
能调用等不同场景的开发需求。图 5-3 展示了风控系统数据层的工作原理和逻辑。

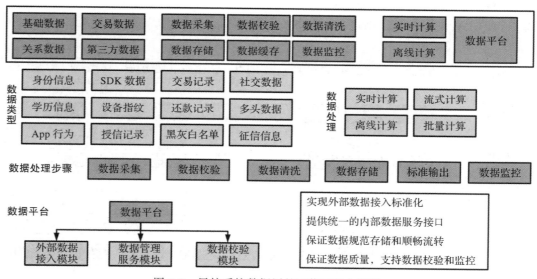

图 5-3　风控系统数据层的工作原理和逻辑

2. 分析层

分析层集合了各种数据挖掘算法，在系统内被分门别类地封装成各种常用的分
类、聚类、关联、推荐等算法集，是数据分析师工作的主要平台。数据分析师通过
分析服务层提供的各项算法能力，开展信贷数据挖掘全流程的工作，最终产出风控

模型和识别规则。图 5-4 展示了分析层的工作原理和逻辑。

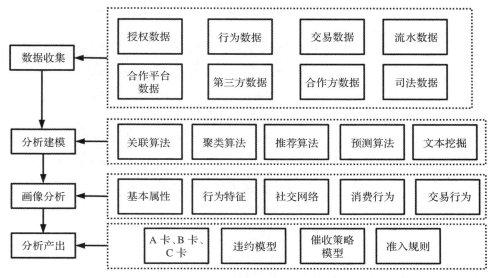

图 5-4　风控系统分析层的工作原理和逻辑

风控系统底层业务数据表较多，可能有几十张甚至上百张。分析层通过数据关联，把多张表连接起来，形成模型并进行数据分析。例如数据层提供信贷业务数据表，如表 5-3 所示，分析层根据共有主键 id，将各表连接起来形成大宽表，将信贷生命周期各类数据进行串联，供数据分析师在建模和制定策略时使用，如图 5-5 所示。

表 5-3　信贷业务数据表

序号	表名	存储内容
1	客户信息表	存储客户的相关信息，例如客户编号、客户名称、电话、客户年龄、客户地址等
2	贷款申请表	存储客户的授信申请记录，包括申请编号、申请金额、审批通过金额、审批通过利率等
3	贷款产品表	存储行内贷款申请编号、产品编号、产品额度、利率、额度有效期等信息
4	审批信息	存储申请编号、审批编号、借据号、审批路径、数据源调用、审批结果规则等
5	流程信息	存储申请编号、流程编号、业务类型、调用应用名、流程耗时等

3. 系统层

系统层是风控系统的关键组成部分，由多个服务风控审批业务的子系统和模块构成，发挥信息技术在集中管理、防范风险、规范流程、提高效率方面的作用，从而更好地支撑信贷业务的发展。根据系统职能，风控子系统分为信贷管理系统、风控网关、审批系统、变量管理系统、核心系统、催收系统等。风控平台系统层各模块的工作原理和逻辑如图 5-6 所示。

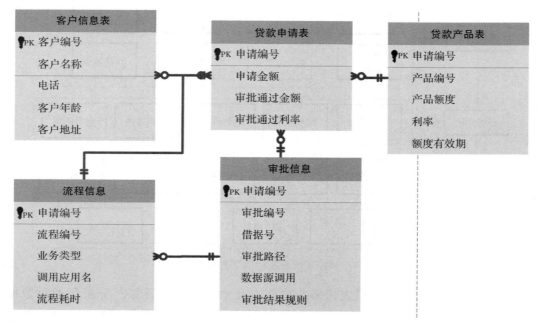

图 5-5　贷款审批信息关联

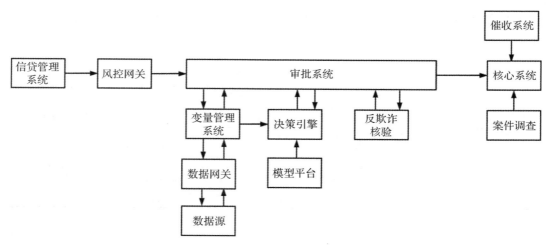

图 5-6　风控平台系统层各模块的工作原理和逻辑

（1）系统对接：风控网关

风控网关模块是风控系统直接对接业务的服务。负责接收用户请求、串联风控系统的其他子模块等工作。针对风控系统中的各大子模块，风控网关是业务耦合程度最高的一块，需要有接收外部业务方请求、协同其余子模块处理业务方业务、返回给业务方分控结果、异步下发数据中心数据等功能。

（2）授信管理：审批系统

审批系统有以下 3 个职能。

❑ 收集从风控网关传来的数据，例如申请表信息、历史数据、征信数据、埋点数据等。

❑ 对收集的数据进行封装，传送至决策引擎和其他子系统。

❑ 接收决策引擎的决策结果，通知核心系统开立合同和将审批结果同步给客户端。

在信贷工作流中，审批系统把信贷审批工作中所有相关组件串联起来，控制整个审批流，根据不同的路径决定各个节点需要完成的审批任务。

（3）风险计算：变量管理系统

变量管理系统负责接收审批系统的变量配置，预编译对应的变量逻辑之后提供实时的变量计算服务，进而形成定制化的风控数据产品，通过审批系统反馈给下游系统，如决策引擎、反欺诈调查系统。其主要功能如下。

❑ 预处理，对输入报文格式进行清洗预处理，降低计算过程中的异常风险，包括检查、异常返回、数据源分类计算、变量加载等。

❑ 报告解析，对不同的输入报文格式进行统一化格式解析，解析成系统可使用的标准报文格式。

❑ 计算引擎，执行平台的核心模块，负责将清洗解析后的原始报告数据按照管理平台配置的变量逻辑进行同步并行计算，得到最终的变量结果。

❑ 底层数据，对平台上的变量计算结果进行结构化存储，以及对监控日志、计算过程、错误信息等其他一些通用数据进行存储和管理。

（4）业务管理：信贷管理系统

信贷管理系统负责信贷业务的运营和管理，常见的业务功能如下。

❑ 客户管理，包括个人客户和企业客户管理，线上贷款客户来源均是线上注册。客户管理功能可查看个人 / 企业客户的详细信息。

❑ 产品管理，对贷款产品进行配置管理，主要配置参数有基础配置、合作方配置、担保方式、还款方式、额度、利率等。

❑ 额度管理，包括额度查询、额度调整、额度冻结、额度解冻、额度占用等操作，贷中管理过程中常用贷中预警来进行额度管理。

❑ 合同管理，对客户签署的额度合同或支用协议进行管理，通常信贷系统记录额度编号/授信协议号，电子合同文本则存储于文件服务器中，通过信贷系统可访问具体的地址进行合同预览。

❑ 用信管理，客户支用款项的明细查询功能，详细地记录客户的每次支取数据。借据管理过程中借据可以是一次提款下一个借据，也可以是一个循环额度下一笔借据。借据管理主要是对客户借据信息的查看。

❑ 合作方管理，对资产、资金方的合作管理，包括合作模式、分润模式、机构信息管理、账户管理、代偿管理、协议管理等。

（5）账务管理：核心系统

在信贷业务开展的过程中，账务管理是基础能力。核心系统的主要职责是对贷款账户核算的管理，具体功能如下。

❑ 账户管理，包括客户账、内部账、合作机构账户、科目管理和对账服务。

❑ 账务处理，包括贷款账户正常计息、利息计提、结息处理、转逾期、转减值、风险计提。

❑ 贷款变更，包括贷款的展期/缩期、核销、核销收回、利率变更、本息调整、还款日变更、账单分期、延期还款。

❑ 资金交易，包括贷款发放、正常还款、提前还款、逾期还款、自动扣款、息费收付。

（6）贷后管理：催收系统

催收系统整合了案件监控、电话催收、协助催收、外访等催收流程，并提供案件催收管理与分析功能，在电催效率、案件回收、批次分析等方面提供了丰富的管理和分析性报表工具以资决策，加强了催收管理能力，提升了催收效率。具体功能如下。

❑ 案件管理，包括导入银行案件、创建和导入案件批次、批量导入更新案件、按批次导出案件、按批次导出案件催收报告、根据银行等条件查询案件批次、按批次进行批量退案、智能批量分派案件至催收员、暂停案件、关闭案件、退案操作、恢复案件、编辑案件信息、批量添加催收评语、批量修改案件催收状态、删除案件、批量导出案件催收记录、批量生成银行催收报告、按照条件查询案件、根据批次快速分析案件催收情况等。

❑ 电催管理，包括催收员个人催收状况统计、当前催收案件统计、根据条件查

询自己催收的案件、批量修改案件催收状态、导出案件、添加案件警告、添
加联系电话、更新联系电话有效状态等。

❏ 协催管理，包括查看待银行对账的还款信息、根据银行账单登入还款记录、批量
导出还款记录、根据月度等条件查询还款记录、没有申请对账直接进行登账等。

4. 应用层

应用层主要完成风控的应用场景管理。业务平台有多个不同的场景，提供了多
个功能模块，如图 5-7 所示。场景不一样，相应的风险应对措施也不一样。通过应用
层，风控平台可以实现多源数据融合、申请准入分析、反欺诈识别、申请评分、额
度测算、利率计算、贷后监测等全线上、自动化风险决策场景。根据信贷生命周期，
应用层同样划分为贷前、贷中、贷后 3 个环节。

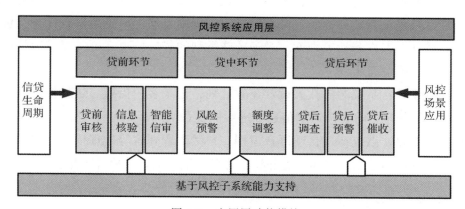

图 5-7　应用层功能模块

贷前应用的功能模块如下。

❏ 贷前审核，基于客户基本信息和交易行为信息，结合外部工商、司法、征信等
数据，从风险维度对各类数据进行梳理、加工、穿透、组合，进而建立客户风
险标签和画像，形成客户风险视图，根据还款能力和还款意愿进行定额定价。

❏ 信息核验，借助各项风控技术精准识别申贷人填写的基本信息的格式和真实
性，在发现异常时及时预警。例如借助人脸识别、活体检测、声纹识别，确
认信贷申请实际操作人与信贷资料上显示的是否一致。

❏ 智能信审，基于不同场景的信贷业务进行审核。例如：纯线上业务，即不需
要经过人工复核，智能信审全通过决策引擎完成；混合型业务，即根据申请
人的信用状况及申请金额等条件来判断，智能信审经由决策引擎审批后判断

是否需要人工复核；线下业务，即在业务申请经过决策引擎审批后，智能信审判断必须经过人工复核才能通过或被否决。

贷中应用的功能模块如下。

❑ 风险预警，系统对放贷后借款人的风险变化趋势进行周期性监测，实现对贷中客群全面而精细的风险管理，并通过客户分层、触发机制、调整对象、贷中策略实现贷中客户精准预警。

❑ 额度调整，系统对借款人的资产状况、资金需求和行为习惯等进行周期性评估，调整借款人的费率、期限、额度，实现实时交易监控、资金路径关联分析和动态风险预警。

贷后应用的功能模块如下。

❑ 贷后调查，系统根据授信方案确定的贷后风险控制策略（周期和频度）进行贷后跟踪检查任务提示，可设置一定的规则自动生成贷后检查任务，包括业务品种、客户分类等维度。对于特殊类别的贷后风险，可转至贷后管理岗人工进行风险确认。

❑ 贷后预警，系统对借款人设置还款计划，记录客户借款、还款信息，每天凌晨进行处理，将客户逾期信息推送给催收系统。

❑ 贷后催收，系统运用自动语音识别、自然语音理解等处理模型和技术实现语义的分析和挖掘，完成智能外呼、智能分案、语音质检等工作。

5.2.2　风控系统流程建设

商业银行信贷业务是典型的经营风险业务，80%的风险控制需要在审批业务中完成，而风控业务流程也是风控系统需求最多的环节。如何在繁重、复杂的业务流程中快速、高效、精准地完成审批，将风险降到最小，将效率提升到最高，是风控系统首要解决的问题。

风控平台的系统特点就是支撑整个信贷流程智能审批，快速高效命中风险、提升审批效率及准确度。风控平台重视系统流程建设，利用大数据及人工智能分析技术，提供标准化、流程化审批，实现了审批节点灵活跳转、自由组合，多角色任务分配，贷前进件，订单审批等全流程自动化跟进分析。

内部风控核验，外部大数据征信、授信评级、风险决策、放款审查，以及黑名单、反欺诈鉴别等均可呈现数据信息，实现无纸化存储，高效捕捉风险。根据商业银行信贷特点，在贷前阶段，风控系统提供准入、反欺诈等强核身措施，基于模型和策略对授信通过客户自动给予额度、定价策略。在贷中阶段，风控系统对存量客户进行经营和管理，包括提供额度管理、账户冻结和解冻、续授信、调额调价、交叉销售等功能。在贷后阶段，风控系统主要监控客户的还款行为，对高风险客户提前入催。对已经逾期的客户，风控系统在不同逾期阶段提供不同的贷后管理能力，以提高回款率。风控系统审批流程如图 5-8 所示。

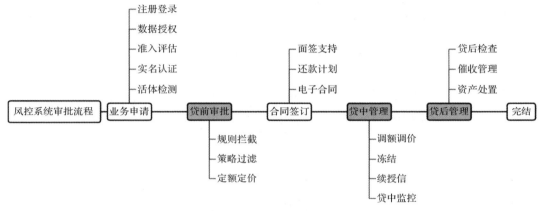

图 5-8　风控系统审批流程

1. 业务申请

借款人通过手机银行、小程序或第三方助贷渠道自助申请贷款，风控系统借助行内和第三方数据，支持对借款人填写姓名、身份证、手机号、银行卡等有效信息的准入评估、反欺诈、活体检测、实名认证等认证和审核，作为对借款人的初步风险审核。对于极少数较难识别的借款申请，风控系统将进件转为后台进行人工复核。

2. 贷前审批

风控系统可根据业务类型灵活设置审批流程，实现多维度审核信息，根据部署在决策引擎中的策略规则对借款申请人进行信用风险综合评估。决策引擎调用借款申请人的各项特征，例如信用情况、工作情况、家庭情况、收入负债情况等信息，进行综合评估以确定授信额度和风险定价。

风控系统输出的审核结果一般分三类：通过、拒绝、转信审专家。

对于通过状态的信贷申请，进入合同签订阶段。

对于拒绝状态的信贷申请，信贷业务结束，风控系统将审批结果同步给借款人。

对于转信审专家的信贷申请，风控系统提供人工审核能力，供信贷专家审慎研究复核。经复核通过的业务进入合同签订阶段，如人工复核未通过，流程结束。

图 5-9 展示了风控系统在贷前审批流程各个模块的分工、协作和业务支持。

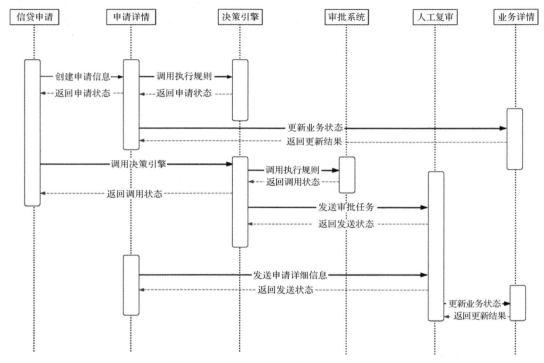

图 5-9　风控系统贷前审批流程时序图

3. 合同签订

审批通过的申请即可进入合同签订环节。风控系统首先调用前端人脸识别和活体检测，对借款人进行远程面审。面审通过后，将借款人申请推送至银行核心系统。待借款人签署合同后，银行核心系统自动发送放款指令，生成电子合同、还款计划表。

4. 贷中管理

借款人获取贷款后，在商业银行已经产生了交易行为，或正常履约或违约到期。商业银行针对借款人的风险变化和价值贡献对其进行评估，预测借款人未来逾期的概率，同时开展调额调价、额度冻结和解冻，以及对客户信用进行监控等贷中管理操作。风控系统提供贷中清退系统、续授信系统、贷中额度管理系统、统一分析查询平台、个性化数据分析工具、贷中额度冻结系统等，支持贷中任务处理、执行策略，判断客户资质后进行风险处置。风控系统贷中业务流程如图 5-10 所示。

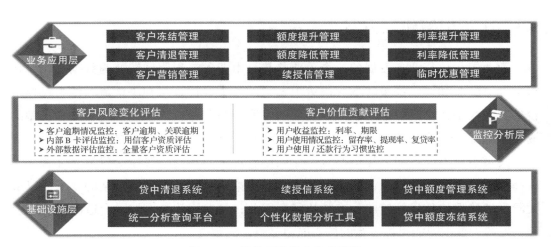

图 5-10　风控系统贷中业务流程

5. 贷后管理

由于信贷风险防控需要贯穿信贷业务的整个生命周期，因此在贷款发放完成后，风控系统需要记录贷款发放和贷款收回的明细信息。同时还要预警还款异常或客户其他的异常情况，如多平台借贷等行为。对于进入还款的借据，风控系统需按期批量扣收，待扣收成功确认后更新还款计划。对于扣收失败或未结清的信贷业务，风控系统需要加强贷后监控和预警。

监控由风控系统根据预设的策略定期处理，对于存在风险和损失的借据，转到催收平台，由贷后管理人员进行人工跟进处理。风控系统贷后业务流程如图 5-11 所示。

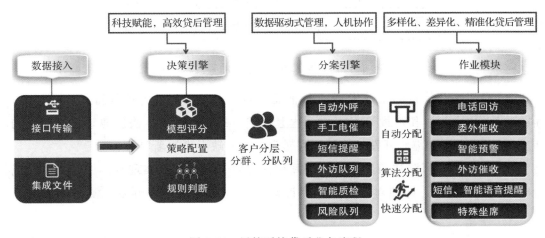

图 5-11　风控系统贷后业务流程

5.3 决策引擎建设方案

商业银行信贷业务发展的一个重要趋势是由业务流程驱动转变为数据驱动，将审批专家经验和线下决策转变为决策引擎中的各类风控策略和决策流。作为风控平台的智慧大脑，决策引擎承载风控业务的专家经验和分析成果，基于变量和模型的输入编排复杂的风控策略，通过严密的决策流逻辑运算最终输出决策结果。

决策引擎不仅赋能风控策略全生命周期管理，而且支持快速迭代策略部署，实现高效能的规则管理、灵活的流程配置，对决策的耗时与精度有严格的要求，以最大限度地确保信贷风控策略的有效执行。因此，打造一款与风控平台适配的决策引擎，发挥大数据智能风控决策的核心能力显得尤为重要。

5.3.1 决策引擎的内涵

传统的风控策略主要内嵌在后台代码中，直接用硬编码的方式实现数据获取、规则定义、风险判断。这种方式可以在规则较少、变动不频繁时实现高效开发，且稳定性良好，不会出现语法级别错误。图 5-12 是通过年龄对退休和在职进行判断的硬代码规则。此规则有明显的硬编码问题，规则调整涉及开发、测试、上线等流程，调整周期长，且规则逻辑在代码中维护，难以传承，容易造成实际生产和预想的情况有差异，当有大量规则或决策场景接入时，工作量巨大且难以维护。

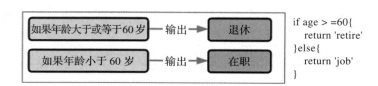

图 5-12 判断退休和在职条件的硬代码规则

随着互联网信贷的快速发展，商业银行的进件审批规模可达到每天几百万笔，风控核心的反欺诈和审批策略规则可达上千条，并需要频繁、快速地修改迭代以响应市场变化，用硬编码开发的策略规则暴露出来的缺点也逐渐显著。

❑ **成本高**，风险决策的迭代和更新往往需要开发代码来实现具体的信贷风控规则和策略，即使对规则的少量改动也需要重新走一遍开发、测试、部署全流程。

❑ **维护难**，开发和维护门槛高，风控业务分析人员无法自主完成开发，当规则变更需求产生时需要由开发人员介入完成，而开发人员缺乏对业务的深刻理解，容易导致策略规则部署有误。

❑ **上线慢**，一般商业银行的规则策略需要与系统功能一起排期等待开发，由于受上线窗口限制，策略发布时间较长。

❑ **管理难**，贷前、贷中、贷后的策略规则均分散在各个业务系统，缺乏有效、统一的管理。

为了弥补传统策略开发的诸多不足，业务受理数量大、决策时效高、数据模型算力强的决策引擎随之出现。简单来说，决策引擎就是一个输入、输出数据变量的规则管理平台，如图 5-13 所示。

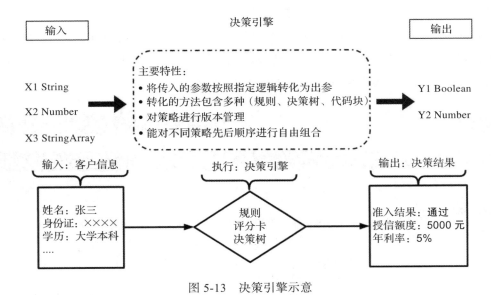

图 5-13　决策引擎示意

作为风控平台的重要组成部分，决策引擎负责信贷业务的整个生命周期中所有决策类规则的执行和执行结果的反馈，具体实现的功能如下。

❑ 将业务决策从应用程序代码中分离、使用预定义的语义模块编写业务决策、接收数据输入、解释业务规则、根据业务决策呈现业务规则等。

❑ 通过规则模块，可以动态修改业务规则，从而快速响应需求变更以降低复杂业务逻辑的实现难度，以及应用程序的维护和扩展成本。

❑ 规则转化的方法有多种，例如规则、决策表、决策树、代码块，可以快速响应需求变更。

图 5-14 是"通过年龄判断是否退休"规则在决策引擎中的配置。

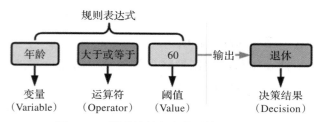

图 5-14　规则判断在决策引擎中的配置

5.3.2　决策引擎的功能架构

决策引擎作为风控平台的中心和大脑，集成规则管理、模型管理、决策流管理和名单管理四大功能，打通统计分析、进件管理的应用效果，建立决策的设计、发布、协同、管理与监控机制和手段，并将服务接口提供给信贷周期的各个阶段业务应用，包括贷前审核、贷中审批、贷后监控的实时或异步调用，灵活完成风险处置活动，形成闭环。决策引擎功能架构如图 5-15 所示。

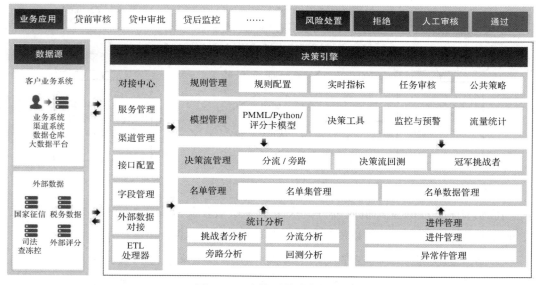

图 5-15　决策引擎功能架构

从功能上讲，决策引擎由对接中心、规则管理、模型管理、决策流管理、名单管理、统计分析、进件管理七大功能模块组成，可以实现规则、评分卡、模型等多种类型决策组件的嵌套编排，实现层次丰富、流程复杂的决策处理。

❑ 对接中心：不仅需要处理业务系统自有的数据，还需要借助大量的第三方数据，包括国家征信、税务数据和司法查冻控和外部评分等。对于大量外部数据的接入、初始管理、衍生字段的加工、调用量的监控统计等都需要包含在引擎的设计中。其中，对接入数据的管理还应区分为实时数据的接入管理和离线数据的接入管理。区分两类数据在规则和模型中的使用和调用方式将决定风控模型的准确性和运行成本。

❑ 规则管理：针对基于信贷业务和客户数据特征构建的规则和模型，风险业务人员可以根据政策、制度、贷后表现修改相应的阈值、实时指标进行灵活定义，调整风控策略、评分卡模型和决策工具，不依赖技术人员的开发、调试、部署等多环节工作的配合，快速响应业务需求。

❑ 模型管理：模型管理涉及从训练、部署、监控、维护到文档化的全流程。借助决策引擎，风险业务人员训练出风险识别和预测模型，根据业务需求进行用户分级，制定风险控制策略。将训练好的模型与业务流程集成，实现自动化风险控制。实时监控和维护模型，确保准确性和可靠性，并定期更新和优化以适应业务变化。

❑ 决策流管理：支持决策分流、回测和冠军挑战者。使规则和策略的应用灵活贯穿于整个互联网信贷流程与业务处理流程中，在不同的业务阶段提示相应的风险并作出对应的决策。

❑ 名单管理：针对黑、白、灰名单集进行管理，支持名单数据的采集和输出，便于对名单客户的审批。

❑ 统计分析：策略执行输出相应的决策结果后，通过挑战者分析、分流分析、旁路分析和回测分析对比评估不同决策效果，为模型优化迭代提供输入，可视化决策管理流程和结果评价。

❑ 进件管理：统一进件数据格式，并基于风控场景整合进件关联数据，从单系统逐步向多系统整合，持续连通内部数据孤岛，实现进件数据完整有效。

5.3.3　决策引擎的主要优势和应用

决策引擎不需要风控人员具有较强的编程能力，它与传统的风险管理工具相比具有较多的优势。

❑ 提高风控审批的自动化和标准化。传统的风险管理掺杂较多的主观因素，也较难有统一的审批标准。通过大数据制定审批策略，由决策引擎针对不同风险分层客户执行不同的审批策略，在贷款不同环节触发不同的审批流程，实现贷款的全流程自动化管理。

- ❑ 实现信贷业务的快速审批。风控平台借助风控系统将调用的数据传入决策引擎，快速实现相应的规则判断，提升了客户体验，缩短了审批时长。
- ❑ 实现政策运营及配置灵活化。通过决策树、决策表、评分卡、规则集等决策组件，支持业务人员快速配置业务规则、实现规则的路径匹配以及计算。
- ❑ 拓宽业务场景。通过决策引擎，可以实现反欺诈防控、授信审批、信用评级、贷中预警、贷后管理等各类场景风控。同时，决策引擎在跨节点、跨条线的管理方面也起到了重要作用。

决策引擎支持多阶段调用的特性，在信贷各个周期以及各个风控环节，都有具体的应用，并与前端页面进行节点式交互，实现"千人千面"式的智能化审批。通过决策引擎，可以真正实现全方位、宽维度和多层次的审批应用。表 5-4 展示了决策引擎在风控环节的应用。

表 5-4　决策引擎在风控环节的应用

决策引擎的应用			
序号	信贷周期	风控环节	具体应用内容
1	贷前	反欺诈判断	利用设备反欺诈数据及规则集对申请的设备进行欺诈识别，过滤掉有高欺诈风险的客户
2	贷前	反欺诈判断	利用反欺诈模型对申请人进行欺诈识别，判断申请人是否为本人，并识别欺诈意图
3	贷前	信用评估	通过多种不同维度对客户的信用风险进行全面评估，判断客户的还款能力、还款意愿和稳定性
4	贷前	信用评估	根据客户提供信息的不同，利用授信额度模型，对经过反欺诈和信用评估的客户进行预授信额度、期限的设定，利用利率定价模型对申请客户的利率进行设定
5	贷中	贷中预警	对存量用户进行信用再评估，通过在决策引擎部署对应规则，预判客户的还款能力和还款意愿的变化，再由引擎发出指令，采取相应干预措施，以阻止信贷资产的风险恶化，其主要环节包括额度调整、风险预警等
6	贷后	贷后管理	针对不同类型逾期客户，在基于历史数据分析的基础上，通过引擎的判断将不同客户归属到不同的催收队列，同时调动行内的统一催收运营平台，对不同队列采取不同的催收方式，达到精准、高效催收的目的
7	贷后	贷后管理	对贷款客户行为进行监控预警管理，贷后利用大数据科技手段充分挖掘逾期客户个人资产价值，通过早期催收模型、晚期催收模型识别个人信贷客户潜在风险与价值

5.3.4　决策引擎的核心组件

根据信贷业务的风险特点，决策引擎的核心组件由决策流和规则构建，模拟人的决策过程，将决策过程中的工作流程与决策相融合，通过页面化配置实现整个决策流的配置，而不用开发定制化代码。下面了解决策引擎的核心组件，掌握决策引擎的业务使用场景和应用。

1. 决策流

前文提到，规则和策略的应用贯穿在整个互联网信贷流程与业务处理流程中，在不同的业务阶段提示相应的风险并作出对应的决策。决策引擎提供的决策流类似一个管道、运输系统，连通整个风控流程，覆盖所有的规则和评分卡以及流程，分配到每一个环节，将结果返回给决策引擎，走入下一个流程。

决策流由若干节点和节点之间的有向线段组成，节点的形态可以为规则集、评分卡等。决策流按顺序执行，即只有前序节点执行完成后才能进行后序节点的运算。图 5-16 是策略部署人员配置的常见的决策流示意图。

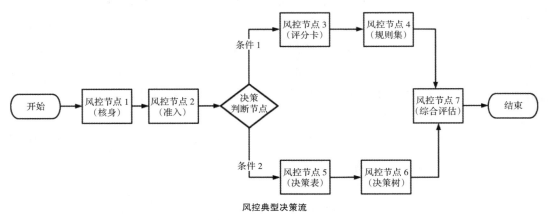

图 5-16　常见的决策流示意图

决策引擎提供了决策流配置功能，可以根据条件路径选择不同的策略规则、评分模型、机器学习模型和第三方数据接口。决策流只能配置在策略集上，且决策流中的策略组件、排他条件和并行条件都对应策略集中的某个特定策略。这种配置方式可以灵活地适应各种业务场景，实现高效、准确的决策支持。通过决策流配置，可以轻松地管理复杂的业务逻辑和风险控制策略，提高决策的效率和准确性。决策流配置组件从上到下依次为开始、结束、串行执行、并行执行、模型和三方数据接口。

- ❑ 开始：决策流的开始标志，一个决策流必须以此组件开头。
- ❑ 结束：决策流的结束标志，一个决策流必须以此组件结尾。
- ❑ 串行执行：可引出多线，分别指向不同子流程。串行执行引出的线上可以配置不同的条件，条件可以设置优先级。一旦满足所配置的线上优先级较高的那个条件，则决策流只会执行这条线指向的子流程。如果没有配置条件，则选择默认的路径执行。
- ❑ 并行执行：可引出多条线，分别指向不同的子流程。并行执行上的所有路径都会执行。
- ❑ 模型：评分模型或机器学习模型，模型是已经在模型平台中发布的。
- ❑ 三方数据接口：决策流中可以配置在流程中调用外部接口，但预先需要在三方数据接口定义中定义接口，之后即可在决策流中选择相应的接口。

2. 决策组件

决策流中每个节点均由决策组件构建而成，定义好决策组件后，通过工作流的模式将这些组件编排连接起来，输出最终的决策结果。每个决策组件虽然构建形式不同，但都会包括输入、逻辑表达和输出这 3 个核心内容。也就是说，当数据按照决策组件的要求流入时，该组件会按照定义好的逻辑表达进行执行，执行完成后，输出对应的组件结果。决策组件在决策流中编排配置好后，上一组件执行的数据输出便会成为下一组件的数据输入，当整个决策流中的所有组件内容都执行完毕时，就得到了决策流执行的最终结果。

图 5-17 是信贷审批决策流中的一个环节，每个节点使用的决策组件不同。每个节点的决策组件由规则、规则集、决策树、决策表、评分卡构成。

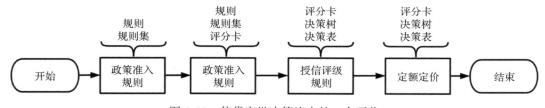

图 5-17　信贷审批决策流中的一个环节

下面介绍几个核心的决策组件。

（1）规则

规则是策略的基础，一个策略是否有效，很大程度上依赖于规则的制定。规则需要满足不同的风险场景和特征。常用的规则主要分为以下几种类型。

- ❏ IF-ELSE 规则：只有事件满足当前某条规则时，才执行子规则。
- ❏ 时间规则：查看某个维度是否首次在另一个维度出现，计算某一维度的活跃天数，时间类型字段比较，不同事件发生时间比较等。
- ❏ 位置规则：两个地理位置匹配，是否使用代理访问，计算一段时间内移动的距离。
- ❏ 统计规则：统计不同维度的出现频率、趋势；金额类数据求和、求平均；字段值正则匹配、四则运算等。
- ❏ 名单规则：欺诈证据库、自定义列表、黑白灰名单设置。
- ❏ 跨事件类规则：可以配置跨事件的规则，在交易事件中可以判断登录事件的相关信息。
- ❏ 用户习惯：分析用户常用浏览器、常用地，检测是否存在不符合用户习惯的行为。
- ❏ 通用规则：可以自定义组合各类规则。

（2）规则集

风控策略除了根据规则（如反欺诈核身、政策准入等）对信贷申请进行准入或拒绝外，还需要通过规则集对信贷申请进行多维判断。规则集是一系列规则的集合，以规则的运行结果为条件，通过对不同规则运行结果的判断及逻辑执行，输出整个规则集的运行结果。规则集的执行模式如下。

- ❏ 设置每条规则命中后的输出，按规则优先级输出命中规则中优先级高的规则结果。
- ❏ 设置每条规则命中后的权重，按照求和、求平均、求最大值、求标准差等形式计算命中规则的权重，然后输出整个规则集的结果。

（3）决策树

决策树也称规则树，是由多个规则按一定分支及流程编排而成，并将规则按照树状结构组合，每一个分支表示一个规则输出，每个叶子节点表示一个规则类别，如图 5-18 所示。

信用策略中常有对用户的分群做法，即把具有相似特征的人群归为一类，针对同类人群采取统一的审批策略及贷后监控策略。这种分群做法可以利用决策树模型来实现。数据流进入该决策树后，经过一系列逻辑判断，最终会走到某个叶子节点，不同叶子节点代表了不同的分类。根据这个分类结果，就可以配置不同的决策结果了。

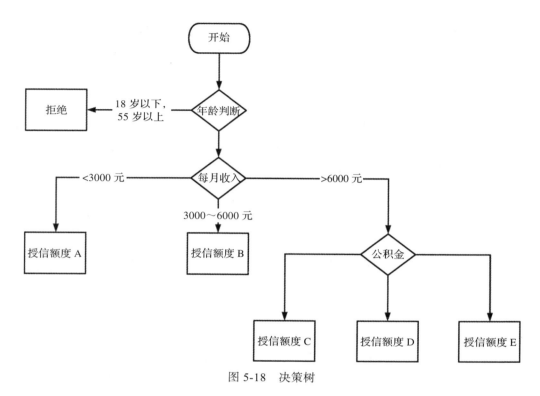

图 5-18　决策树

（4）决策表

决策表由纵向和横向两个维度决定，两个维度交叉后的单元格的值便是策略最终审批结果，简单直观实现多维逻辑规则。如表 5-5 所示，如果满足申请人在我行有逾期表现、申请人命中失信名单、申请人申请额度≤10 000 元、申请人月均收入≥10 000 元这 4 个条件，则拒绝申请人的申请。

表 5-5　决策表的具体应用

纵向规则		横向规则			
		申请人是否在我行有逾期表现等于 true		申请人是否在我行有逾期表现等于 false	
		申请人命中失信名单等于 true	申请人命中失信名单等于 false	申请人命中失信名单等于 true	申请人命中失信名单等于 false
申请人申请额度≤10 000 元	申请人月均收入≥10 000 元	拒绝	通过	转人工	待定
	申请人月均收入<10 000 元	拒绝	通过	转人工	待定
申请人申请额度>10 000 元	申请人月均收入≥10 000 元	拒绝	转人工	通过	待定
	申请人月均收入<10 000 元	转人工	转人工	拒绝	通过

（5）评分卡

评分卡是与规则集、决策树同等级的决策组件。评分卡中包含若干评分项，即指标和指标的区间值。每个评分项有各自的输出分值，最终根据一定的规则计算汇总为评分卡的最终输出结果。如表 5-6 所示，不同性别对应不同的综合信用评分，其风险评分不一样，审批结果也不一样。

表 5-6　评分卡的举例说明

申请人		风险评分	审批结果
综合信用评分≤10 分	性别等于男	1	拒绝
	性别等于女	10	通过
综合信用评分 11～20 分	性别等于男	3	拒绝
	性别等于女	11	通过
综合信用评分 21～30 分	性别等于男	5	拒绝
	性别等于女	13	拒绝
综合信用评分 31～40 分	性别等于男	5	拒绝
	性别等于女	16	通过
综合信用评分 41～50 分	性别等于男	15	通过
	性别等于女	16	通过
综合信用评分 51～60 分	性别等于男	17	通过
	性别等于女	18	通过
综合信用评分＞60 分	性别等于男	19	通过
	性别等于女	20	通过

商业银行信贷业务中，信贷数据的维度与日俱增，客户资质相关的信息来源日益复杂，对应的策略规则更替和迭代也越来越频繁，信贷风控的需求已远远不是仅靠传统的代码修改就能满足的，必须采用决策引擎，特别是智能化的决策引擎来取代传统的风险管理工具。

5.4　本章小结

本章主要介绍了风控平台建设的方法论，在帮助读者掌握风控平台的内涵、合规要求、同业实践和设计原则等理论框架的基础上，重点讲解风控平台的核心组件：风控系统和决策引擎。

风控系统提供多种风控工具和能力，整合银行内部和外部数据，多维度地对客户进行全面评估，精准客户画像，促使传统模式下难以度量的风险显性化，提升银行的风控能力。决策引擎嵌入风控审批流程，实现智能决策和风险提示，支持自动化审批，提升审批效率和客户体验。

风控系统和决策引擎相辅相成，缺一不可，为商业银行高效智能、精准管控信贷风险从而完成数字化转型提供了很好的解决方案。介绍完风控平台后，整个大数据智能风控体系均讲解完毕。第 6 章开启智能风控的实战篇——风控策略应用。

第 6 章 *Chapter 6*

风控策略应用

商业银行通过将资金的使用权让渡给借款人，在一定时间内获得利息收入。然而，这个预期可能无法实现，甚至可能无法收回本金，这是商业银行面临的主要风险。

商业银行的重要职能是预测、承担和管理风险。为了实现这些职能，商业银行需要通过风控策略，在信贷业务的各个环节中尽可能减少风险事件的发生。风控策略的好坏直接关系到资产的质量、业务的收益和银行的声誉。因此，风控策略是商业银行预期利润能否实现的核心，也是商业银行能否持续发展的关键因素。

风控策略主要根据不同业务阶段和场景，针对特定性质的客户群体，通过一系列规则、模型的并联、串联以及排序组合，来对客户进行筛选和分类，实现各阶段风险管控，最终达到盈利的目的。一般来说，80% 的风险是在贷前和贷中发现并予以防范的，风控策略决定贷与不贷，贷多贷少，是防范风险、减少坏账的重要前提，对贷款的安全性意义重大。

本章以风控策略应用为主线，将风控策略分为风控策略管理内涵、贷前策略应用实战、贷中策略应用实战三部分，讲解各个阶段的业务逻辑和策略规则，帮助读者快速理解风控策略的业务含义，并做好风控策略的管理工作。

6.1　风控策略的管理内涵

风控策略由模型和规则构成。通过将模型分数和规则结果组合应用，根据不同场和不同客群，实现差异化、专业化、精细化的风险评估和审批。随着业务量的增长、数据样本的积累，以及审批标准的不断规范化，风控策略不仅能够有效降低风险，还能提高审批效率、辅助决策判断，满足实际信贷业务需求。在介绍大数据智能风控策略体系之前，我们需要区分几个基础概念。

6.1.1　模型与规则

模型根据借款人的各个特征维度量化而成的指标，通过数理统计的方法来评估借款人的信用情况。开发模型需要具备一定的样本量，通过样本反映出的普遍规律或辅助以专家经验，来研究和分析借款人的风险情况。最终结果多以综合评分的形式展示。规则更多是根据积累的专家经验或政策要求制定，直接判断通过或者拒绝。在风控策略中，模型和规则有以下差异。

- ❑ 维度：规则反映局部、次要、特殊的规律，代表极端情况，维度单一。模型反映整体、主要、一般的规律，是各种风险指标的综合表现，模型分数受多个因素影响，因此模型需要在多维度信息找到重点，形成区分度明显的评分卡。

- ❑ 灵活度：规则的灵活性高，可以根据政策、市场、客群的变化，在较短时间内进行阈值调整或者增减规则。模型的灵活程度则相对较低，需要通过较长时间数据的积累，并不断地迭代分析才能完成调整。

- ❑ 职能：模型可以通过打分的方式，将复杂的业务和问题进行量化。规则通过在模型评分中难以捕捉的风险特征进行拦截和阻断。模型是策略的主导，规则是对模型的补充。

6.1.2　政策与策略

风控政策是商业银行中最为重要的政策之一，它涉及信贷业务的风险管理，是商业银行整体的业务目标制定和管理信贷的顶层要求。风控政策规定了"什么能做，什么不能做"，包括建立信贷风险识别、计量、监控、分析、解决机制，监控各项信贷政策执行情况及风险状况，并定期进行政策优化，以确保信贷业务的风险控制得到有效实施。

在商业银行中，策略更大程度上是确定"如何做"，存在于业务的全流程中。从产品设计、资产准入、各个业务环节的策略审批方案制定，到监控运营、策略方案迭代的整个业务流程中，均需要通过策略控制风险，并通过综合性评估，实现收益最大化。

政策和策略在风险控制政策中的关系是密不可分的，政策是策略的纲领，而策略则是政策的执行。只有政策和策略紧密结合，才能实现信贷业务的风险控制和有效运营。

6.1.3　策略体系的 3 种模式

不同的业务阶段，模型和规则的侧重点各异。策略体系有以下 3 种模式。

1. 规则为主、模型为辅

这种策略体系大多出现在信贷业务冷启动阶段。由于该阶段的数据质量差，模型样本少，风控手段不充分，导致模型发挥的效能有限，因此风控策略制定的规则一般简单通用，且大多数规则基于专家经验制定，并占主导地位。通过简单规则和严苛准入条件过滤筛选出优质客户作为放贷对象。在业务开展初期，商业银行的审批通过率一般偏低。

2. 模型为主、规则为辅

在信贷业务发展阶段，商业银行积累了足够量的账户数和坏账数，建模样本相对丰富。尤其是在行业竞争、客群下沉的背景下，精细化风险管理和精准识别尤为重要，模型的重要性逐渐提升，并占据主导地位。此时的策略重点是在原有专家经验规则的基础上，利用模型加强精细化决策，追求模型的可解释性，同时基于各个特征变量构建模型，多维度判断借款人的信用资质。

3. 策略为主、模型为辅

在信贷业务进入成熟稳定期后，商业银行积攒的数据样本非常丰富，其中包括用户数据、交易数据、三方数据、银行内部数据。基于丰富的样本，策略方案达到成熟形态。该阶段逐渐以数据驱动和经验结合的策略控制为主，以模型为辅。思路是不断挖掘客户数据，并进行客群分层，实现差异化的定额定价，匹配借款人期望的信贷额度并平衡商业银行的风险水平。

风控策略实际上包含了风控模型的概念，但是其范围更加广泛，因为风控策略并不仅仅特定针对某个阶段的信贷客户，而是体系化地贯穿整个信贷流程，即每个信贷流程都会有一些相应的风控策略来把控风险，例如借款人申请时的准入策略、借款人授信时的定额定价策略、借款人逾期后的催收策略等。该体系下模型的使用程度、范围大小均需根据策略的需要来调整。

6.1.4 策略管理流程

策略管理流程是指通过风控策略识别、计量、监测和控制等程序，对风险进行评级、分类、报告和管理，保持风险和效益的平衡发展，提高贷款的经济效益。风控策略管理是一项综合性、系列化的工作，贯穿于整个信贷业务，主要内容有策略开发、评审、监控、复盘和下线。策略管理流程如图 6-1 所示。

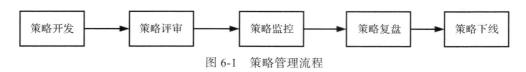

图 6-1　策略管理流程

完善的策略管理流程可以提升策略工作效益，准确识别和计量信贷业务的风险成本和风险水平，从而实现风险与收益的匹配，促进业务高质量发展，提高银行的竞争能力和盈利能力。以下是策略管理流程各环节的内容。

1. 策略开发

策略开发结合信贷产品特点、目标客户特征、项目风险政策、收益担保机制、获客交易场景，运用定量分析与定性判断相结合的方法，科学制定策略规则模块和决策流，合理设定阈值参数。涉及变量、模型的，需明确所有候选数据的字段定义及取值范围；涉及变量开发的，需提前做好需求排期，统筹时间节点。根据项目风险政策及业务需求，定制策略模块及决策流，梳理需使用的数据接口，测算调用成本。制定规则细项，明确规则内容、数据源接口、变量字段、计算逻辑、阈值参数、决策建议、拒绝原因。

2. 策略评审

策略开发完成后，进行策略评审。评审内容包括阐明策略变更背景和原因、策略分级、策略上线影响。首先需明确阐明策略变更背景和原因，内容如下：

❑ 介绍策略调整背景。

❑ 明确本次上线策略类型。

❑ 描述策略调整相关策略模块及调整内容，以及测算调整后整体影响。

其次是对风险策略分级，一般情况下会分为 A、B、C 三级。A 级属于重大变更类，主要涉及以下场景：

❑ 新项目策略上线。

❑ 定额定价设置及调整。

❑ 策略变更导致通过率影响偏离度超过 3%（绝对值）。

❑ 预计贷后表现指标影响较之前业务偏离度超过 5%（相对值）。

❑ 上线新通用模型应用。

B 级属于满足日常变更迭代需求策略，版本内容适中，无复杂逻辑，对风险影响适中，或风控负责人认为不需要复盘的策略。

C 级属于版本内容简单类策略，不涉及系统改造、代码修改，且对风险影响较小。主要涉及以下场景：

❑ 阈值修改。

❑ 审批建议修改。

❑ 规则下线。

❑ 单个变量更换。

❑ 新接数据源测试。

❑ 规则模拟。

策略级别重要性：A 级＞B 级＞C 级，如果策略迭代内容有多级交叉，以重要性较高的策略等级为准。

最后是明确策略上线后对核心业务指标的影响，并附上相关分析报告。不同的策略类型的核心指标不同。

❑ 贷前授信策略：授信通过率、平均授信额度、逾期指标（fpd10 或 vintage30+@MOB2）。

❑ 贷中调额策略：平均额度、额度分布、动支率、金额逾期指标 / 个数逾期指标（fpd10 或 vintage30+@MOB2）。

❑ 贷中策略：清退客户比例、清退客户的逾期指标（fpd10 或 vintage30+@MOB2）的 lift 值。

3. 策略监控

策略上线运行后，应跟踪监测其生产运行情况，分析其运行效率及效能大小，对项目进件量、通过率、用信率、规则调用率、命中率、拒绝率、拒绝原因等通用指标保持日常监控。针对数据波动幅度较大或异常的情况，应及时分析其影响因素及原因，及时干预，及时调整。

4. 策略复盘

策略复盘须包含策略变更内容、策略变更上线前对核心业务指标预估的影响与上线后实际业务指标测试组和对照组的对比，以及策略后续规划。对于上线前预估影响与上限后实际观测指标对比明显偏离的情况，需要做专项分析说明。针对前端指标，如通过率、支用率、授信额度等指标，应于策略上线运行一周后进行计算和分析。针对贷后表现类指标，如首逾类、vintage 类等指标，应在满足贷后表现分析的样本数大于 1000 时，于最近的一期复盘报告上反映。

5. 策略下线

策略下线及版本更新应遵循版本管理规范，历史版本的删除线应保留，版本日志中应注明下线规则编码及调整原因。

6.2 贷前策略应用实战

贷前风控的主要内容是对借款人进行全方位的评估，判断借款人的真实身份、贷款目的和信用状况，最终确定借款人的额度和利率。在借款人发起申请时，部署在决策引擎的规则和模型按照预设策略，调用变量管理平台加工与策略所需的相关特征指标，对借款人进行量化分析与信用评估，最后出具审批结果，进行定额定价。商业银行通过整套策略体系，大幅提高信贷业务的审批效率，降低金融服务的门槛，促使小微企业、中低收入人群等能够享受到公平合理的金融服务。

贷前风控策略的关键是产品与客群的匹配、判断借款人信息的真实性、评估借款人的信用能力。因此可将策略模块拆分成对应的前置准入策略、信息验证策略、授信审批策略，三者共同组成贷前风控策略应用体系，如图 6-2 所示。

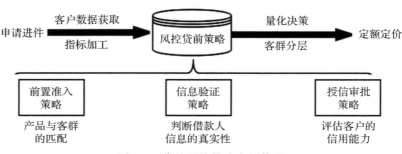

图 6-2　贷前风控策略应用体系

6.2.1 前置准入策略

前置准入策略是评估借款人能否有机会取得授信的第一道门槛，设定原则是基于监管和信贷政策要求。该策略通过商业银行充分挖掘场景数据和银行内部数据，运行基本的检验规则，初步筛选目标客群，拒绝不符合准入要求的进件，提高审核效率，同时节省贷前风控的数据成本。

前置准入策略以硬规则为主，以软规则为辅。硬规则也叫严拒规则，是风控策略的底线要求，只要借款人不满足要求，则必然拒绝其申请，商业银行不会给予贷款的授信与发放。硬规则不需要经过复杂的规则衍生，拒绝的都是高风险人群，一般阈值确定下来就不再做变更。

软规则是指相对于硬规则而言没有那么严格，可以调整拒绝规则的阈值。该规则使用的数据一般都是连续型的数值变量，这种变量具有一定的排序性，例如信用分越低，违约风险越高。通常当借款人命中这种规则时，商业银行不会马上终止风控流程，会综合其他条件再做判断，可采取人工介入审核来确定风险。

为了避免合规风险对业务的正常开展造成重大影响，前置准入策略在产品设计阶段需要关注监管机构的政策要求，验证借款人依法合规且未被政策限制。根据《个人贷款管理办法》，个人贷款申请应具备以下条件：①借款人为具有完全民事行为能力的中华人民共和国公民（以下简称中国公民）或符合国家有关规定的境外自然人；②借款用途明确合法；③贷款申请数额、期限和币种合理；④借款人具备还款意愿和还款能力；⑤借款人信用状况良好，无重大不良信用记录；⑥贷款人要求的其他条件。

围绕监管政策和信贷业务要求进行分析和解读，商业银行的前置准入策略一般有以下内容。

❑ 年龄要求：前置准入策略对借款人有年龄要求，即借款人的年龄需介于最低年龄和最高年龄之间。一般商业银行要求的准入年龄范围是 20～60 岁，超出年龄范围则直接拒绝。

❑ 行业准入：前置准入的基础原则是禁止对工作不稳定或无业的借款人提供信贷业务，特别是无业和自由职业的借款人。对敏感行业如酒吧、会所等，以及金融属性行业如投资、担保、理财、典当等也有限制。另外，为保护学生群体的权益，除国家允许的银行外，其他金融机构不得对学生群体提供信贷业务。

❑ 国籍准入：前置准入策略对借款人有国籍限制，信贷业务一般要求客户为中国公民，非中国公民则直接拒绝。

- ❑ 地域准入：前置准入策略对地域的限制逻辑是不对风险集中度比较高、贷款回收率长期较低、社会稳定性比较弱，或者难催收的地区提供信贷业务。
- ❑ 黑名单准入：黑名单上的用户是指长时间逾期，屡次催款不还，有非法套现等性质较为恶劣的行为，被银行业列入拒绝信贷名单的用户。黑名单数据类型较多，有征信风险名单、信贷逾期名单、欺诈风险名单、多头风险名单、行业催收名单等，其中央行个人征信系统对征信风险名单的保留时间为五年，对破产等特别严重和明显恶意的负面信息的保留时间为十年。

6.2.2　信息验证策略

借款人在前置风控策略审核通过后，便进入信息核验阶段，该阶段包括实名信息核验、人脸核验、意愿核验三部分。信息核验阶段的风控策略支持借款人卡证要素类信息与权威库源进行对比，以判断借款人信息的真实性。

实名信息核验是一种验证借款人身份的基础方式，包括对借款人姓名、身份证号、手机号、银行卡号等信息进行真实性和一致性的核验，其目的是证明借款人的真实身份，同时保障借款人的合法权益，以防被不法分子身份冒用，造成财产损失。实名信息核验有以下几种方式。

1. 身份验证

身份验证是实名认证的主要方式，包括验证查询身份证信息、身份证头像等信息，判断借款人身份证是否已被注册、身份证是否在有效期内、姓名与身份证姓名是否一致、身份证照片与公安照是否一致。表 6-1 展示了身份验证项和验证逻辑说明。

表 6-1　身份验证项和验证逻辑说明

身份验证项	验证逻辑说明
身份信息认证	传入姓名、身份证号，与权威库信息比对，验证信息的真实性和一致性。判断是不是临时身份证，身份证是否过期等
身份证人像照片验证	传入身份证人像面照片，识别身份证照片上的信息，并与权威库信息比对，验证是不是同一个人
身份证识别及信息核验	传入身份证照片，与权威库信息比对，校验姓名和身份证号的真实性和一致性
身份信息及有效期核验	校验姓名、身份证号、身份证有效期的真实性和一致性。识别字段是否存在质量问题，是否存在影响识别的光斑、阴影、遮挡、污渍等

2. 银行卡鉴权

银行卡鉴权又称为银行卡要素核验，是商业银行对银行卡的安全验证方式。它通过比对姓名、身份证号和银行卡号的一致性，核验持卡人身份信息的真实性。银行卡要素核验又分为二要素、三要素和四要素核验，要素越多，验证点越多，鉴权也更加充分。表 6-2 展示了银行卡核验项和核验逻辑说明。

表 6-2　银行卡核验项和核验逻辑说明

银行卡核验项	核验逻辑说明
银行卡基础信息查询	传入银行卡号查询银行卡基础信息，包括开户行、银行卡性质等
银行卡二要素核验	传入姓名和银行卡号，与权威库信息比对，验证真实性和一致性
银行卡三要素核验	传入姓名、开户证件号、银行卡号，与权威库信息比对，验证真实性和一致性
银行卡四要素核验	传入姓名、开户证件号、银行卡号、手机号，与权威库信息比对，验证真实性和一致性

3. 手机号核验

手机号核验主要用于检测查询的手机号是否为当前用户使用，判断手机号能否正常使用、是不是新号，以避免不法分子利用新手机号进行骗贷。表 6-3 展示了手机号核验项和核验逻辑说明。

表 6-3　手机号核验项和核验逻辑说明

手机号核验项	核验逻辑说明
手机号在网时长核验	传入手机号查询手机号在网时长。判断手机号是否为借款人常用号码，返回的时间区间值：0、0~3 个月、3~6 个月、6~12 个月、12~24 个月、24 个月以上。一般来说，在网时间越长，借款人信贷行为越稳定
手机号状态查询	传入手机号验证手机号的在网状态。例如是否停机、销号、不在网、空号
手机号三要素核验	校验手机号、姓名和身份证号的真实性和一致性
手机号二要素核验	校验手机号、姓名的真实性和一致性

4. 人脸核验

人脸核验是一种身份信息验证手段，集成了证件 OCR、活体检测和人脸比对三大功能。前端系统实时采集借款人的摇头、张嘴等动态信息，将人脸视频和身份信息传送至风控平台。在决策引擎中，风控策略会先通过活体检测技术判断视频中是不是真人，然后将视频中的人脸及身份信息与权威库的证件照进行人脸比对，以验证视频中的人是不是本人。人脸核验流程如图 6-3 所示。

常见的人脸核验规则有人脸比对相似度是否低于阈值、人脸照片屏幕翻拍值是否超过阈值、是否检测出换脸攻击、是不是翻拍、是不是面具脸。

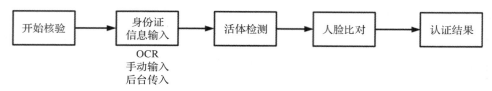

图 6-3　人脸核验流程

5. 贷款意愿核验

贷款意愿核验是测评借款人真实意愿的策略手段。用户只需对准摄像头拍摄人脸视频并进行语音朗读 / 回答，即可完成本人真实身份的认证以及真实意愿的校验。原理是借款人朗读前端屏幕展示的文字，风控平台自动校验用户语音内容的相似度。在意愿核验过程中，返回认证结果、意愿确认全流程的视频、音频及截屏图片等，为客户业务回溯提供充足的安全凭证。贷款意愿核验画面如图 6-4 所示。

图 6-4　贷款意愿核验画面

6.2.3　授信审批策略

在经过前置风控和信息验证审核后，贷前风控策略已经筛选出符合信贷政策且具有贷款意愿的借款人。风控审批流程的最后一个环节是商业银行对借款人进行信用风险评估。信用风险是指借款人在有偿还意愿的前提下因偿还能力不足或其他原因而不能按期履约的风险。

授信审批策略的目标是合理评估客户的偿还能力，保证借款人在借款到期时能够及时履约。相对于前置准入和个人信息验证，授信审批策略围绕借款人的信用能力进行更加灵活和全面的评估，在多维度的组合策略下，判断借款人的信用资质并最终定额定价。授信审批策略的审批节点和审批内容如图 6-5 所示。

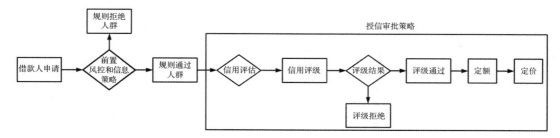

图 6-5　授信审批策略审批节点和审批内容

1. 信用评估

信贷的基本条件是信用，其特征就是借款人无须提供抵押品或第三方担保。借款人凭借信誉，就能够取得贷款，并且以其信用作为还款保证。商业银行为了对信贷产品进行统一、基本、正确的估价，必须对借款人的信用状况进行全面考量和判断。

早期商业银行通过传统的 5C 分析法进行借款人的信用评估。这种评估主要集中在借款人的品德（Character）、还款能力（Capacity）、资本（Capital）、抵押（Collateral）和经营环境（Condition）这五方面进行全面的定性分析，以判断借款人的还款能力，如图 6-6 所示。

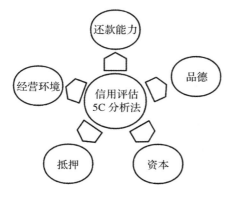

- **品德**：对借款人声誉的衡量。如果借款人是个人，则主要指其工作作风、生活方式和品德；如果借款人是企业，则指其负责人的品德、经营管理水平、资金运用状况、经营稳健性以及偿还意愿等
- **资本**：指借款人财务杠杆状况及资本金情况。资本金是经济实力的重要标志，也是企业承担信用风险的最终资源。财务杠杆高就意味着资本金较少，债务负担和违约率也较高
- **还款能力**：一方面是指借款人未来现金流量的变动趋势及波动性；另一方面是指借款人的管理水平
- **抵押**：借款人应提供一定的、合适的抵品以减少或避免银行贷款损失
- **经营环境**：借款人所在行业状况、监管政策、利率水平等主要因素

图 6-6　5C 分析法的主要内容

5C 分析法是传统的信用风险评估方法，其优点在于信息易于获取、评估过程简洁明了、对数据要求较低，缺点是受评审专家知识和素质限制，评估结果有很大的主观性，不利于与其他评估结果进行比较分析。

随着我国经济发展进入新常态，越来越多的商业银行参与普惠金融业务，并在小微信贷、个人信贷领域持续发力，市场融资需求被进一步激发。这类贷款业务大多具有期限短、规模小、频率高、需求急的特征，对商业银行贷款审批的速度、方式与成本都提出了更高的要求。同时，随着数理统计、数据挖掘、机器学习等方法与工具愈发成熟，越来越多的商业银行开始使用信用评分对借款人的信用风险进行预测与管理，辅助商业银行做出最优授信审批策略。信用评分逐渐发展为信贷风险管理中的重要手段，并成为帮助商业银行区分借款人信用能力的重要能力。其原理是基于借款人历史数据和内外部征信数据，通过算法挖掘借款人的潜在风险，构建信用评分模型，将借款人的信用风险以分数形式输出，以预测其在未来违约的概率。

传统的 5C 分析法只能简单说明一笔贷款的风险低于或高于平均水平，而信用评分方法提供更加科学严谨的分析方法，综合考察影响借款人内在和外在的主客观因素，并对其履行各种经济承诺的能力进行全面的判断和评估，以分值形式表示一笔贷款出现违约的可能性，较为准确地预测借款人某种信用表现的概率。

针对不同的风控环节，信用评分可分为申请评分、客户行为评分、响应度评分、催收评分 4 种。申请评分（Application Scorecard）简称 "A 卡"，是贷前授信审批策略最常用的评分工具，它将借款人在申请贷款前特定时间内，即观察期内各类数据及其基本信息作为自变量 X，结合表现期内的借款人贷后表现设定目标变量 Y，进而构建 A 卡。

个人信用特征是 A 卡特征变量的主要内容。商业银行根据借款人的进件信息、征信信息、三方数据挖掘开发 A 卡相关的强特征变量，结合专家经验对每一项特征变量进行业务解读和评分逻辑选定。表 6-4 是影响信用表现的主要风险特征的业务解读。

表 6-4　影响信用表现的主要风险特征的业务解读

分类	典型特征变量	业务解读
个人信息	年龄	年龄段不同，风险程度不同
	教育	文化程度高，收入高，违约概率相对较小
	婚姻	已婚人群相对稳定，风险较小
	住房	拥有固定资产的人群稳定性更高

（续）

分类	典型特征变量	业务解读
资产信息	收入	收入证明保证借款人的还款能力，商业银行审核放贷额度也是根据收入证明、银行流水而定。商业银行根据社保公积金、税收、理财业务、资产等数据对客户的收入进行综合评估
	储蓄账户余额	储蓄资金越多，违约可能性越小
	资产状况	资产越多，违约的可能性越小
	职业情况	工作年限、职位及单位性质，体现收入的高低
信用记录	不良记录	征信报告是借款人信用的体现，征信良好说明借款人贷款、还款习惯好，以后按时还贷的可能性更高，如果个人征信很差，则根据审批要求审慎受理
	其他贷款	商业银行通过客户的申请次数、申请机构数、额度使用率，判断客户的负债情况和资金饥渴度
	征信报告被查询次数	征信查询次数过多，会被认为资金紧张、还款压力大、风险系数高，进而被拒贷

　　商业银行综合考虑影响借款人信用水平的主客观因素，为各项特征变量赋予具体的分值。对借款人的各项特征进行逐一打分，将分数求和后综合评估申请人的未来信用表现，作为信贷管理的决策依据。根据评定的信用等级，确定借款人的额度和利息。某银行信用评分表赋分说明如表 6-5 所示。

表 6-5　某银行信用评分表赋分说明

分类	特征变量	阈值区间	评分	分类	特征变量	阈值区间	评分
基本信息	年龄 / 岁	（18, 22]	5	工作信息	从业情况	无业	0
		（22, 35]	10			自由职业	5
		（35, 45]	15			服务业	5
		（45, 55]	10			公务员	20
		55 以上	0			个体	5
	学历	研究生及以上	15			其他	5
		本科	10		职位	其他	5
		大专	5			一般员工	5
		高中及以下	0			中层	10
	婚姻	已婚	10			高层	25
		未婚	5		现工作单位工作时长	（0, 6 个月]	0
		离异	0			（6 个月, 2 年]	5
		其他	0			（2 年, 5 年]	10

（续）

分类	特征变量	阈值区间	评分	分类	特征变量	阈值区间	评分
收入负债信息	月收入 / 元	（0, 5 000]	5			5 年以上	15
		（5 000, 10 000]	10	逾期记录	5 年内信用卡逾期次数	0	20
		（10 000, 20 000]	15			1	10
		（20 000, 30 000]	20			2	5
		30 000 以上	25			3 次及以上	0
	信用卡额度	（0, 5 000]	3		其他贷款逾期次数	0	20
		（5 000, 10 000]	10			1	10
		（10 000, 20 000]	15			2	5
		（20 000, 30 000]	20			3 次及以上	0
		30 000 以上	25	信用记录	人行查询次数	0	20
	有无房贷	有	10			1	15
		无	5			2	10
	有无车贷	有	10			3 次以上	0
		无	5		人行单位信息	一致	20
	有无其他贷款	有	10			不一致	0
		无	5		人行手机	一致	20
						不一致	0

A 卡常用的搭建方法有多元判别模型、线性概率模型、Logistic 模型、神经网络模型等。A 卡的准确性与数据的质量、模型研发人员的技术水平及经验丰富程度密切相关。A 卡需要大量的历史数据，数据质量要高，要满足客观性、真实性和一致性，只有基于质量高的数据才能保证预测结果的准确性。对于同一贷款申请的评分，不会因业务人员的主观感受和情绪等而改变。模型反映了借款人信用表现的普遍性规律，其评估和决策的标准是一致的。

A 卡输出信用评分后，商业银行便对借款人进行信用评级。借款人信用评级是指商业银行为了有效控制借款人信用风险，实现信贷资金的安全性、流动性和收益性，对借款人进行综合评价和信用等级的确定。

信用评级的结果是授信业务管理、客户准入及退出管理、授信审批决策、授信定价和授信资产风险分类的重要依据。它就像一面镜子，可以帮助银行知道怎样的客户可以贷款、贷款额度是多少。用一句通俗的话来说：让该借钱的借款人顺利借到钱，并付出合理代价；让不该借到钱的借款人，即使愿意付出再高的代价也借不到钱。这样，商业银行不但可以争取到业务，而且可以降低贷款风险。借款人的信用评级可以分为以下五类。

❑ 优质客户：此类客户信用优秀，简称 A 类客户。主要特征是现金充裕，资产实力雄厚，具有较强的信用能力，是商业银行亟待开发和合作的优质客户。

❑ 盈利类客户：此类客户信用良好，简称 B 类客户。主要特征是有一定的资金需求，并能为商业银行带来较多的利息收入，同时也存在部分的风险情况，需要商业银行仔细把关和审核。

❑ 普通类客户：此类客户信用一般，简称 C 类客户。主要特征是客群人数占比较大，是商业银行的基础客户，信用记录较为空白，以存款、转账业务为主。该类客户为商业银行创造的利润贡献较为有限，但风险较低。

❑ 限制类客户：此类客户信用较差，简称 D 类客户。主要特征是资金需求较为迫切，但有较大的信用风险，还款能力不足，存在一定的违约概率，需要商业银行审慎评估。

❑ 风险类客户：此类客户信用极差，简称 E 类客户。主要特征是资金需求非常迫切，征信记录查询次数较多，在其他金融机构有多次逾期违约的记录，存在一定的违约概率，需要商业银行直接拒绝。

商业银行根据 A 卡分数区间对借款人进行信用评级分类，聚合成借款人在未来一段时间内违约、逾期、失联概率的类型，通常分数越高信用评级类别越高。例如评分在 650 分以上的客户为 A 类客户，可以直接通过申请，并给予较高的额度和较高的优惠利率；评分在 400 分以下为 D 类客户和 E 类客户，可以直接拒绝；评分在 400～650 分的 B 类和 C 类客户最为关键，针对这部分客群需要通过风险策略对客户信用进行细化和分析，提供个性化和差异化的产品，并将他们转化成盈利类客户，不断创造新的利润增长点。中间客群虽然具有一定的风险，但商业银行通过提升授信审批策略水平，对借款人信用风险进行精准识别，就能带来较大的利润空间。

商业银行通过授信审批策略，可以科学合理评估借款人的信用状况，减少信息不对称，将贷款发放给优质的借款人，降低逆向选择和道德风险的影响，控制贷款违约的可能性，保障商业银行的利益。

2. 定额定价

定额定价是贷前风控策略的最后一环。通过精准的额度计算和有效的产品定价，商业银行不仅能获得理想的利润，还能得到广大借款人的认可。在信贷业务中，定额定价扮演着非常重要的角色，也是信贷产品盈利能力的关键组成部分。

（1）额度策略

在信贷业务中，额度分为授信额度与用信额度。授信额度是商业银行能够为借款人提供的最大贷款金额，是在贷前授信审批通过后授予的额度。用信额度是借款人在商业银行给予的最大授信额度范围内实际借贷的金额。授信额度和用信额度的主要区别是：授信额度属于意向额度，而用信额度是实际取现额度，授信额度会始终大于或等于用信额度。只有借款人的授信额度增加，用信额度才可以同步增加，因此商业银行需基于授信额度制定额度策略，并综合考虑风险控制、市场竞争以及收益三方面。

额度策略以 A 卡为基础，结合额度策略常用的特征变量计算出收入稳定性和收入能力等指标，对借款人的还款能力和还款意愿进行综合评价和分层，实现基于信用风险的差异化授信。具体流程为：设定评分准入条线、设定额度上下限、划分等级系数、计算基础额度、计算最终额度。额度策略流程如图 6-7 所示。

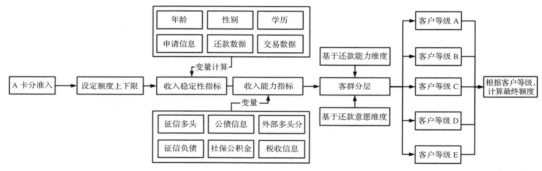

图 6-7　额度策略流程

银行业常用的定额策略类型有以下四类。

第一类是单风险因子策略。该策略依据单一风险因子进行额度授予。通常结合 A 卡分，划分不同的 A 卡分区间评定风险等级和对应的额度值。随着风险等级升高，额度值逐步降低。例如表 6-6 就是典型的单风险因子策略矩阵。

表 6-6　典型的单风险因子策略矩阵

风险程度	A 卡分	客户等级	授予额度
低风险	(500, 600]	A	20 000
	(400, 500]	B	15 000
中风险	(300, 400]	C	10 000
	(200, 300]	D	5 000
高风险	(0, 200]	E	0

单风险因子策略基于 A 卡划分客户等级，实现差异化授予额度，简单易用，是最基础的额度策略，适用于业务初期的策略冷启动。它的缺点是仅依赖风险类数据，

数据维度过于单一，容错率差，导致准确度过低，额度授予容易误判。

第二类是多风险因子策略。 在单风险因子策略基础上，进一步考虑引用其他风险因子，组成一个更多元的策略矩阵。表 6-7 是典型的多风险因子策略矩阵，通过客户收入和 A 卡分对借款人授予额度。

表 6-7 典型的多风险因子策略矩阵

额度计算		风险水平		
		高风险	中风险	低风险
收入水平	低收入	10 000	20 000	30 000
	中收入	20 000	30 000	40 000
	高收入	40 000	50 000	60 000

多风险因子策略结合了借款人的风险和可支配收入因素，通过分析风险等级与收入变量，计算每一个交叉变量的占比和对应的坏账率，以此制定不同的授信额度。此类策略适用于业务发展中期，依赖专家经验。多风险因子策略是目前使用较为普遍的额度策略计算方式。虽然与单风险因子策略相比，它的灵活性得到提高，但数据维度依然较少，只适用于没有很多数据验证的情况。

第三类是决策树策略。 利用分类树组合多维因子进行额度授予。决策树策略的核心逻辑是对风险客群进一步分组，量化评估各组人群的风险水平、还款能力、资金需求，以此来制定授信额度。该策略由风险、收入、需求 3 个要素共同决定，即授信额度 $= f$（风险，收入，需求）。决策树策略示例如图 6-8 所示。

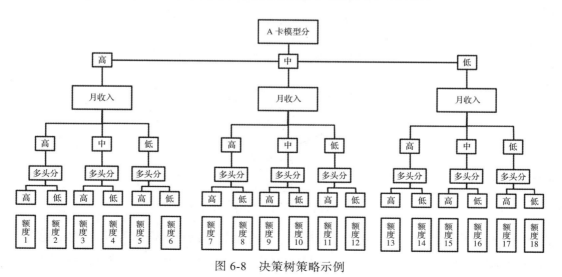

图 6-8 决策树策略示例

决策树策略的数据维度更加全面，它将"风险、收入、需求"3 个额度授予要素的多种指标进行融合和平衡，通过多层次的划分，组合出不同额度。该策略采用决策树作为模型方式进行量化驱动，直观展示各个节点的高中低额度的分布，业务可解释性较强，额度调整更加灵活。

第四类是额度调整因子策略。当商业银行的数据储备到一定量级时，可以通过机器学习算法计算额度。授信额度由多个因素共同决定，为了更加精确地反映不同因素对授信额度的影响，额度调整因子策略融合基础授信额度和额度调整因子，对每个额度调整因子单独建立模型，从而更加精确地量化不同因素在授信额度中的作用。

在变量建模时，额度模型考虑多种类型样本数据筛选。基本数据包括借款人的职业、受教育程度、婚姻状况、家庭成员、年龄、性别、职业等。资本收入数据包括固定收入、公积金缴纳、消费流水、房贷等。额度模型还将基础数据和资本资金类指标作为输入变量，授信额度数据作为目标变量。在支用因子模型中，采用基础数据作为输入变量、支用类指标作为目标变量进行训练。在逾期因子模型中，采用基础数据作为输入变量、逾期类指标作为目标变量进行训练。额度调整因子策略计算逻辑如图 6-9 所示。

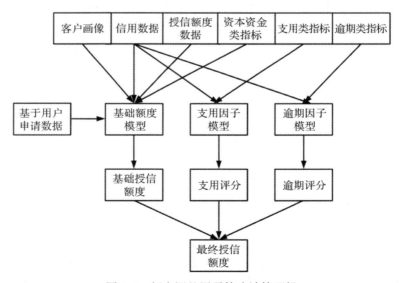

图 6-9　额度调整因子策略计算逻辑

支用因子模型计算借款人的支用概率，衡量借款人的资金需求程度，例如计算借款人 7 天内支用的概率。该评分在 0 和 1 之间，越大表示该借款人越有可能在 7 天内支用。逾期因子模型用于评估借款人在支用授信额度后逾期的概率，衡量借款人的信用风险，例如评估借款人逾期超过 30 天的概率。最终的授信额度公式如下：

$$授信额度 = 基础额度 \times 支用因子 \times 逾期因子$$

将上述公式扩展开来，得到如下公式：

$$授信额度 = 基础额度 + 支用基础额度 \times 支用因子 + 逾期基础额度 \times 逾期因子$$

基于不同的业务场景和业务发展阶段，商业银行可选择多种额度策略，最终目的都是提高商业银行的利润。利润可以从收入与损失的角度进行量化，公式如下。

$$利润 = (1-P) \times 贷款收入 - P \times 贷款损失$$

上式中，P 代表违约概率，贷款收入主要由授信额度和利率决定，贷款损失由授信额度决定。额度策略的中心思想是通过对不同风险人群制定相应的授信额度，有效地增加收入或减少损失，从而达到增加利润的最终目标。例如，针对高风险人群，采取较低的授信额度以减少潜在损失，并收取较高的贷款利率以覆盖风险。针对优质人群，授予更多的额度并收取较低利率，实现薄利多销。

（2）定价策略

定价是商业银行基于借款人的风险而要求收取的利息。利息收入是商业银行的主要收入来源，但利息不是越高越好。首先，定价需要满足监管政策要求。其次，定价的高低会直接影响信贷产品吸引的客群质量。因此，我们需要制定合理的风险定价策略，为不同客户提供合理的费率。

风险定价策略除了考虑经营成本、目标利润率、资金供求关系等，还需进行客群分类，为不同类别的人群提供不同的贷款条件以提高盈利能力，以收益覆盖风险。根据定价业务逻辑，可以得出以下公式。

$$收益 = 利息收入 - 风险成本 - 运营成本 - 数据成本 - 获客成本 - 资金成本$$

基于此，风险定价策略有以下原则。

首先是运营成本优化原则。运营成本包含获客成本、数据成本、人力成本和资金成本等，是商业银行运营过程中产生的各项固定成本，不随风险的变化而变化。商业银行需要通过精细化管理、智能化运营，做到资金有效分配，并在风险可控的前提下持续优化运营成本。

其次是风险收益平衡原则。监管政策和要求决定了商业银行利率上限，但利率的下限取决于商业银行的风控能力。贷款定价需遵循风险与收益共担的原则，并不是定价越高，收益就越高。必须坚持价值导向，全面测算各项成本和收益，科学识别、量化不同客户违约的可能性，以及在违约情况下可能的损失。因此商业银行更应将贷款利率设定在一个合理的水平，并通过合理定价吸引与产品相匹配的客群，改进风控策略以降低风险，找到风险与收益的平衡点，从而实现收益的最大化。

最后是差异化定价原则。不同客户的风险情况不同，资金需求期限、定价方式也不同，商业银行应力求做到市场定位明确，细分客群层次，降低整体风险。根据目标客户群、竞争战略、在市场中的定位以及周边环境细分客户市场，按照贷款需求弹性，实施差异化定价。核心要点是降低信息不对称造成的影响，让不同资质的借款人付出不同的借款成本，规避潜在风险。

基于上述原则，商业银行应围绕以下两点制定差异化风险定额定价策略。

第一，降低成本。商业银行不仅需要降运营成本，还需要综合考虑借款人的信用程度，控制坏账率，降低风险成本，成本导向是定价策略的基础。

第二，识别客户。商业银行将客群分级，授予客群匹配的风险定价，其关键是通过足够的客户数据进行量化分析，包括但不限于客户基本信息数据、征信数据、外部第三方数据、失信信息数据和贷后还款数据等。差异化风险定额定价策略逻辑如图 6-10 所示。

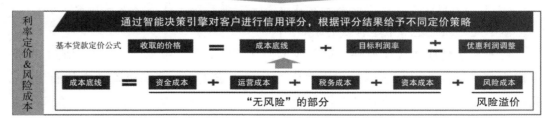

图 6-10 差异化风险定额定价策略逻辑

信贷业务定价法包括成本加成定价法、基准利率定价法、风险调整的资本收益法（Risk-Adjusted Return On Capital，RAROC）、客户综合收益定价法。下面进行逐一介绍。

　　首先介绍成本加成定价法。商业银行在信贷业务方面的主要利润来源就是利差收入，利率定价是其获取收益的唯一方式。商业银行要获取利差收入，就要弥补贷款的成本支出。因此成本加成法是在信贷成本的基础上进行定价，包括会计计量成本和非会计计量成本，覆盖贷款的费用支出、平均风险和资金成本，保证基本的成本收益均衡，实现银行的经营效益。成本加成定价法是最普遍的定价方法。通过计算银行贷款各项成本，在此基础上加上一定预期目标收益来确定贷款价格。公式如下：

$$贷款利率 = 资金成本 + 运营成本 + 风险成本 + 目标利润率$$

　　然后介绍基准利率定价法。基准利率定价法是对基准利率、违约风险成本和预期利润的合计，主要是在基准利率的基础上进行调整。基准利率定价法的关键是确定风险溢价系数。风险溢价系数基于客群和信贷产品两个维度，一方面不同信用等级的客户存在不同程度的违约风险，另一方面不同贷款品种也因产品特点的不同存在不同程度的风险差异。因此，基准利率定价法需要对不同种类的信贷产品和不同信用等级的客户所存在的风险差异确定不同的风险溢价系数。

　　在选择基准利率的时候，商业银行通常会综合考虑信用风险和市场风险，一般选择上海银行间同业拆借利率。基准利率定价法可以整体评定风险水平，制定合理的信贷价格。基准利率定价法计算公式如下：

$$贷款利率 = 基准利率 \times 风险溢价系数$$

　　接下来介绍风险调整的资本收益法。1970 年，美国信孚银行提出风险调整收益法，在进行信贷定价的时候，既要考虑预期损失，也要考虑非预期损失。银行设定经营成本为预期损失，而经济成本为非预期损失，然后进行相应调整，得到贷款定价的合理范围。这样考虑风险的同时兼顾收益，有利于金融机构找到健康、稳健发展的平衡点。公式如下：

$$RAROC = (收益 - 预期损失) / 经济资本$$

　　最后介绍客户综合收益定价法。随着银行业务不断拓展，与客户的合作不断深入，基于单笔业务收益定价的方法越来越难以满足市场的需要，银行定价理念逐渐由单笔业务定价转向客户整体定价，银行更加关注客户存款、贷款、中间业务收入等综合收益情况。例如，与银行业务合作较为紧密的客户，除贷款收入外，其他业务收入也较为可观，为了保持或争取业务合作关系，可在贷款利率上给予一定让利或倾斜。

　　在单笔业务定价模式下，单笔贷款需保持盈利或不亏损。在客户综合收益定价模式下，若客户综合收益能够满足预期目标要求，贷款利率的议价范围可适当扩大。客户综合收益定价法不是根据一笔贷款本身来确定价格，而是从银行与客户的全部往来关系中寻找最优贷款价格，体现了"以客户为中心"的经营理念。同时，通过差异化定价，银行既能吸引和保留为其带来较高利润的优质客户，又能识别对其贡献较低的客户，通过提高贷款价格或增加派生业务来保证银行整体的盈利水平。

由于客户目标综合收益＝本笔贷款收入－本地贷款支出＋该客户存量业务总收入－为该客户提供的所有服务成本，因此客户综合收益定价法的计算公式如下：

$$本笔贷款利率 = (客户目标综合收益 + 为客户提供的所有服务总成本 -$$
$$该客户存量业务总收入 + 本笔贷款成本) / 本笔贷款规模$$

6.3　贷中策略应用实战

贷前管理是指商业银行接收借款人发起的借款申请，经过综合评估后，最终输出审批决策。这是风险拦截的第一道防线。贷后管理是指对不良或连续逾期贷款的催收管理。它既包括对逾期借款人的风险评估并形成催收决策建议，也包括对催收全流程的跟踪监控。

贷中管理则是承上启下地连接贷前与贷后的信贷业务管理，对用户的分析、评估贯穿业务开展的每一个环节。与贷前管理和贷后管理相比，贷中管理是商业银行从贷款发放之日起，至贷款本息收回日期为止对存量客户信用能力的动态管理。它评估借款人还款表现、资产、收入状况的变化，及时调整贷款额度和利率，可以最大程度保证贷款回收，最小化风险损失，在控制风险、提高资产质量、优化运营效率、支持业务决策等方面都有着重要的意义。

贷中管理早期在信贷风控领域较为薄弱，且没有明确的业务目标。随着商业银行不断丰富产品类型、拓宽负债渠道和来源，信贷业务复杂程度上升、管理难度加大，贷中管理的重要性日益提升，并从粗放式经营转变到科学化管理。贷中管理经历了以下 4 个阶段。

- ❑ **粗放式管理**：在信贷业务初期，贷中环节投入较少，管理较为薄弱，未能持续稳定进行监控，客户逾期后直接走催收流程。
- ❑ **预警式管理**：在粗放式管理基础上，商业银行逐渐认识到贷中管理的重要性，在贷中管理的业务场景中，增加对存量客户的信用监控。主要以离线监控贷中客群风险情况为主，针对不同客群风险设置不同的应对策略，同时配置模型、策略相应的评价体系报表。

- ❑ **集约化管理**：加强存量客户的集约化管理，具备所有场景额度调整业务，针对风险客户进行降额处置和批量降额处置，提升主动提额和被动提额用户体验，实现额度利用最大化，同时巩固客户黏性，降低流失率。
- ❑ **科学化管理**：贷中管理兼具防控风险和挖掘客户价值的作用。它是一个整体与细分相结合的体系，不仅能有效提高风险识别的时效性和准确性，及时发现风险、处置风险，还能深入挖掘客户价值，提升收益水平，帮助商业银行实现风险、收益、资本三方的平衡，提升信贷资产质量，实现客户的精细化和科学化管理。

6.3.1　贷中策略框架

随着获客成本的提高，存量客户的风险不断攀升，并持续挤压信贷业务发展。信贷业务从增量时代走向存量时代，贷中策略是当前信贷风险管理的重要战略要地。要做好贷中管理，就需要通过量化风险管理策略，实现精细化风险经营，减少存量客户的风险，而损失率就是关键的量化指标，公式如下：

$$损失率 = \frac{坏账总额}{总贷款额}$$

我们将风险损失率进一步拆分为总贷款额和坏账总额。总贷款额由总账户数和平均账户额度组成，而平均账户额度又由平均账户限额和账户额度使用率构成。因此，总贷款额的计算公式如下：

$$总贷款额 = 总账户数 × 平均账户限额 × 平均账户使用率$$

坏账总额由坏账户数和坏账户额度组成，而坏账户额度又由平均坏账限额和坏账额度使用率构成，坏账总额的计算公式如下。

$$坏账总额 = 坏账户数 × 平均坏账限额 × 坏账额度使用率$$

将上述公式整合，可以得出损失率的计算公式如下。

$$损失率 = \left(\frac{坏账户数}{总账户数} \right) × \left[\left(\frac{平均坏账限额}{平均账户限额} \right) × \left(\frac{坏账额度使用率}{平均账户使用率} \right) \right]$$

从上述公式可以看出，坏账客户额度限额越高，损失越大；好客户限额过低，对损失率也有不利影响。因此，为了降低坏账率，贷中策略的管理目标是扩大分母并控制分子。简言之，商业银行需要控制高风险客户的使用额度，同时留住优质客户，并鼓励优质客户使用信用额度。贷中管理的核心业务分为两个方面：一方面进行贷中预警管理，及时发现坏客户，并进行限额管控；另一方面挖掘存量客户的价值，提高好客户额度的使用率。

为了支持贷中管理的两个核心业务，商业银行还需要建立完整的策略框架，实时评估客户信用风险，采取相应的处置方案，并形成系统化的风险管理体系。贷中策略框架如图 6-11 所示。

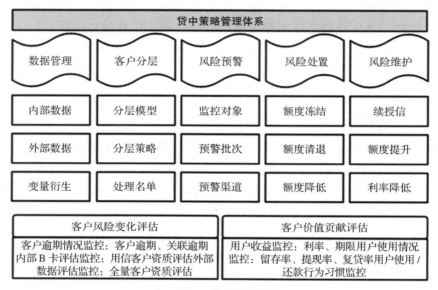

图 6-11　贷中策略框架

第一步，数据管理。贷中管理体系以数据驱动为基础。风控平台定期查询征信数据和三方数据，分析交易数据、还款数据、账户类数据以及人行信息等内外部信息，并根据这些信息衍生出多个变量，用于后续模型和策略规则设计。贷中数据管理内容如图 6-12 所示。

第二步，客户分层。此为管控的核心环节，根据贷中评分模型、人行共债模型、逾期模型、多头借贷模型、用信模型等组合成贷中策略规则集，通过风控平台进行自动化处理，输出贷中客户分层客群标签和名单。

第三步，风险预警。贷中风险预警策略的建设依旧遵循风控策略设计的基本逻辑，即按"客户分层—触发机制—管理分类—策略阈值"依次设定。贷中预警管理策略明确贷中环节监控客户对象范围，映射出不同类型的风险特征，形成风险标签，以及作为风险处置措施的执行依据，剔除不符合管控条件的客户，目标明确地遏制客户风险恶化。商业银行通常以一定周期处理风险任务，并根据贷中环节各类表现数据划分成不同的标签。典型的标签有还款风险、恶意透支、多头风险、套现风险。贷中风险预警标签分类如图 6-13 所示。

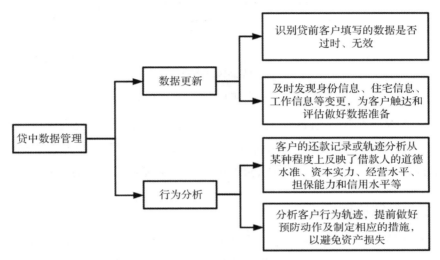

图 6-12　贷中数据管理内容

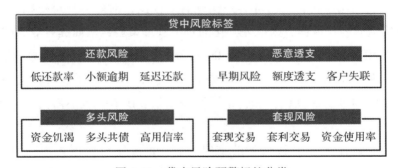

图 6-13　贷中风险预警标签分类

第四步，风险处置。根据不同的客户风险程度，对命中策略的客户，采取不同的风险处置措施。处置的实施过程需要和行内相关系统交互，以最大限度地减少银行损失为目标，实现风险客户额度的及时管理。常用的处置方式有还款提醒、额度冻结、提前结清、额度下调等。对处置的风险客户进行持续监控，判断该客户的风险是否出现拐点，对满足解除管控条件的客户进行额度解冻或者回调额度。同时需建立投诉争议处理流程，以应对客户对管控方案不满的诉求。贷中风控处置内容如图 6-14 所示。

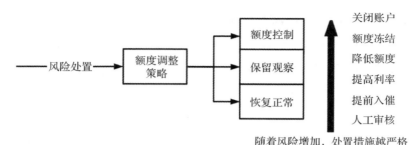

贷中策略风控处置

图 6-14　贷中风控处置内容

第五步，风险维护。通过各项风险指标的表现情况和策略规则，更新优质客户名单，设立有效的客服指标，持续优化客服体系，主动帮助客户匹配合适的金融产品。例如提升客户信用额度，降低信贷产品利息，实施短期的免息、展期等。

6.3.2　贷中策略应用

随着时间的推移，存量客户的行为特征必然会有一定变化，而这些特征在很大程度上可以体现出客户未来的信用风险和价值贡献度。贷中风控策略采用模型评分方式量化存量客户的信用和价值，对坏客户实施有效控制，对好客户进行精准营销，对具有不同潜在价值的客户群体，采取差异化的贷中管理策略，从而提升业务的综合收益。

贷中行为模型评分（Behavior Model Scoring）简称 B 卡，是指根据借款人放贷后的行为表现和历史行为数据，预测未来逾期风险，并再次评估借款人的信用程度，具体应用在贷中预警、额度调整和营销运营等场景。B 卡一般不需要实时上线，离线 $T+1$ 计算即可。

历史行为特征是 B 卡特征变量的主要内容。商业银行根据客户的历史表现和行内数据，挖掘出 B 卡相关的强特征变量。基于业务逻辑，B 卡特征变量可分为借款和还款行为、逾期行为、行为时间。

- ❑ 借款和还款行为：主要挖掘账户的使用情况，如新增贷款数量、还款额、在贷余额、应还额度、透支标签、授信金额、额度使用率。
- ❑ 逾期行为：以客户维度记录历史逾期情况，如历史最大逾期天数、最近 6 个月逾期次数、最近 12 个月逾期次数、历史最大逾期金额、历史逾期账户数、最近 12 个月最高逾期金额。
- ❑ 行为时间：时间窗口 + 变量主体 + 聚合函数，例如近 1 个月的消费额、近 1

个月的取现金额、近 1 个月的还款金额、近 1 个月使用额度、近 1 个月消费次数、近 1 个月取现次数。

在风险策略实际应用中，B 卡的本质是预测客户好 / 坏的概率值，并将其转为分数形式进行分类，最终输出客户贷中信用等级，如输出从 A 到 E 等级的其中一级，客户等级越低，风险程度越高，从而实现对客户的信用评估。

表 6-8 举例说明通过 B 卡评估客户的信用程度。根据评分区间的分布情况，可以看出随着 B 卡分数增加，坏账率逐渐降低，呈现出比较好的单调性趋势，可以理解为客户群体的价值分层，对分析新增或存量客户的信用资质、风险定价有很好的参考价值。

表 6-8　举例说明通过 B 卡评估客户的信用程度

B 卡分	信用等级	好客户	坏客户	坏账率
0～500	E	2	15	92.40%
501～550	E	22	44	61.80%
551～600	E	90	115	56.50%
601～650	D	255	190	47.30%
651～700	D	640	330	38.50%
701～750	D	1300	380	28.50%
751～800	D	2150	418	20.13%
801～850	B	2840	319	15.34%
851～900	B	3030	290	10.08%
901～950	B	2680	189	8.90%
951～1000	A	1980	95	6.12%
1001～1050	A	1340	51	4.50%
1051～1100	A	750	21	3.45%

虽然 B 卡可以直接体现贷款客户的信用资质和风险情况，但输出的评分难以很好地反映客户对用信额度的使用情况。因此，在实际应用中，商业银行通常会将 B 卡分数与额度相关的特征变量综合使用，以"额度使用率"作为主要特征变量。

此外，时间窗口也是一个重要因素，选用的时间窗口太长或太短，都难以体现客户当前真实的额度使用情况。综合考虑，选择"最近 3 个月的时间窗口"较为合适。这样与上述特征结合使用，可以产生新的特征变量"近 3 个月平均额度使用率"。

根据以上介绍，我们以"B 卡"和"近 3 个月平均额度使用率"为例，描述贷款风险管理策略的制定思路和应用逻辑。假设 B 卡输出的信用等级划分为 A、B、C、

D、E，从 A 到 E 代表客户价值依次降低。平均额度使用率分为 5 组，分别是 0 次、1～2 次、3～5 次、6～8 次、9 次及以上。根据 B 卡输出的信用等级和近 3 个月平均额度使用率，制定额度管理风险矩阵，如表 6-9 所示。二维交叉结果中的"风险极高""风险高""风险偏高""风险中""风险偏低""风险低"和"风险极低"代表贷款客户的风险等级。

表 6-9　额度管理风险矩阵

最近 3 个月平均额度使用率	B 卡分				
	E	D	C	B	A
0 次	风险极高	风险极高	风险高	风险偏高	风险中
1～2 次	风险极高	风险高	风险偏高	风险中	风险偏低
3～5 次	风险高	风险偏高	风险中	风险偏低	风险低
6～8 次	风险偏高	风险中	风险偏低	风险低	风险极低
9 次以上	风险中	风险偏低	风险低	风险极低	风险极低

由表 6-9 可知，不同的 B 卡与额度使用率可以体现不同的风险等级。根据决策矩阵输出的贷中客户的风险等级，制定贷中额度处置方案，处置逻辑如下。

- ❑ 风险极高：额度清退。
- ❑ 风险高：额度下调 50%。
- ❑ 风险偏高：额度下调 20%。
- ❑ 风险中：不调额。
- ❑ 风险偏低：升高 20% 调额。
- ❑ 风险低：升高 50% 额度。
- ❑ 风险极低：升高 100% 额度。

最终，根据 B 卡策略，得到以下贷中策略处置方案，如表 6-10 所示。

表 6-10　贷中策略处置方案

最近 3 个月平均额度使用率	B 卡分				
	E	D	C	B	A
0 次	额度清退	额度清退	额度下调 50%	额度下调 20%	不调额
1～2 次	额度清退	额度下调 50%	额度下调 20%	不调额	升高 20% 调额
3～5 次	额度下调 50%	额度下调 20%	不调额	升高 20% 调额	升高 50% 额度
6～8 次	额度下调 20%	不调额	升高 20% 调额	升高 50% 额度	升高 100% 额度
9 次以上	不调额	升高 20% 调额	升高 50% 额度	升高 100% 额度	升高 100% 额度

6.4 案例剖析

风控策略中的信用评分是一个舶来品。其中，最为闻名且被许多国际银行风控策略广泛采纳的信用评分方法是 FICO 信用评分法。1956 年，工程师 Bill Fair 和数学家 Earl Isaac 在旧金山创建了第一家信贷行业的咨询公司费埃哲公司（Fair Isaac Corporation），共同发明了著名的信用评分法，并以公司缩写词 FICO 命名。

在美国，FICO 信用评分法是一种非常重要的信用评分方法，用于预测个人获取信用卡或偿还贷款的可能性。FICO 的评分范围是 300～850，其数据来源是美国三大征信局（TransUnion、Experian 和 Equifax）。分数越高，表示信用状况越好。FICO 分数不仅被金融机构广泛用于信贷决策，还能帮助该机构确定提供给个人的信贷利率。因此，FICO 分数成为判断个人信用状况的重要标准。贷款能否申请成功，以及采用什么样的贷款的利率与优惠政策，都与个人的 FICO 分数紧密相关。事实上，90% 的金融机构都会参考 FICO 分数来做决策，这足以证明 FICO 分数在信用评估中的重要地位。

FICO 分数占比示例如图 6-15 所示。FICO 分数在 800 及以上的人通常具有出色的信用记录。这些人在多年内拥有多个信用额度，且从未超出任何信用额度，并始终按时偿还所有债务。分数在 740 分以上的个人也拥有非常好的信用，他们能够明智地借贷和消费，并始终按时付款。这类人往往更容易获得信贷，而且通常只需要支付较低的利率。较为常见的信用分数范围是 670～739。虽然这个范围内的个人的信用状况良好，但他们有时可能会延迟付款。当然，这些人通常也可以比较容易地获得贷款，但可能需要支付稍高的利率。最后需要关注的是分数在 579 及以下的个人。这些分数被视为不良的信用评分，通常是由于多次延迟付款、未能偿还债务或已转移到收款机构的债务所导致的。拥有此类 FICO 分数的人通常很难获得任何形式的信用额度。

FICO 的具体计算方法极其复杂而且保密，业务逻辑主要基于客户以往发生的信用行为，同时近期行为的衡量权重要高于远期行为，具体包含以下五个方面的因素。

1）信用偿还历史。影响 FICO 得分的最重要因素，占总影响因素的 35%。信用偿还历史主要显示客户的历史偿还情况，以帮助金融机构了解该客户是否存在历史的逾期还款记录。包括各种信用账户的还款记录、公开记录及支票存款记录、逾期偿还的具体情况。

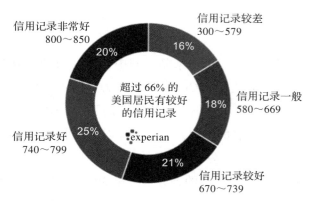

图 6-15　FICO 分数占比示例（该数据由 Experian2022 年研究简报提供）

2）信用账户数。该因素的影响程度仅次于信用偿还历史，占总影响因素的 30%。对于金融机构来说，一个客户有信用账户需要偿还贷款并不意味着这个客户的信用风险高。相反，如果一个客户的还款能力被用尽，则说明这个客户有过度用信的可能，同时也意味着具有更高的逾期还款可能性。

3）使用信用的年限。占总影响因素的 15%。一般来讲，使用信用的历史越长，FICO 信用得分越高。该项因素主要是指信用账户的账龄，既包括最早开立的账户的账龄，也包括新开立的信用账户的账龄，以及平均信用账户的账龄。

4）新开立的信用账户。占总影响因素的 10%。现今，很多人会倾向于开立更多的信用账户，选择信用购物的消费方式，FICO 评分系统也将这种倾向体现在信用得分中。据调查，在很短时间内开立多个信用账户的客户具有更高的信用风险，尤其是那些信用历史不长的人。

5）正在使用的信用类型。占总影响因素的 10%。主要分析客户的信用卡账户、零售账户、分期付款账户、金融公司账户和抵押贷款账户的混合使用情况，具体包括持有的信用账户类型和每种类型的信用账户数。

金融机构在进行风险评估时，通常会将 FICO 信用评分作为重要的参考依据。每个金融机构都有自己的贷款策略和标准，每种产品都有自己的风险水平，这些因素共同决定了金融机构可以接受的信用分数水平。基于信用评分，金融机构可以制定诸如是否发放、贷款额度、是否需要抵押等重要决策。

FICO 信用评分法对风险策略的启示作用

首先，FICO 信用评分法是对个人信用状况进行量化分析，通过数学模型对个人信用报告进行综合评估，预测信贷行为未来违约的可能性，具体内容如表 6-11 所示。

这种评分方法为金融机构提供了客观、标准的信用评估方式，有助于制定更科学、更有效的信用策略。FICO 信用评分法在美国能得以广泛使用的一个重要原因是 FICO系统收集了大量的个人信用记录，它是经过了严格的模型修正和压力测试而建立的标准化、客观的分级系统，结合 FICO 信用评分制定的风险策略能有效避免人工干扰，缩短信用审批的时间。

表 6-11　FICO 信用评分与违约率关系

信用评分	人数百分比	累计百分比	违约率
300～499	2%	2%	87%
500～549	5%	7%	71%
550～599	8%	15%	51%
600～649	12%	27%	31%
650～699	15%	42%	15%
700～749	18%	60%	5%
750～799	27%	87%	2%
800～850	13%	100%	1%

其次，经济环境、市场状况，以及申请者与借款人的信用能力在不断变化，金融机构的信贷政策也在不断变化，这就要求金融机构需要适时调整风险策略。所以，在制定风险策略后，金融机构需要对其进行持续监控，在应用一段时间之后，必须适当调整或重建。FICO 信用评分法为我国商业银行制定信用策略提供了参考，即在制定策略时需要考虑外部环境因素的变化，及时调整和优化评分模型，以提高信用评估的准确性和灵活性。

最后，FICO 信用评分法的成功经验也表明，建立完善的个人信用制度是实现有效个人信用评分的关键。我国应积极推动个人信用制度的建立和完善，加强与相关机构和部门的合作，实现个人信用信息的共享和标准化，为个人信用评分的建立和应用提供良好的环境和支持。FICO 信用评分法的基本思想是把借款人的信用历史资料与数据库中的全体借款人的信用习惯相比较，检查借款人的变化趋势跟经常违约、随意透支，甚至申请破产等各种陷入财务困境的借款人的变化趋势是否相似。

6.5　本章小结

在数字化转型和金融科技的持续赋能下，商业银行的全生命周期风控策略相对成熟且趋于标准。无论信贷业务有何变化，风控策略的核心主要包括贷前和贷中环节。

- ❑ 贷前环节的重点是前置准入、信息验证、信用评估、定额定价。首先，我们要进行前置准入工作，包括对客户的基本信息进行核实，确保其符合贷款的基本要求。其次，我们需要进行信息验证，这一步是为了确认客户所提供的信息的真实性和准确性。信息验证需要注意保护客户隐私，确保其信息安全。接着，我们需要进行信用评估，即需要对客户的信用状况进行评估，确定其还款能力和信用等级。针对新客户，我们需要制定相应的信用评估策略，从而更准确地区分好坏客户。最后是定额定价环节，在这一步，我们需要从全局和量化的角度对客户的信用状况进行评估，确定其贷款额度和利率水平。整个贷前策略的搭建和效果的承担则是终局，需要我们在此基础上不断优化和改进。

- ❑ 贷中环节的重点是行为监控预警和额度管理。通过对风控客户的识别预警和价值客户的精细化运营，我们可以更好地掌握风险状况和资金流向，从而更好地保障贷款的安全性和有效性。此外，还可以对贷款人提供更加个性化的服务，提升贷款人的体验和满意度。因此，在贷中环节的工作中，我们需要注重细节，充分发挥数据分析和运营管理的作用，以提供更好的贷款服务。

风控策略是大数据智能风控核心生产力，它不仅是大数据智能风控的主要产出，更是信贷业务的关键环节。本章在阐述风控策略内涵和管理流程的基础上，深入探讨了风控策略流程设计的细节，着重介绍贷前和贷中风控策略的实践应用，帮助读者掌握风控策略的开发和优化思路，通过加强对客户的差异化管理、精细化运营，提升策略工作的效益和效能，促进信贷业务高质量发展。

第 7 章

智能反欺诈

随着金融科技的不断进步，信贷模式和金融场景日益多元化，商业银行不断简化信贷申请流程，以适应市场需求。在营销、申请、授信、用信等各个环节，客户均可通过互联网完成业务办理，无须线下面签，不仅节省了客户的时间，还提高了银行业务办理效率。

商业银行在给客户提供便捷服务的同时，也面临着更加专业的欺诈风险。根据中国工商银行发布的《2022 年网络金融黑产研究报告》，黑产对商业银行业务的关注度逐年攀高。从图 7-1 可以看出，商业银行被攻击的数量呈高发态势。欺诈风险不断向信贷业务领域延伸，对商业银行的资金安全、社会声誉乃至金融运营造成严重威胁。

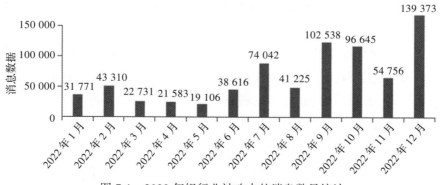

图 7-1　2022 年银行业被攻击的消息数量统计

　　为了遏制信贷欺诈活动，维护金融市场的公平和正常秩序，我国通过多项法律法规和监管政策，明确提出对商业银行反欺诈能力建设的要求，如《银行保险办操作风险管理办法》《商业银行资本管理办法》。面对日益严峻的欺诈风险和国家政策对反欺诈能力建设的要求，商业银行急需加强欺诈风险管理，完善智能反欺诈体系，精准打击欺诈行为，以在当前竞争激烈的市场和强监管政策要求下保持优势。

　　本章首先介绍信贷欺诈行为的内涵和特征，接着介绍黑产现状和上、中、下游产业链协作方式，然后重点讲解智能反欺诈能力体系建设，力求深入解析反欺诈技术精准识别和防范能力，最后总结商业银行既要精准打击欺诈风险，也要执棋先行，建立全面有效的欺诈管控体系，及时堵截欺诈风险。只有这样，商业银行才能更好地保障自身的安全稳定运营，为整个金融体系的正常发展贡献力量。

7.1　信贷欺诈行为的内涵和特征

　　结合信贷业务特点，我们将信贷欺诈行为定义为银行员工、客户或第三方，单独或与他人联合，用虚构事实或者隐瞒真相的方法骗取不正当的好处或利益，造成商业银行财务或其他方面损失的行为。

　　信贷欺诈行为由四项基本要素构成：

- ❑ 欺诈方必须有欺诈故意态度，即故意进行欺诈行为。这意味着他们必须是有意识地在进行欺诈。
- ❑ 受欺诈方的错误意思表示，商业银行错误评估了欺诈方的真实意图。这可能是由缺乏信息或某些信息不准确而导致的。
- ❑ 欺诈方的欺诈行为，例如伪造文件、冒用身份、虚构事实等。
- ❑ 受欺诈方的错误意思表示，即欺诈方的行为导致受欺诈方产生了财务上的损失。

　　综上所述，信贷欺诈行为是指在信贷活动中，借款人或其他相关方通过提供虚假材料、非法信息等欺诈手段，以非法占有为目的，从金融机构获取贷款、信用卡等信贷资金的行为。在信贷欺诈中，根据欺诈实施主体的不同，可以划分为第一方欺诈、第二方欺诈、第三方欺诈。第一方欺诈是指客户本人以欺诈手段获取收益的行为，例如虚报收入或资产等。第二方欺诈是指银行内部员工利用职务之便，从银行或客户中获取不当收益的行为，例如伪造贷款申请、篡改客户信息等。第三方欺诈是指盗用别人身份信息进行欺诈活动，这些盗用人既不是客户也不是银行内部员工，他们通过冒充他人的身份来获利，例如通过冒用他人身份信息申请贷款、信用卡等。

7.1.1　信贷欺诈特征

信贷欺诈的特征多种多样，其中最为突出的特点可以概括为"伪"与"冒"两个字。"伪"是指制造虚假数据、信息和材料等。例如，通过伪造房屋产权、工资收入、银行流水等材料，达到提高个人信用评级、获得更多贷款额度的目的。"冒"是指盗用他人身份、信息、数据等。例如，冒用他人身份证、银行卡等信息，获取贷款、信用卡等信贷资金，从而非法获利。信贷欺诈的特征也随着社会、科技的发展不断变化。除了"伪"与"冒"之外，信贷欺诈还具有隐蔽化、产业化、专业化的特征。

1. 隐蔽化

传统信贷业务在线下网点办理相关手续，信贷人员可以在现场核实借款人身份，通过尽职调查了解借款人的意愿，容易发现欺诈风险。在互联网信贷业务中，借贷双方通过网络交换信息，借款人隐藏不利于自己借款的各种信息，导致借贷双方信息不对称的信贷欺诈更为隐蔽。信贷欺诈的隐蔽化主要体现在以下三方面。

- ❑ 异地作案：信贷欺诈不受空间限制，逐渐呈现移动作案的趋势，甚至同一欺诈团伙成员可能来自世界各地。
- ❑ 小额多发：由于互联网信贷具有普惠性，服务客户下沉，单笔诈骗造成的损失多数都在万元以下，欺诈分子依托先进的技术手段，可以进行 24 小时不间断的持续欺诈，导致欺诈事件频繁发生。
- ❑ 取证困难：信贷欺诈多存在盗号盗刷、冒用身份等问题，仅仅依靠传统手段很难取证，一旦欺诈事件发生，追偿难度往往极大，导致贷款本金的全额损失。

2. 产业化

与传统欺诈手段相比，互联网信贷欺诈往往是有组织、成规模、产业化的。欺诈行为的实施往往是上、中、下游多方协作、紧密配合，同时涉及欺诈金额巨大、涉案人员众多，已经形成一条黑色犯罪产业链。这条产业链主要包括开发制作、批发零售、诈骗实施、洗钱销赃四大环节，这些环节又细分为软件开发、硬件制作、网络黑客、钓鱼零售、域名贩子、个信批发、银行卡贩子、电话卡贩子、身份证贩子、电话诈骗、短信群发、在线推广、现金取现、电商平台购物、黄赌毒网站等多个具体分工。规模较大的欺诈团伙及集团的欺诈行为主要通过系统自动化、信息化、批量化方式进行，很少有人工进行干预。

3. 专业化

当下在信贷领域，云计算、大数据、人工智能、生物识别等新兴技术已经广泛应用在产品创新、流程优化、效率提升等方面。信贷欺诈手段也随之快速更新，从原来的盗号、盗刷、身份盗用等撒网式的欺诈，逐步向更精准的欺诈转变，如电信诈骗、金融理财、虚拟货币等新型组合型复杂手段。在进行欺诈行为时混淆使用数字金融、移动金融、大数据、互联网技术、人工智能等新兴技术，使得欺诈手段更具迷惑性，更加难以被识别。

在近几年推进数字化转型、拥抱金融科技的大环境下，金融欺诈渗透环节多，呈现出专业化的趋势。第三方支付、供应链金融、网络借贷、消费金融、传统金融领域都有不同的专业欺诈手段。例如，在第三方支付领域，欺诈行为主要有信用卡盗刷、洗钱等。在供应链金融领域，虚假交易、虚构经营数据是主要的欺诈手段。网络借贷领域面临的欺诈行为主要包括网贷平台欺诈、冒用身份、多头借贷、套现欺诈等。消费金融领域面临的欺诈行为则包括盗号、盗刷、欺诈申请等。传统金融领域主要面临的欺诈行为包括信用卡欺诈、非法集资欺诈、以支票和银行承兑汇票为代表的金融凭证欺诈等。不同金融领域的欺诈手段如图 7-2 所示。

第三方支付领域	供应链金融领域	网络借贷领域	消费金融领域	传统金融领域
盗刷	虚假交易	网贷平台欺诈	盗号	信用卡欺诈
		冒用身份	盗刷	集资欺诈
			欺诈申请	
洗钱	虚构经营数据	多头借贷	转卖套现	金融凭证欺诈
			退款套现	
		套现欺诈	虚拟交易套现	保险欺诈

图 7-2 不同金融领域的欺诈手段

7.1.2 欺诈风险形成条件

信息不对称是实现欺诈行为的先决条件。在互联网信贷市场中，由于借款人提供的信息量和维度有限，因此信息不对称现象更加突出。借款人拥有更多信息，而商业银行则处于信息劣势，这种信息劣势会促成欺诈的萌发和实施。

此外，借款人缺乏诚信观念和自我约束力也是欺诈风险形成的重要原因。我国的诚信体制建设已经取得了一定程度的进展，但失信处罚制度尚未完善，诚信宣传力度和普及程度有待提高。例如，一些借款人缺乏诚信观念，对失信后果认识不足，为了利益而无法自我约束，成为骗贷者的可能性增加。此外，借款人的财务状况也可能对欺诈行为的实施产生影响。例如，借款人可能因为经济困难而无法按时偿还贷款，在这种情况下，一些人可能会选择欺骗商业银行，以获得更多的借款。更有甚者，他们会故意夸大收入或资产，以获得更高的贷款额度。这些行为都会增加商业银行的欺诈风险。

7.1.3 欺诈风险与信用风险

欺诈风险与信用风险密切相关，二者相互作用、相互影响。欺诈风险是导致和放大信用风险的原因之一。当欺诈发生在信贷业务领域时，可能会引发新的信用风险或扩大本身的风险程度。如果信用风险的管理机制和流程设置不当，则又会成为欺诈风险的导火索，由信用风险最终演变成欺诈事件。欺诈风险和信用风险是信贷风控体系的主要内容，虽然在风险控制理念上有相似之处，但由于二者在风险管控的底层逻辑和立足点存在本质上的差异，因此在信贷业务场景应用上也有很多不同点。

欺诈风险是指恶意骗贷的风险。欺诈风险不是信贷业务展业考虑的基础因素，承担欺诈风险不会让商业银行取得风险溢价和业务收益。商业银行与欺诈风险是一种被动承担的关系，风控的目的在于绝对减少和控制欺诈风险。信用风险是指借款人因各种原因未能及时足额还款而违约的可能性。商业银行会主动承担信用风险，信用风险是信贷业务的基础。商业银行通过风险溢价在借款发生时已经做了风险覆盖。

欺诈风险的主体是故意骗贷的人群，他们通过虚构或隐瞒自己的个人信息或资产负债情况来骗取贷款。这些人通常有恶劣的信用记录，或者曾经有过欠款或逾期的行为。相比之下，信用风险的主体是那些非故意骗贷的客群，他们可能会因为突发事件或暂时原因导致资金无法周转而逾期。这些人通常有较好的信用记录，但在一些特殊情况下，也有可能会出现逾期的情况。为了最大限度地减少这些客群的信用风险，商业银行需要对他们的个人情况进行全面的评估，并在必要时提供适当的帮助和支持。

在欺诈风险管理方面，商业银行需要对客户提供的贷款申请信息进行详细的核实和评估，确保其真实性和准确性。商业银行可以通过多种途径，如电话、短信等方式，与客户进行多次沟通，以确认其身份和贷款需求。此外，商业银行会对客户的职业、经济来源、家庭状况等进行全面调查，以评估其可能存在的欺诈风险。商业银行还会对内部人员进行培训和监督，以避免其利用职务之便从事欺诈行为。在信用风险管理方面，商业银行主要基于客户提供的真实有效资料，评估其还贷能力。商业银行不仅需要考虑客户的收入和财务状况，还需要基于客户的信用历史，以更好地了解其还款能力。如果客户的信用历史良好，商业银行可能会考虑为其提供更高的贷款额度和更优惠的贷款利率。同时，商业银行也会根据客户的风险等级对贷款利率进行相应的调整。

7.2 揭秘黑产

传统信贷业务通常会进行线下欺诈调查，有利于及时发现与防范欺诈风险。相比之下，互联网信贷既无抵押又无担保，再加上信息不对称，欺诈成本大幅度降低，存在较多欺诈风险隐患，较易吸引有欺诈意图的客户。一旦骗贷成功，就会形成破窗效应，催生一条特殊的黑色产业链，将链条的各个群体绑定成一个利益共同体，形成一个规模庞大的欺诈集团，实施产业化骗贷。

黑色产业链简称黑产，是指通过非法活动利用各种工具实施信贷欺诈的犯罪行为。黑产集团已经呈现团伙化、地域化、年轻化、产业化等特点。根据中国互联网协会关于黑灰产市场规模的一项统计数据，中国黑灰产从业者平均年龄 23 岁，市场规模高达 1100 亿元，造成 915 亿元经济损失。现阶段的黑产具有分工明确的层级团伙，不同层级团伙专注于不同的任务。

黑产按照供需关系分为资源层、服务层、变现层，并以此来区分产业链的上中下游，下面将详细介绍黑产上游、黑产中游和黑产下游的相关内容。

7.2.1 黑产上游

黑产上游链条提供技术支持，通过黑卡、猫池、群控平台、接码平台、打码平台、改机工具等手段把控黑产骗贷的底层基础资源。这些平台和工具为黑产提供了诸如批量注册、非法套现、伪冒信贷等功能，使得黑产的诈骗手段更加隐蔽和高效。

猫池厂商可以提供大量的电话卡，用于虚假注册。群控平台通过一台设备远程控制多个手机，实现批量申请信贷产品。打码平台、接码平台则分别提供验证码识别和接收，帮助黑产轻松绕过风控拦截。

下面介绍几个黑产研究对抗中具有代表性的攻击手法，希望读者重点关注，实现对相关手法的预防。

1. 黑卡

黑卡是指没有经过实名认证，被卡商伪冒身份诈骗贷款的电话卡，主要分为以下 3 种。

- ❏ 海外卡是卡商直接从海外购入的手机卡，这些卡无须实名认证，花费很少，非常切合黑产利益。
- ❏ 物联网卡是专为物联网设备设计的卡，硬件和外观与普通 SIM（Subscriber Identity Module，用户识别模块）卡相似，采用专用号段，并加载针对智能硬件和物联网设备的专业化功能。
- ❏ 虚拟卡是指在电信行业，虚拟运营商未拥有自己的通信基础设施，而是租用其他运营商的网络资源，使用专属手机号段，例如 170、171、165 等，提供各类通信和增值服务。虚拟运营商通过自己的计费系统、客服号码、营销和管理体系将这些通信服务出售给黑卡商，以此获得收益。虚拟卡没有实体卡片，具有普通电话号码的功能，仅可以接听和拨打电话。

黑产上游从卡商大量购买黑卡，将黑卡插入猫池设备并接入收码平台，然后通过收码平台接收各种验证码业务，根据业务类型的不同，每条验证码可以获得0.1～0.3 元的收入。

2. 猫池

早期使用 ADSL（Asymmetric Digital Subscriber Line，非对称数字用户线路）宽带时，用户通常需要一个设备来进行信号转换，才能在电脑或路由器上拨号上网。我们一般将这个设备称为"猫"（Modem，调制解调器）。猫池就是将相当数量的"猫"连接在一起，实现对多张手机卡的管理。

简单来说，猫池是一种新型网络通信硬件设备，就像一个能插多张手机卡的简易电话，可同时支持多个手机号通话，并支持群收发短信、远程控制、卡机分离等功能。一台猫池设备上可同时插入数十张黑卡。黑产一般利用猫池支持群发短信的特点，同步发出大量含有钓鱼网站链接的欺诈短信，或者利用猫池支持群收短信的特点，形成验证码接收平台，后将验证码售卖给不法分子。

3. 群控平台

群控平台是指通过一台电脑或手机设备控制批量手机的行为，分为线控和云控两种形式。线控是指信号发生器与被控制的手机设备通过线缆进行连接。云控是指手机搭载了云技术，可以实现远程控制，可以用任意一台计算机通过云端控制手机终端上的资料，随意调取所需的信息，或者使用另一部手机用 ID 登录云服务器。通过群控平台，黑产可以实现一台终端对多台手机的控制。群控平台与改机工具进行搭配，可以在短时间内制造成千上万不同设备的信息，适用于黑产人员进行批量攻击。

4. 接码平台

接码平台是指专门提供他人手机号码，接收金融机构短信验证码并将其提供给黑产资源平台的服务。通常情况下，人们会使用自己的手机号接收验证码，但现在手机号都是实名制的，从事黑产活动的人员不可能用自己的手机号接收验证码再注册账号来开展黑产活动，而接码平台支持提供大量廉价又真实存在的注册号码。

早期的接码平台收集大量非实名手机黑卡，通过群控平台进行短信验证码的收发。由于黑卡归属地以及号段聚集的特点，这种欺诈行为很容易被风控模型标识并拦截。最新流行的接码平台采用众包模式，通过网络兼职方式招募大量正常手机用户，吸引用户出租其手机短信服务以接收验证码。在用户同意并授权接码平台后，系统自动获得读取、发送用户手机短信等权限，自动接收平台下发的接码任务并将收到的验证码发送回接码平台。

5. 打码平台

打码平台主要负责破解验证码，并将正确的验证结果返回给黑产，增加商业银行验证码被破解的风险。许多金融机构客户端会通过验证码来识别黑产攻击行为，对识别到的异常请求进行拦截。打码平台已成为大多数黑产必备的工具，为黑产提供接口，突破金融系统的防伪拦截手段。随着技术的发展，打码平台引入大量机器学习算法对验证码进行识别。打码平台会对处理过的字符进行训练，实现 7×24 小时识别各种验证码，包括识别图形、坐标点、缺口等各类验证字符，并返回对应的结果或坐标。打码平台可以输出正确的验证码，为需要验证的业务（例如撞库）提供了极大的便利。某打码平台的宣传网页如图 7-3 所示。

图 7-3　某打码平台的宣传网页

6. 改机工具

改机工具是黑产团伙大规模作恶的重要技术手段。通过改机，黑产可以批量伪造新设备，绕过金融机构的反欺诈识别。黑产改机有 Android/iOS 模拟器、手机应用多开、手机应用分身 3 种方式。基本原理是在 Root 的基础上，对 App 获取系统和设备信息的 API 进行 hook 操作，将内容替换为伪造的系统和设备信息。理论上说，通过改机工具，可以实现无数台手机操作。

7. 伪基站

伪基站是黑产违法组装的一种高科技仪器，通常会被安放在较为隐蔽的地方。它能够强制连接用户的手机信号，窃取一定范围内的手机信息，并冒用手机号码或公用服务号码强行向用户手机发送短信。伪基站的主要特点是可以干扰和屏蔽一定范围内的运营商信号，随意更改发送的号码，可以选择尾号较好的号码，也可以使用尾数为 10086 或 10010 的号码，使手机用户误以为是电信运营商发送的短信。黑产利用伪基站设备发送带有木马链接的短信，从而盗取公民重要信息，如银行卡信息和短信验证码。这已经成为一种非常普遍的犯罪方式。

8. Wi-Fi 渗透工具

Wi-Fi 渗透工具主要被黑产团伙用于信息窃听、流量劫持等犯罪行为，其工作原理是通过网络中间层入侵劫持，伪装一个免费的 Wi-Fi 信号让用户登录使用，从而达到获取用户个人信息的目的。当任意用户连接由此设备创建的 Wi-Fi 时，用户的浏览记录就会被监听，用户访问网页时的站点也可以随时被修改替换。经过简单配置，此设备也可以强制使附近的客户端自动连接到黑产创建的伪装 Wi-Fi，而不需要用户去主动连接。

9. 短信嗅探

短信嗅探是短信劫持的新型黑产手段，它通过一些特殊设备采集附近手机号码和机主信息，实现不接触目标手机而获得目标手机所收到的验证短信，进而利用各大银行和移动支付 App 的漏洞，实现信息窃取、资金盗刷和网络诈骗等犯罪行为。一般情况下，短信嗅探技术只针对 2G 网络，但不法分子通过特殊设备压制信号或者网络质量不佳导致网络降频，也有可能在 3G 或 4G 网络时盗取手机信息。

7.2.2 黑产中游

信贷黑产中游整合上游资源，为下游攻击提供各种服务支持。黑产中游以黑产中介为主，从业人员大多具有银行业催收、信贷、保险、征信处理的背景，对信贷行业相关业务和流程十分了解，专业化程度较高，他们会充分利用商业银行的漏洞为借款人提供便利，并牟取非法利益。

黑产中介的主要客户为黑户。黑户是指有不良征信记录或者较严重信贷逾期记录的群体，这类群体基本无法在银行获得贷款或者办理信用卡。黑户是贷款申请欺诈的主要参与者，此外还有无稳定收入或者高负债人群。黑产中介主要通过寻找各类信贷平台的风控漏洞，帮助黑户以及其他高危群体通过非法手段获得商业银行的授信额度，并从中抽取授信额度的 15% 到 50% 作为服务报酬。黑产中介的主要职能如图 7-4 所示。

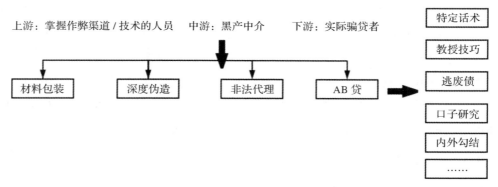

图 7-4　黑产中介的主要职能

黑产中介常说的"口子"，就是我们平时说的风控漏洞。商业银行的信贷业务通常在移动客户端上完成申请，具有申请便捷、审核快、放款快等优点，适合短期资金周转不开的人群。因此，网贷业务通常无须线下面签环节，容易成为黑产中介的主要攻击对象，材料包装、深度伪造等难度相对线下业务容易。黑产中介通过掌握的"口子"，吸引更多有资金需求却无法获得授信的高危客户群体办理业务。以下是黑产中介主要的非法行为。

1. 材料包装

在信贷黑产中，材料包装是黑产中介最主要的手段。黑产中介主要通过伪造工作证明、工资流水等虚假材料对不符合商业银行贷款要求的借款人进行包装。工作收入是借款人的第一还款来源，直接影响商业银行对借款人的资信评估。例如好的工作单位意味着申请人工作更稳定、收入水平更高、还款能力更强。工作单位固定电话能够作为还款提醒、逾期催收的有效手段，能有效提高申请人违约成本，从而控制风险。因此，工作材料的包装能使借款人更符合商业银行的审批条件。如果单位资料包装的风险在贷前审核的过程中未被发现，则贷后容易出现失联的情况。黑产中介材料包装常见内容如表 7-1 所示。

表 7-1　黑产中介材料包装常见内容

序号	材料包装类型	材料包装内容
1	职业信息	申请表单位虚构
2	职业信息	申请表单位真实存在，但申请人非申请表单位员工
3	代办包装	申请表单位为信贷中介
4	代办包装	申请表单位真实，但单位电话为中介电话
5	代办包装	申请人通过缴交社保公积金的方式挂靠申请表单位
6	联系信息包装	申请表单位信息真实，但固定电话虚假
7	联系信息包装	申请表单位信息真实，但单位地址虚假
8	联系信息包装	申请表单位信息真实，但单位联系人虚假

2. 深度伪造

深度伪造是一种基于人工智能的音频、视频和图像合成技术进行伪造的手段，是黑产中介科技含量较高的手段。它主要通过将图片、音频或视频合并叠加到源图片、音频或视频上，借助神经网络技术进行样本学习，将个人声音、面部表情及身体动作拼接合成虚假内容。深度伪造常见的方式包括 AI 换脸、语音模拟、人脸合成、视频生成等，可以逼真模仿原人物的面部表情和肢体语言。

深度伪造技术不断演进，几乎可以达到以假乱真的地步，普通人仅通过肉眼无法辨别真伪，使篡改或生成高度逼真且难以甄别的音视频内容成为可能，带来一系列银行信贷和资金安全问题。

3. 非法代理维权

非法代理维权实际上是一种恶意逃废债行为，又称为"债闹"。黑产中介一般通过互联网平台招揽客源，活跃于各个短视频平台、社交平台、投诉平台等。黑产会雇用大批专职或兼职的代理、中介人员，仿冒律师、法务、财务顾问，游说客户进行"逃废债"行为。此类黑产中介打着能为债务人减免债务的幌子，向债务人传授减免息差、延期还款技巧，教唆、煽动其主动逃避债务，甚至以违法手段拒绝偿还债款，主要表现以下 3 种方式。

- ❑ 假冒第三方专业人士进行宣传，发布虚假信息。如以"法务咨询""债务优化""揭露银行收费陷阱""停息挂账""代理维权"等为噱头，编造成功案例，利用短视频、微信朋友圈等媒体平台，以律师、法律工作者及相关专业人士的名义，发布虚假或误导性的金融代理维权信息。
- ❑ 当有客户联系黑产中介后，黑产中介会收取高昂的手续费作为佣金，随后提供套路化的逃废债教程，包括教唆并协助客户伪造虚假材料，如疾病证明、死亡证明、多头债务等一系列内容，通过虚假证明要求银行进行分期免息或本金减免。
- ❑ 怂恿借款人否认了解合约条款，教导专业应对话术，包括挑衅或诱导催收人员使用过激言语，然后凭借这些言语录音威胁举报银行恶意催收，并通过向监管机构进行不间断的重复恶意投诉，向商业银行不断施压，以达到减免息费、修复征信的目的，导致部分商业银行的监管客诉量持续上升并承受巨大社会舆论压力。

由于存在举证难、处置难、联系难等方面的难题，上述行为为商业银行的贷后管理带来了挑战，同时增加了商业银行通过司法途径对此类攻击进行打击的难度。公开资料显示，自 2020 年以后，国有大行、股份制银行信用卡及大多数城商行不良率普遍上升，有的银行不良率一度超过 6%，一年内增加两倍之多。债闹兴风作浪，无疑进一步加剧了银行坏账风险，而非法代理维权正是助长债闹的方式之一。长期来看，债闹势力和不良风气还可能影响其他关系国计民生的行业，影响社会稳定。

4. AB 贷

顾名思义，AB 贷的借款人分为 A、B 两个角色。黑产中介在网络上发布广告，以为征信不算良好、不具备贷款资质的人放款为诱饵，吸引那些风险系数高却急需用钱的贷款者。随着近年来信贷平台陆续接入征信，征信问题成为部分信用不好的借贷者向银行等机构申请贷款首要面临的问题。黑产中介假借 AB 贷来为这部分人申请贷款，从而赚取中介费。

AB 贷的实现流程如下。

第一步，黑产中介通过线上广告等联系到实际借款人 A，获得借款客户 A 的信息。如果 A 的资质较差，曾有过贷款逾期或者无法顺利完成贷款的情况，就会成为"AB 贷"中 A 的人选。

第二步，黑产中介向 A 提出，A 的信用分太低，或者以放款后银行资金可能被冻结等为由，让 A 寻找一个信用资质良好的朋友 B 帮助 A 提高信用分，B 不用承担任何风险。

第三步，当 A 带着 B 再次联系到黑产中介时，中介便会通过一些话术让 A、B 相信，B 只是帮个忙，A 贷款不会对 B 本身有任何的影响。在贷款过程中，中介通过 B 的手机进行线上贷款申请，最后的实际借款人为 B。后期还款过程中，当 A 不还款时，B 就必须还款，否则就会发生逾期。

由于网贷申请门槛较低，只需要提供个人身份证信息和工作证明，授权查询个人征信即可申请贷款。相较于传统信贷业务，网贷业务办理更加便捷，但更容易成为黑产中介的主要攻击对象。黑产中介主要通过寻找各类信贷平台的漏洞，帮助借款人进行数据包装，同时利用风控漏洞，吸引更多有资金需求却无法获得授信的高风险客户前来办理业务，以获得信贷平台的授信，抽取高额回扣作为黑产收入。

7.2.3　黑产下游

黑产下游是指那些负责实施欺诈行为的人员或组织，通常会采取欺骗或其他非法手段，将商业银行的资金占为己有，通常分为以下几类场景。

1. 信用资质较差

这类客户的信用资质较差，由此带来的风险也较高。他们不仅面临着高额的还款压力，还有可能陷入无法还清债务的境地，很难通过合法渠道获得贷款。如果确实急需资金，则他们往往费尽心机，最后走向通过黑产中介包装申请贷款的不归路。这样一来，他们就需要支付高额的手续费和服务费。这种情况下，这些客户可能会陷入恶性循环，陷入更深的困境。

2. 法律知识淡薄

这类客户缺乏法律知识，不了解信贷违约后果。当他们对互联网信贷业务熟悉，判断商业银行对欺诈风险识别能力不足后，随即萌生了欺诈意图，认为即使自己违约也未必遭受惩罚。他们的欺诈意图通常会被周围的不法分子不断强化，最终决定效仿他人进行骗贷，殊不知这种行为会带来非常大的风险和不良后果，包括被追究法律责任、信用记录的恶化以及长期的财务压力。

3. 教唆受骗

此类客户通常因缺乏相关社会经验、信息不对称等，被黑产中介虚假宣传、教唆或者恶意隐瞒申请贷款，无法了解贷款的真实状况。黑产中介通常会利用各种手段来达到他们的目的，比如夸大贷款额度、隐瞒费用、修改征信等。这些行为会给这类客户带来长期的负面影响，比如陷入违约、还款困难和信用丧失等严重后果。这些后果不仅影响他们的个人生活，还可能会对他们的职业生涯产生持续的负面影响。

4. 非法套现

此类客户主要通过虚假的刷卡消费交易，将信用卡额度非法转化成现金。非法套现方式包括但不限于以下几种。

- ❑ 利用他人的信用卡进行消费，从而让他人的信用额度转化为现金。
- ❑ 与商家或某些黑产中介合作套现，从中分成。
- ❑ 利用一些网站或公司的服务等套现，将信用卡额度转化为现金。
- ❑ 以卡养卡，通过不断申请新的信用卡来支付旧的信用卡账单，从而达到延迟还款的目的，这样做不仅会增加个人的债务，还会导致信用记录受损。

5. 团伙骗贷

此类客群不同于其他欺诈群体，他们是有组织、有计划的信贷诈骗团伙。该群体通常会联合起来对一家或多家金融机构进行攻击。他们的行为特点通常是同一批申请人的申请时间和地点接近，工作单位和工作岗位相似，资产资料有较为明显的共通点。

团伙骗贷通常分为三组：第一组负责寻找合适的申请人，第二组购买用户信息、虚假证件和资料并进行包装，第三组则专门研究金融机构的风控策略，探索并搜集各类口子。在这种团伙骗贷的欺诈行为中，多名欺诈分子会对金融机构进行试探性申请，一旦申请通过，欺诈团伙会按照这名同伙的资料为其他申请人进行包装，并总结金融机构的风控政策和审核规律，以便后续更容易地通过金融机构的审核。

与其他欺诈行为相比，团伙骗贷的欺诈金额较大，通常伴随着内外勾结行为，银行的客户经理也可能参与其中。总的来说，团伙骗贷行为的构成和过程十分复杂，银行在审核过程中很难进行风险识别和采取防范措施。

7.3 智能反欺诈能力体系建设

传统信贷反欺诈通常面临三大挑战。

首先，传统反欺诈数据维度单一，难以深入挖掘欺诈分子的行为偏好、偿债能力、支付能力和欺诈倾向等方面的信息，从而无法准确识别欺诈行为。由于数据来源单一，我国尚有三至四亿人群没有信用卡和其他借贷记录，这就需要构建具有多维度数据的征信体系来减少欺诈风险。

其次，传统反欺诈技术需要大量人工操作，应用成本高，效率低下。信贷业务具有客群下沉、交易频繁、实时性强、数据量大、小额高频等特点。黑产团伙根据这些特点不断升级技术来逃避传统反欺诈的风险控制。传统的反欺诈体系在面对海量且复杂的数据以及非实时操作时，无法协同工作、无法进行深入分析并提供决策预警。

最后，传统反欺诈体系难以对账户交易资金的转账链条、路径、网络进行深入、快速、全量的计算与追踪。本质上是因为基于数仓或大数据框架的反欺诈系统不具备深度穿透、关联计算的能力，反欺诈的规则烦琐、低维、效率低、准确性差。

由于传统信贷反欺诈维度单一、效率低下、范围受限，难以应对新型的欺诈手段，信贷欺诈风险不断扩大，反欺诈形势越发严峻。为了应对这些挑战，突破传统的反欺诈模式和技术手段，商业银行需构建智能反欺诈体系，包括三大底层能力、四大应用能力和一个工作流，以提升线上业务反欺诈能力，实现对欺诈风险多层次、立体化的全面防御。

7.3.1 反欺诈底层能力建设

智能反欺诈能力体系建设离不开底层能力支撑。这些底层能力可分为数据层、建模层和架构层 3 层。

1. 数据层

商业银行需要打通各数据集市通道，从各种合规来源收集大量数据，深度整合客户的欺诈风险事件信息、欺诈案件信息、司法查控信息、地址信息、设备指纹信息、个人涉诉信息检查、Wi-Fi 信息等，搭建更加完善的欺诈信息名单库和客户数据画像标签，将分散在各业务系统的欺诈风险信息和数据整合至标准化、统一化的信息平台，为银行各业务领域提供定制化的欺诈数据共享服务，实现反欺诈数据的应用闭环。

在此过程中，"黑名单拒绝 + 灰名单核查 + 白名单通过"的名单制动态管理机制尤为重要。逻辑是将涉及黑 ID、黑中介、黑 IP、黑账户、黑设备、严重违法犯罪等确定的欺诈客户纳入黑名单管控，命中后直接拒绝；将疑似隐性关联异常、疑似隐性资金往来异常、疑似资金捐客等客户纳入灰名单管控，命中后挂起核实；将批量扫描后无欺诈风险的客户纳入白名单营销。

2. 建模层

建模层涵盖构建多维度（如涉黄、涉赌、涉毒、涉诈）风险特征库，并运用决策树、神经网络、系谱聚类等机器学习算法迭代建模，形成信贷欺诈识别监测模型库。基于模型识别和风险分析结果，对欺诈客户在风险评定、信贷授信、业务审批、交易限额等多业务领域进行惩戒限制，提升综合治理、系统治理效能。充分利用联邦学习等隐私计算技术，积极引入电信、公检法等非公开风险标签丰富模型特征，用带有欺诈与否标记的数据来训练分类模型，通过输出欺诈预测概率来判断交易是否正常合法，提升模型精准度。

3. 架构层

架构层从前端、中端和后端全面布局反欺诈技术，形成立体化的风险防御网络。具体来说，在前端实现人机核验和身份核验，识别该客户是真人操作还是群控机器，并在识别客户是真人的前提下，核实客户是不是本人。

中端主要实现可信度核验，对客户的信息进行交叉核验或者推理判断，识别疑似欺诈的客户。综合运用名单、规则、模型等多种手段形成不同维度、不同层级的欺诈侦测方案，构建统一的客户反欺诈筛查点，对客户进行全面欺诈风险排查，及时识别出疑似客户并拒绝准入。

后端针对不同产品的客户在申请和交易时的真实性进行核验。整合银行网络金融、信用卡、借记卡等各类交易型风险监测业务，提供实时、准实时、定时等多种欺诈风险监测手段，实现对银行欺诈风险的一体化监测。

7.3.2　反欺诈核心应用能力建设

在反欺诈底层能力夯实基础后，反欺诈核心应用能力便可有的放矢地运用到实际信贷的欺诈防控业务中。四大核心应用能力分别是设备指纹、关系图谱、人脸识别和声纹识别。设备指纹主要用于对设备终端的识别，关系图谱用于信贷黑产的追踪和定位，人脸识别用于防范身份伪装和冒用，声纹识别用于电联核身。

这四大核心应用能力可以帮助商业银行快速识别贷前申请、贷中用信、贷后催收等业务流程中的各类高风险异常行为，高效挖掘银行内外部的潜在欺诈行为和欺诈团伙，增强对未知风险的防范，量化评估欺诈风险的波及范围和影响力度，进一步完善和提高商业银行风险管理的可靠性和准确率。

1. 设备指纹

设备指纹是一种通过设备特征值准确识别设备并输出唯一标识的方法。设备特征值包括一些固有的、较难篡改的、唯一的设备标识，例如设备的硬件 ID、型号、形状、颜色、功能等。这些信息结合起来可以用于设备识别，就像我们在记忆人的时候会注意他们的长相、面部特征、性格、口音等多个方面。同样，设备的特征也是多方面的，而设备指纹就是这些特征的综合体现。

如今，设备识别早已成为互联网用户追踪的重要手段。随着移动互联网的普及，采集设备指纹的特征信息变得日益普遍，以智能手机为主，包括硬件、网络、系统三个方面。

- ❑ 硬件：包括设备品牌、型号、IMEI（International Mobile Equipment Identity，国际移动设备识别码）、处理器、内存、分辨率、亮度、摄像头、电池、陀螺仪、蓝牙 MAC、无线 MAC、出厂标识等。
- ❑ 系统：包括系统、版本、语言、开机时间、运行时间、电池状态等。
- ❑ 网络：包括 Wi-Fi 网络、运营商网络、信号强度、基站信息等。

采集到设备特征信息后，通过机器学习算法实时生成动态设备指纹。设备指纹涉及实时大数据多维度计算、主动式多维信息交叉对比、相似度模型算法、特征匹配标识算法、差异化设备指纹算法等技术，不局限于一两个系统或硬件信息，而是根据运行情况进行动态调整，提高数据的准确性和兼容性，使设备指纹真正成为设备的"身份证"。

作为每台设备的唯一标识，设备指纹能够提高设备安全性和用户体验。即使设备遭到黑客全方位的攻击，篡改硬件、修改底层固件、变更应用特征等，其稳定性仍然可以得到保证。设备指纹生成逻辑如图 7-5 所示。

图 7-5 设备指纹生成逻辑

设备指纹在信贷反欺诈领域通常用于团伙欺诈识别，其原理是将每一笔申请与设备指纹进行关联，从而发现同一设备是否有关联多个申请账户的情况，即是否存在虚假申请的可能性。已有的贷款欺诈案件表明，很多欺诈分子通过多人借款并将借款资金流向自己控制的账户，其实际控制主体是相同的。在互联网信贷中，欺诈分子可能使用同一设备申请贷款，并以多个不同主体的名义进行诈骗。设备指纹能够有效识别同一设备进行多次申贷的风险行为，并及时反馈到反欺诈系统的监控体系中，以预警高危欺诈风险行为。

设备指纹在信贷环节生成设备指纹 ID，帮助完善全流程的风控策略。由于互联网信贷业务在大多数情况下围绕商业银行的移动 App 来开展，因此移动 App 自然成为信贷风控的重点关注对象。商业银行不仅要在最终业务发生的时间点上进行风险探测和控制，还要尽可能地将风控环节前移。在用户注册、登录和使用 App 的环节上，提前进行风险特征的收集与评估，并在还没有业务申请信息的情况下，使用用户行为、设备信息等数据进行风险控制。设备指纹在信贷环节的应用如图 7-6 所示。

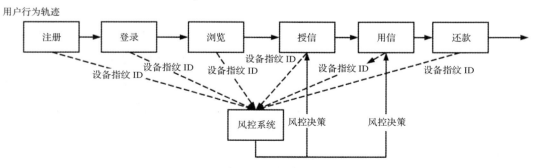

图 7-6 设备指纹在信贷环节的应用

设备指纹可以在最终的贷款风险决策点之前收集更多的风险信息。

❑ 在用户注册环节即可比对用户账号与设备指纹 ID 的绑定关系，判断是否属于高危登录。

❑ 比较注册、登录、授信等关键事件上设备指纹 ID 是否一致。特别关注一些高危行为模式，例如长期在同一台手机上登录、浏览，但是突然在另外一台手机上贷款的高危场景。

❑ 对于贷中用信、贷后的还款等环节，其设备层面的信息仍然可以为下一次的贷款风控决策所使用。

设备指纹除了可以对用户行为轨迹进行分析，还可以结合信用策略防范多头借贷的高风险场景，即在一台手机上通过不同的借款人身份来申请多次信贷产品。

❑ 检测同一设备指纹在过去 30 天的申请事件次数。

❑ 检测同一设备指纹上是否存在用户切换，即在该设备上原有的用户使用一张信用卡之后，突然使用另外的用户身份申请新的信用卡。

❑ 检测同一设备指纹上是否存在设备信息的篡改，例如：手机型号、IMEI 等。

随着金融业务的逐步线上化和移动化，设备指纹在信贷业务安全中的地位越来越重要。商业银行通过对设备指纹的收集、分析和比对，快速识别异常设备，并进行相应的安全措施，不仅能提升风险控制和反欺诈能力的有效性，还能为未来线上信贷业务安全体系的建设提供有力的支持和保障。

2. 关系图谱

关系图谱是人工智能的重要分支技术之一，它是一种结构化的语义知识库，用于以符号形式描述物理世界中的概念及其相互关系。它的基本组成单位是"实体—关系—实体"三元组，实体间通过关系相互联结，构成网状的知识结构。通俗地说，关系图谱就是将所有不同种类的信息连接在一起，从而得到相互联系的网络图谱。

在反欺诈领域，关系图谱的核心是人。它将与借款人相关的所有数据源打通，并通过对数据进行清理和抽取（如工作地址、姓名、身份证、单位、IP 地址、联系人手机号等节点），构建包含多数据源的知识图谱。通过整合这些数据，构建机器可以理解的结构化知识。

关系图谱的搭建逻辑如图 7-7 所示。当两个借款人在某个特征上相同或相似时，他们之间可能存在社会关系，此时可以用一条线将这两个节点连接起来。对于借款人各个节点数据的采集、处理和分析，以及所有在这些节点上发生的相关行为的连接，都可以构建多类型的实体关系网络，从而最终描述出与之相关的一系列借款人和行为。

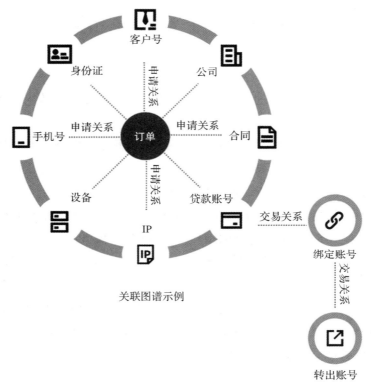

图 7-7 关系图谱的搭建逻辑

通过关系图谱对已有的借贷关系网络进行潜在关系挖掘，可以发现某个团体是否有集中骗贷行为，也可以发现高危人员的联系是否有交集，从中寻找欺诈风险系数较高的客户。关系图谱有助于有效识别数据造假、组团欺诈、辅助信贷审核、失联客户等，及时预警潜在风险，为商业银行进行反欺诈行为分析和风险异常检测提供支持。例如，某用户在申请信息中填写他是某个公司的员工，但在关系图谱中发现他与另一家公司的借款人共用一个手机号码，那么这个用户可能是潜在的欺诈人员。

根据贷前已经标记的欺诈社群，关系图谱对申请借款的客户进行扫描，并寻找与欺诈社群有紧密联系的用户，该用户属于这一欺诈社群的可能性更大。具体来说，反欺诈策略可以设置一些欺诈用户的判断规则，如与欺诈社群中的客户具有强关系

（亲属、配偶、属于一个 IP 地址），则认为该客户属于欺诈社群，并拒绝该客户的贷款申请。

关系图谱可以用于一致性检验，从申请信息、人行征信两方比对提高到申请信息、人行征信、关系图谱三方比对，寻找申请信息中存在逻辑不一致的地方，抓取潜在欺诈人员。例如，借款人的申请信息有时会同时属于两个互斥的类别，或者一个信息实体的某个属性对应多个值，这种情况就可以通过一致性检验抓取。

下面列举两个信贷业务中，利用关系图谱挖掘欺诈团伙的真实案例。

案例一　发现恶意骗贷团伙。某金融机构在使用关系图谱时发现，在最近 3 个月内，15 个贷款客户分别提交了 15 笔贷款申请。审批过程中未发现异常，其中 3 笔被批准。通过关联网络分析，发现其中一人与多个设备存在异常关联，该用户之前多次申请贷款但被拒绝，并且每次被拒绝后都会更换设备再次发起贷款申请。

经过进一步回访和调研确认，这 15 人属于恶意骗贷团伙。他们通过购买身份证进行资料伪造，反复申请贷款以骗取金融机构的资金。关联追踪显示，该客户先后使用过的 4 台设备在两个月内先后被其他 14 人发起过贷款申请，而在这些设备上申请成功的 3 笔贷款中有 2 笔已经逾期。

案例二　挖掘潜在高危团伙。某金融机构在半年时间内，完成了 30 余名贷款客户的贷款申请、审批和放款。每个客户的申请材料真实，审批流程没有异常，符合贷款产品审核要求。然而，通过关系图谱扫描分析，该机构发现这 30 余名贷款客户均在申请到贷款后的较短时间内向同一个归集账户转账 50 余笔，共转移近 700 万元。

经过进一步回访和调研确认，归集账户持有人与这 30 余名贷款账户持有人是同事、朋友或亲戚关系，贷款的资金被用于购房。如果将这 30 余名申请人作为相互独立的单独个体来评估，信用风险确实可控。但当大额的借款和偿债压力都集中在同一个人身上时，该客户无力偿还高额贷款的风险就很高。尤其是经济环境复杂多变，一旦归集账户持有人的还款能力出现问题或资金链断裂，就会出现连锁风险，导致 30 余笔贷款近 700 万元发生逾期甚至违约，给金融机构造成的潜在系统性风险和经济损失显著增加。

3. 人脸识别

为了避免借款人冒用他人信息或提供虚假身份，商业银行需要采取多重手段对借款人身份进行核实。人脸识别技术，如活体检测、人脸检测和 3D 连续性检测等技术，已成为商业银行移动终端配置的标配，并广泛使用在信贷领域中，这些技术具有便捷的人机交互体验和保密安全的特点。

活体检测是现代身份认证领域中的一项关键技术。它可以判定人脸是否为活体，从而防止恶意者伪造或窃取他人的生物特征进行身份认证。活体检测使用人脸关键点定位和人脸追踪等高级技术对用户进行验证，以确保他们是真实的人。这种技术可以通过眨眼、张嘴、摇头、左右转头、上下点头等组合动作进行检测，随机抓取多图进行活体判断，帮助商业银行甄别欺诈行为，保证人脸信息的真实有效性。

活体检测技术在人脸识别中扮演着至关重要的角色，是保障借款人信息安全和反欺诈的必备工具之一。2019年，某金融机构工作人员报警，在信贷审批中，反欺诈系统发现异常并预警，原因是在活体检测环节，贷款申请人无任何眨眼反应。在语音验证时，系统发现声音与贷款申请者性别不符，反欺诈系统转入人工审核。审核人员发现，贷款申请人的照片及活体识别视频中颈部有棕红色的勒痕，且双眼失焦，面部有青紫色的瘀血，怀疑贷款申请人被害，便向警方报案。警方立刻锁定犯罪嫌疑人，并移交司法机关进行调查审判。活体检测技术在侦破此起犯罪事件中起到了关键性的作用。

人脸检测是一种计算机技术，利用分析比较人脸视觉特征信息进行身份鉴别，包括人脸图像采集、人脸定位、人脸识别预处理、身份确认以及身份查找等步骤。该技术首先利用摄像头采集含有人脸的图片或视频，在图像中自动检测和跟踪人脸，并挑选出脸部的独特细节，如眼睛之间的距离或下巴的形状，以此精准定位包括脸颊、眉、眼、口、鼻等人脸五官及轮廓。然后，这些细节被转换为数学表示，并与人脸识别数据库中收集的其他人脸数据进行比较。

人脸识别的流程如图7-8所示。为过滤检测中不符合标准的人脸，该技术基于单张图片中人像的破绽（如摩尔纹、成像畸形等），对图片是否为二次翻拍进行判断。在信贷领域，可以通过人脸识别技术与身份证、联网核查或已在金融机构留存的脸部信息进行比对，从而有效防范视频照片翻拍、冒名借款等欺诈行为。

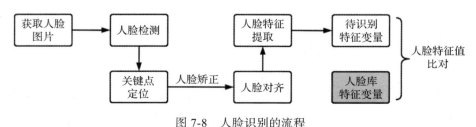

图 7-8　人脸识别的流程

3D 连续性检测技术是一种用于保护个人信息安全的人脸识别技术。3D 检测可以验证采集到的人像是不是立体的，避免了平面照片和不同弯曲程度的照片被用于非法用途，从而有效地抵御 PS 换脸、遮挡、高清人像照片等常见的攻击手段。连续性检测则可以验证人脸的运动轨迹是否正常，是否存在中途切换人等情况。通过加密技术保证数据传输安全，这一系列技术可以有效地阻止各种类型的欺诈，如照片挖孔、圆筒面具、3D 面具、屏幕翻拍。

4. 声纹识别

声纹是指语音中蕴含的能够表征和标识说话人的语音特征，以及基于这些特征建立的语音模型的总称。简单来说，声纹就是语音身份证。声纹识别是根据待识别语音的声纹特征识别该段语音所对应的说话人的过程。声纹识别的工作原理是分析不同语音中说话人的情绪、语速、语调、讲话力度、清晰度和响亮度。将相同音节的宽带声纹的共振峰频率、走向和过渡形态等特征进行智能比对，若上述特征基本相同，则可得出符合同一人语音特征的结论。声纹识别的流程如图 7-9 所示。

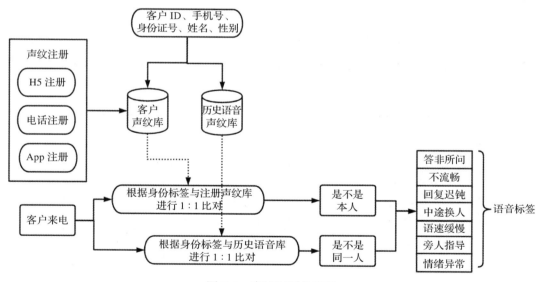

图 7-9　声纹识别的流程

声纹识别多用于电核客户环节。商业银行基于声纹技术在通话过程中无须反复沟通核对客户资料，即可自动核验客户的身份，并识别当次通话的说话人是否存在冒用身份或欺诈的风险。商业银行还可通过声纹聚类，将海量音频库中存在的相似声纹的音频进行分组，结合业务标签和专家规则，最终挖掘出潜在的欺诈团伙。

声纹识别技术除了能验证客户身份外，还能通过语音和内容分析客户的行为特征，辅助银行业务人员更全面地对客户是否涉嫌欺诈进行风险评估。例如，欺诈人员往往在业务办理过程中表现出一些特定的行为，比如答非所问、回复迟钝、不流畅、情绪异常、有第三人从旁指导等。

声纹识别通过语音标签识别潜在欺诈风险。例如某头部中外合资汽车金融机构通过对近 15000 个贷款审核电话语音进行聚类分析，发现 100 个簇存在风险（疑似同一说话人持不同身份申请贷款）。后通过人工复核，确认有风险的占比接近 1/3，涉及贷款申请逾 80 笔，以每笔申请 10 万元来看，涉及金额约 800 万元。

7.3.3 全面反欺诈工作流

欺诈风险特征错综复杂，仅靠四大核心应用能力的建设与输出无法形成体系化的反欺诈业务管理。商业银行还需通过全面反欺诈工作流，将反欺诈能力进行统一整合与管理，实现流程化、自动化、精准化的风险识别，主动发现信贷漏洞，实时防控交易风险，及时遏制风险案件发生，逐步推动欺诈案件从以"人工控制"为主向以"系统控制"为主转型，实现"事前—事中—事后"全流程风险实时防控。全面反欺诈流程对应用能力进行串联，对欺诈风险进行预测、阻断、管理、溯源，实现事前校验、事中拦截、事后监测的闭环管理。全面反欺诈工作流如图 7-10 所示。

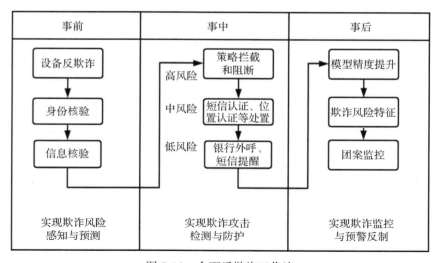

图 7-10 全面反欺诈工作流

1. 事前校验环节

设备反欺诈主要针对申请人设备是否存在异常评判风险情况。身份核验和信息核验主要针对申请人是不是本人以及提供的基本信息是否可信进行核验。在源头环节严格把控，层层落实信息实名制审核，堵截虚假账户开立，重点加强风险账户清理排查，在资金链治理前端优化管控策略。

2. 事中拦截环节

对于高度疑似欺诈风险，通过制定反欺诈策略进行拦截和实时阻断。对于中度疑似欺诈风险，处置措施有短信认证、位置认证、人脸识别认证、人工核实、延退结算等。对于低度疑似欺诈风险，通过电话外呼、短信提醒等方式提醒客户。

3. 事后监测环节

事后监测主要是持续提升模型对欺诈交易的精准识别，提升对欺诈团伙和其他复杂欺诈手法的判别能力。监测申请人的历史借贷行为，查看客户是否出现过不良和高风险行为，然后会从综合的欺诈评分以及关系网络查验申请人总体是否存在欺诈风险及是否属于团伙欺诈类客群。

从账户异常开立、异常资金交易和团伙作案行为等风险特征入手，实现对账户全生命周期风险监控，及时发现涉案账户风险变化趋势，并结合风险特征开展排查管控，进一步提升群体性开户、虚假开户、挂名开户的模型识别能力。将高风险客户如涉及失信、经营异常、行政处罚、涉诉的客户纳入名单进行动态监测，在风险信息更新后及时开展回溯性筛查来发现牵涉的客户并采取对应的限制性措施。

7.4　案例剖析

随着大数据风控的兴起，线上信用贷款逐渐成为银行业务的重要组成部分。这种贷款方式首先通过搜集借款人信息，进行多维度画像，然后通过线上渠道申请，快速为借款人提供资金支持。然而，这种便捷的贷款方式也给不法分子提供了可乘之机。

2020 年 9 月，四川省眉山市公安局成功查处了一个上百人的骗贷团伙。该团伙通过控制 133 家公司账号，为 6000 多名从未有过贷款记录的"白户"缴纳公积金 1.2 亿元，然后利用公积金缴纳记录，通过线上渠道向全国多家银行申请贷款，平均单人贷款额度高达 20 万～30 万元，最终给这些银行带来逾 10 亿元的坏账。这个骗贷团伙组织严密，拥有 8 层组织架构，包括渠道掌控者、渠道组织者、渠道管理者、操作团队、垫资金主、洗钱团队、一般介绍人、贷款人。各层级之间相互不认识，被要求单线联系，给侦破工作带来了不小的难度。

值得注意的是，这些名义贷款人主要是居住在偏远山区的农民等群体，他们之前从未贷过款或者申请过信用卡。骗贷团伙为其垫付公积金后，通过手机平台申请个人信用贷款，几乎当天就能拿到 20 万～30 余万元贷款。但经过前 7 级渠道层层抽取后，贷款人实际获得的资金往往只有数百元至数万元不等，有些贷款人甚至一分钱都拿不到。该案是四川省迄今为止破获的最大规模的有组织的贷款诈骗案，涉及四川、重庆、天津、山东、广东、湖南等多个地区。

类似的案例还有 2019 年重庆发生的通过补缴个税骗取个人贷款的巨额损失案件。目前商业银行通常会依据公积金、个税、社保、发票、企业缴税等信息在线上发放个人或企业小额信用贷款，但欺诈团伙可能会通过补缴或代开的方式伪造缴纳记录数据进而骗取银行贷款。

相关启示

商业银行信贷风险管控以信用风险为主，特别是大部分城商行和农商行在反欺诈体系建设方面还处于起步阶段，存在制度、人员、系统都不完善的问题。为此，商业银行反欺诈体系的发展应以"技防 + 人防"为基础，坚持内外联防联控，搭建覆盖全产品、全流程、全方位的智能化系统、运营、人员的全行协同且智能高效的反欺诈闭环体系。

首先，通过系统技术和人工处理，对高级别的疑似欺诈风险进行风险阻断，通过制定反欺诈策略进行系统自动拦截和实时阻断。其次，对于中级别的疑似欺诈风险，需要在平衡风险水平与用户体验之间权衡，例如通过短信二次验证、人工审核交易延迟完成等方式来降低风险级别。此外，还需要通过人工电话外呼、短信提醒等方式提醒客户，增强客户的风险防范意识。

在事后欺诈调查方面，需要归集整理各渠道反馈回来的欺诈规律、线索和案例，进行全面、专业的人工调查与分析。对欺诈行为进行核查和认定，并对欺诈特征检测、欺诈风险处置和欺诈监控指标的效果进行评估。这有助于及时发现并解决潜在的欺诈问题，确保业务的安全和稳定。

此外，反欺诈联防联控还包括内外部人员管控和欺诈特征监测两方面。在内外部人员管控方面，需要关注员工的思想行为动态，特别是要加强对关键岗位人员的管理。通过提高信息技术的应用水平，借助先进的技术手段来逐步压缩信贷业务的流程，减少人为干预，降低人员违规操作案件发生的可能性。在欺诈特征监测方面，分为内部欺诈特征识别和外部欺诈情报监测两类。内部欺诈特征识别可以监测客户案例特征并保障业务数据传输的加密和安全。同时，应持续跟踪和监测异常行为及新型欺诈特征，不断发掘、迭代和更新欺诈分析模型，保障模型的持续优化和有效性。此外，做实外部欺诈情报监测和分析工作也是非常重要的，应时刻保持对欺诈产业的关注，了解和掌握最新的欺诈套路和手段，并及时调整和完善自身的策略。

7.5　本章小结

本章主要概括了新形势下欺诈风险内涵和特征，深入剖析和揭秘了当今黑产上、中、下游的典型攻击手法。随着金融科技和互联网金融的蓬勃发展，传统商业银行的信息来源、业务模式、风控方式等受到了深刻的影响和改变，信贷业务逻辑被重构。与此同时，银行业欺诈案件风险也呈高发态势，各种高科技欺诈手段层出不穷，信贷欺诈特征呈现出动态化、智能化、组织化和专业化的井喷增长趋势。

第 8 章

智能催收

在商业银行信贷领域中，催收作为一项至关重要的业务，扮演着维护商业银行稳健运营和保障信用体系运转的关键角色。传统催收面临效率低下、操作复杂等问题，难以满足不断增长的业务需求。随着金融科技不断发展，催收行业正经历一场前所未有的变革。智能催收以全新面貌呈现，利用人工智能技术、大数据分析、自动化流程和机器学习算法等手段，实现了高效、智能和精准的催收服务，为商业银行提供可靠的风险控制工具。

本章首先将从催收内涵出发，探讨催收的定义、价值、特征和发展史。然后介绍催收业务的流程、方式，以便全面了解催收的关键要素。最后深入探讨智能催收系统的特点、框架及智能催收体系的重要性，介绍智能催收的关键能力。

8.1 催收的内涵

催收是指对债务人进行追讨债务或逾期款项的行为，旨在促使债务人履行其还款义务。催收业务不仅是追讨债务的过程，更是一种管理哲学的体现，需要遵循一定的原则和方法。通过深入了解和把握现代催收特征和催收合规化进展，更好地理解催收内涵。

8.1.1 催收业务：保护债权人权益与解决逾期问题

当人们需要额外的资金来满足个人或商业需求时，他们可能会选择向商业银行借款。借款方通常与商业银行签订合同，约定借款金额、利率、还款期限等。根据合同约定，借款方对商业银行承担了债务责任，即他需要按时归还借款本金和利息。因此，在这个关系中，借款方被称为债务人，而商业银行被称为债权人。作为债务人，借款方有责任履行还款义务，确保按合同约定的时间和金额归还借款。而债权人作为借款方的债权持有人，有权要求借款方按时偿还借款本金和利息。然而，由于不可预测的事件和经济波动，债务人有时可能无法按时偿还债务，导致逾期或拖欠。这可能是由个人经济困难、失业、经营困难或其他原因导致。无论是个人借款还是企业借款，逾期或拖欠都会对债权人造成经济损失。例如自 2019 年至今，不少人因大环境被迫失业，没有了收入来源，无法保证自己能够如期还款，缺乏还款能力，这是这些债务人的逾期原因。也有一些债务人本质上是缺乏还款意愿的。除开黑产和专业骗贷户，债务人在不规范的平台借款会受到套路贷的影响。他们借到的金额可能与实际到手的金额存在很大差距，并且要承担过多的费用负担。例如，债务人实际借款 10 万，而到手只有 7 万，这是因为不规范的平台通过多种形式收取费用，或者债务人需要在多个平台借款导致债务累积。这种情况会导致债务人对于应还的本息费用产生不愿意承担的情绪。

　　为了减少损失并保护债权人的利益，催收应运而生。催收的目的是督促债务人履行还款义务，通过各种手段和措施来追回债务。催收手段包括电话通知、催讨函件、还款提醒、法律诉讼等，也可以通过提供还款计划和相关谈判来帮助债务人解决逾期问题。催收的出现是为了维护债权人的权益，确保债务人履行其合同义务，并维护金融市场的稳定性。对于债权人来说，有效的催收流程和手段能够减少逾期风险和不良债务的风险，并提高信贷的可持续性。值得注意的是，在催收过程中，合规和伦理问题也应得到重视。催收行为必须遵守法律法规和道德规范，并尊重债务人的权益，确保催收活动的合法性和合规性。

8.1.2　催收管理哲学：平衡风险与利润的关键

　　在信贷业务中，风险控制是一个至关重要的环节。风控最关注的是客户逾期风险，即通过各种手段和措施来降低客户逾期的可能性。这包括评估借款人的信用状况、还款能力和借款意愿，建立适当的风险模型和评分体系，制定合理的贷款政策和还款计划等。因此，商业银行的风控部门的目标是保证借款资金的安全性，确保商业银行自身能够及时收回借款并减少不良债务的风险。业务的核心是关注目标的信贷放款量。商业银行的业务部门通常负责拓展市场、推广产品，吸引更多客户申请贷款以增加放款量。业务部门关注的指标可能包括贷款申请量、审批通过率、放款速度等。商业银行的最终目标是实现贷款业务增长和盈利能力提升。商业银行盈利的逻辑如下：

$$盈利 = 放款后可回收金额 - 资金成本 - 风控成本 - 运营成本 - 人力成本$$

在商业银行中，资金成本是固定的，而风险控制和运营成本可以在一定程度上调整。因此，为了提升盈利，商业银行的核心在于确保放款后可回收金额的最大化。商业银行如果仅仅控制风险而限制信贷业务量是无法实现利润最大化的。因此，在信贷决策中，商业银行会要求将逾期率控制在一定比例下，以完成一定数量的放款，从而实现商业银行预期的收益。由图 8-1 可以看出，当放款量达到 B 点时，整体毛利最大化，商业银行能够收回最大比例的欠款及利息。虽然风控和业务的目标在一定程度上是对立的，但两者是相互依存的。没有有效的风控措施，放款量可能会受到逾期风险的影响，商业银行的贷款业务可能将受到严重的损失。同样的，如果只注重风控而忽视了运营，商业银行的放款量可能无法达到预期，从而影响盈利能力。为了平衡风控和业务，催收管理至关重要。催收管理结合数据和风险技术，能够更精准地评估客户的还款能力和逾期风险，提供个性化的催收服务，提高回款率和催收效率。同时，催收管理还可以通过分析和挖掘大数据，为业务团队提供有针对性的市场推广和产品定位建议，帮助团队实现业务增长目标。因此有效的催收管理，可以在风控和业务之间找到平衡点，实现公司放款量和盈利能力的最大化。包括建立完善的催收管理系统，培养专业的催收团队，加强与外部合作伙伴的合作，共同推动信贷催收业务的发展。通过平衡催收管理、风控和业务发展，商业银行可以最大化放款量和盈利能力，实现稳健的业务增长。

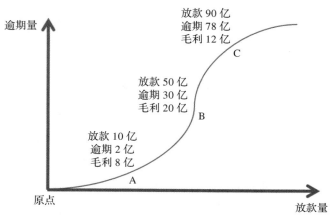

图 8-1　放款量与逾期量的关系

8.1.3　催收合规化进展

随着互联网金融的快速发展和相关问题的凸显，相关监管部门和行业协会纷纷出台了与催收相关的法规和自律文件，以规范催收机构的操作行为、保护债务人的权益，并确保催收手段的合法性。这些法规和文件为债务人提供了一定的法律保护，限制了催收行为的范围。

2009 年，银保监会发布《关于进一步规范信用卡业务的通知（银监发〔2009〕60 号）》，提出了银行业金融机构审慎实施催收外包行为的要求，包括建立业务管理制度、审核批准和签订合同等方面的规定。

2018 年，中国互联网金融协会发布《互联网金融逾期债务催收自律公约（试行）》，针对互联网金融逾期债务催收行为进行规范，包括失信惩戒、业务管理、人员管理、信息管理、外包管理和投诉处理等方面的具体规定。

2021 年，中国银行业协会出台了《中国银行业协会信用卡催收工作指引（试行）》，作为行业自律文件，对银行金融机构信用卡催收工作进行了规范，包括催收行为、催收规范、外部催收机构管理、内控管理和行业自律惩戒等方面的规定。

2022 年，银保监会、人民银行发布《关于进一步促进信用卡业务规范健康发展的通知》，加强了对银行业金融机构开展信用卡业务合作时的合规审查和催收管理要求，包括加强合作机构的从业人员合规和消费者保护培训、规范催收行为、严禁违法提供或公开客户欠款信息、不得对与债务无关第三人催收等方面的规定。

这些法规和自律文件的出台，进一步完善了催收行业的规范和管理，保护了债务人的权益，并提升了催收机构的合规意识和执业水平。催收行业通过积极响应和遵守这些法规和自律文件，不断提高行业形象和服务质量，为金融消费者提供更加安全和有序的债务追偿环境。

8.2　催收业务

催收业务就是将各种催收手段，以适当的方式与不同的逾期客户匹配，从而达到回款效果好、催收成本可控的目标。我们结合一个业务案例来解释催收业务的具体内容。假设小明是一位借款人，他在某商业银行贷款购买了一辆汽车，并承诺按时还款。然而，由于一些意外事件，小明无法按时还款，逾期了几个月。商业银行需要通过催收来解决这个问题，并需要确认以下几个催收要素。

❑ 催收对象：商业银行需要确定催收对象小明是怎样的逾期客户。银行需要识别出所有逾期的客户类型，并将重点放在解决逾期较短、可能有还款意愿和能力的客户上。

❑ 催收时间：商业银行需要确定催收的时间安排，例如在逾期特定天数后开始催收。它可能会设定不同的阶段来采取不同的催收手段。

❑ 催收方式：商业银行需要选择合适的催收方式，例如电话催收、短信通知、电子邮件等。针对小明这样的借款人，商业银行可能会采取电话催收和短信通知相结合的方式，以便更好地与他沟通并提醒他还款。

❑ 催收强度：商业银行需要根据逾期的天数和小明的还款能力来确定催收的强度。在初期阶段，催收可能会更加友好和温和，提醒小明注意还款义务。但随着逾期时间的延长，商业银行可能需要加大催收力度，使用更直接或者有威慑力的手段来促使小明还款。

❑ 催收话术：商业银行需要制定合适的话术和沟通方式，以便与借款人进行有效交流。银行会使用提醒、谈判和警示等话术，引导小明认识到逾期行为的不良后果，并促使其还款。

从上述案例中可以看出，催收业务本身是一种解决客户逾期未还款问题的业务活动。在催收过程中，根据不同的逾期客户和逾期天数，通过制定合理的催收策略，选择合适的催收方式和频率，运用适当的话术和手段，促使客户尽快还款，并达到回款效果好、催收成本可控的目标。

8.2.1 催收业务准备

在深入探究催收业务之前，我们首先需要做好充分的业务准备，包括熟悉催收指标的业务含义及掌握相应的催收话术。通过深入理解账龄、逾期天数和逾期期数等关键指标，我们可以更全面地了解催收业务的现状和未来趋势。通过了解催收强度及掌握相应的催收话术，我们可以更好地适应不同的催收场景，采取合适的话术来提高催收效果。做完上述这些准备工作，我们可以更好地理解催收业务的复杂性，为后续的风险管理决策和贷后业务优化提供有力的支持。

1. 账龄

账龄（Month On Book，MOB）是指贷款资产放款月份，用于衡量贷款资产在放款后的时间流逝，类似于人的年龄计算。MOB0 是指贷款资产放款日至当月月底的时间段，它代表了贷款资产在第一个完整的月份内的账龄。MOB1 是指贷款资产放款后的第二个完整月份，它代表了贷款资产在第二个完整的月份内的账龄。MOB2 是指贷款资产放款后的第三个完整月份，它代表了贷款资产在第三个完整的月份内的账龄。以此类推，根据放款日期和当前日期，可以计算出具体的 MOB 值。MOB 的最大值取决于贷款产品的期限。例如，如果贷款产品的期限是 12 个月，那么该贷款资产的生命周期将持续 12 个月，因此 MOB 的最大值将是 MOB12。

举例来说，假设某笔贷款在 2023 年 11 月 13 日放款，那么 2023 年 11 月就是 MOB0，2023 年 12 月就是 MOB1，以此类推。通过 MOB 的计算，可以对贷款资产的生命周期进行跟踪和分析，进而了解资产的账龄以及不同时间段的表现和特征。

2. 逾期天数

逾期天数（Days Past Due，DPD）是指实际还款日与应还款日之间的天数差异，用于衡量贷款资产的逾期情况。

$$逾期天数 = 实际还款日 - 应还款日$$

假设应还款日是每月的 8 日，如果客户在 9 日进行还款，那么逾期天数为 1 天；如果客户在 10 日进行还款，那么逾期天数为 2 天；以此类推。DPD $N+$ 表示逾期天数大于或等于 N 天的资产。例如，DPD30+ 表示逾期天数大于或等于 30 天。DPD 是用来衡量贷款资产的还款逾期情况的指标。通过计算逾期天数，可以对不同逾期阶段的贷款资产进行分类和监控，并根据不同的逾期天数制定相应的催收策略。

3. 逾期期数

逾期期数（Maturity，M）是根据实际还款日与应还款日之间的逾期天数划分的，并按照一定的区间范围来表示不同的逾期状态。根据不同的机构或行业的定义，这些区间划分可能会略有差异。下面是对逾期期数的具体解释。

M0（Current）表示当前未逾期的状态，也可以用字母"C"来表示。在这个状态下，贷款资产的还款是按照应还款日期进行的。

M1 代表逾期 1～30 天的状态，即实际还款日在应还款日期之后 1～30 天之间的资产。

M2 代表逾期 31～60 天的状态，即实际还款日在应还款日期之后 31～60 天之间的资产。

M3 代表逾期 61～90 天的状态，即实际还款日在应还款日期之后 61～90 天之间的资产。

M4 代表逾期 91～120 天的状态，即实际还款日在应还款日期之后 91～120 天之间的资产。

M5 代表逾期 121～150 天的状态，即实际还款日在应还款日期之后 121～150 天之间的资产。

M6 代表逾期 151～180 天的状态，即实际还款日在应还款日期之后 151～180 天之间的资产。

M7 代表逾期 180 天以上的状态，即实际还款日在应还款日期之后 180 天以上的资产。在这个阶段，贷款资产通常被称为呆账（Bad Debts），可能会被注销（write-off）。以整个催收流程为例，图 8-2 是催收业务各逾期指标对应的贷款状态和催收强度列表。通常把 M3 及以上逾期期数定义成不良，而把 M7 及以上逾期期数定义成坏账。随着逾期期数的增加，催收强度也越来越强。逾期期数的划分可以帮助商业银行和催收部门对逾期贷款进行分类和监控，并根据不同逾期状态制定相应的催收策略和措施，以尽量减少损失并恢复资产回收。

逾期期数	逾期天数	贷款状态 1	贷款状态 2	贷款状态 3	贷后管理	催收强度
M0	0	正常			还款提醒	
M1	1～30	逾期			催收管理	
M2	31～60	逾期			催收管理	
M3	61～90	逾期			催收管理	
M4	91～120	逾期	不良		催收管理	
M5	121～150	逾期	不良		催收管理	
M6	151～180	逾期	不良		催收管理	
M6+	180+	逾期	不良	坏账	催收管理	

图 8-2　催收业务中各逾期指标对应的贷款状态和催收强度

4. 催收强度与话术

商业银行通常会根据借款人的还款能力和还款意愿灵活调整催收强度。例如，对于还款能力有限但有还款意愿的借款人，商业银行可能会采取更为宽容的催收方式，并提供适当的还款安排。而对于明显无还款意愿或还款能力严重不足的借款人，商业银行可能会采取更严厉的催收手段，甚至启动法律程序来追讨债务。催收强度的调整需要根据具体情况来决定，商业银行通常会根据内部政策、法律法规和借款合同的约定来确定催收的措施和强度。目标是尽可能地促使借款人履行还款责任，同时保护商业银行的权益，并最大限度地减少不良资产。

催收强度和催收话术在催收工作中是密切相关的。催收强度是指采取的催收手段和措施的力度，而催收话术是指催收人员在与借款人沟通时使用的语言和表达方式。催收强度和催收话术需要相匹配。在初期阶段，催收强度通常比较温和，催收话术也会更加友好。例如，可以采用礼貌的语言提醒借款人，强调还款义务和借款合同的约定，表达理解和配合借款人的诉求。而随着逾期时间的延长和催收强度的增加，催收话术可能需要更加坚定和明确，用语更加直接以传达还款的紧迫性和后果的严重性。

8.2.2　催收业务流程

从催收业务模式出发，我们大致可以梳理出催收的业务流程，包括案件入催、案件分级、案件分派、案件处置、案件跟进、退案，如图 8-3 所示。

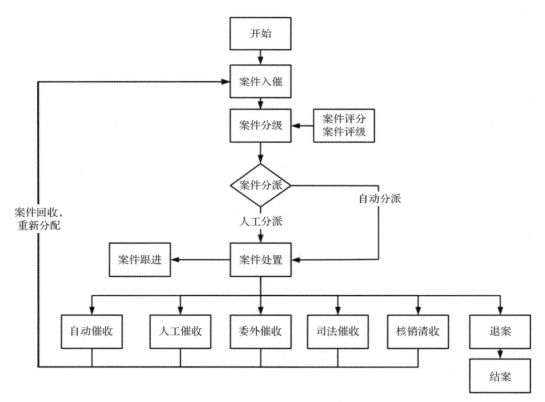

图 8-3　催收业务流程

1）案件入催：催收部门从各数据来源中提取数据，收集逾期订单或欠款案件的相关信息。关键数据包括债务人的姓名、联系方式、逾期金额等。在收集到案件信息后，催收部门需要对数据进行验证和核实，确保案件信息的准确性和完整性。例如，检查债务人的联系方式是否正确、逾期金额是否与系统记录一致等，为后续的催收工作奠定可靠的数据基础。

2）案件分级：在催收业务流程中，案件分级是指针对逾期借据或欠款案件进行评估和分级的过程。它通过综合考虑逾期时间、逾期金额、债务人信用等级等因素来确定催收的优先级和采取的催收策略。一般来说，常见的等级包括高风险、中风险和低风险。划分等级的具体方式可以根据实际业务需求进行定义，也可以根据历史数据和经验来确定。高风险的案件通常会被优先处理，以最大程度地减少风险和亏损。

3）案件分派：案件分派有人工分派和自动分派两种方式。在人工分派中，催收主管根据一定的标准和考虑因素，来决定将案件分派给哪个催收人员或催收团队。这些考虑因素包括催收人员的专业能力、催收经验、工作负荷、案件优先级、特殊要求等。催收主管会根据分派策略和目标，综合考虑上述因素，并合理分派案件以实现工作的平衡和高效性。自动分派是指通过催收系统中预设的规则和算法，自动将案件分派给合适的催收人员。催收系统会根据预设的规则和算法，自动评估案件和催收人员的匹配程度，并将案件分派给最合适的催收人员。例如，系统可以考虑将高风险案件分派给经验丰富的催收人员，将低风险案件分派给新进催收人员。无论采用哪种分派方式，都需要在分派过程中确保公平、准确地分派催收任务。这样可以提高催收效率、提升回款率，并为催收人员提供更好的工作体验和激励。

4）案件处置：案件处置的方式取决于借款人的具体情况和案件的特点，以确保债务得到妥善处理并尽量减少损失。催收的处置方式较多，可用于及时发现借款人的还款能力变化、还款意愿缺失等情况，为商业银行提供风险预警，进而及时采取相应措施，减小坏账风险。处置方式主要有以下几种。

❏ 自动催收：利用自动化系统发送短信、邮件、电话等提醒债务人还款，设置自动还款提醒和延期付款选项等。

❏ 人工催收：催收人员通过电话、电子邮件、短信等与债务人进行沟通，了解其还款意愿和能力，协商还款计划，提供支持和解决方案。

❏ 委外催收：将部分或全部催收案件委托给第三方催收公司进行处理，通常发生在初级催收无法取得有效进展时。

❏ 司法催收：当催收工作无法达成协商时，启动法律程序，包括起诉、申请执行等法律手段，以追讨债务。

❏ 特殊暂挂：对于特殊情况，如债务人提起争议、投诉，或存在特殊还款安排，可以暂停催收活动，进一步调查和处理。

- ❑ 核销（坏账处理）：当确认无法追回欠款时，对债务进行坏账处理，并记录相关信息。
- ❑ 案件回收：在催收过程中，如果初次催收未果，催收人员会进行跟进和回收工作，继续努力追回欠款。
- ❑ 重新分派：当催收人员不再有可用资源或需要进行资源调整时，催收主管可能会重新评估案件并进行重新分派，确保案件得到适当的处理。

5）案件跟进：案件跟进是指在案件分派后，催收人员需要与债务人进行有效的沟通和交流，以达成还款协议或解决债务纠纷。跟进的方式通常包括电话联系、短信通知、信函催收等。催收人员需要耐心地与债务人进行沟通，了解其还款意愿、还款能力和困难原因，并提供合理的还款安排或解决方案。在跟进过程中，催收人员需要记录沟通内容、还款承诺和支付情况，并及时更新系统中的案件信息。通过持续跟进工作，催收人员可以促使债务人履行还款义务，减少逾期风险。

6）退案：退案是指在达成还款协议或通过其他方式解决债务后，将案件从催收流程中移除的过程。当债务人按时履行还款义务或达成其他解决方案，债务案件会被标记为已完成，并从催收系统中移除。此时，催收人员需要与债务人进行结案确认，并记录相关的还款信息和结案结果。在部分案件中，可能存在债务人无法偿还或拒绝履行还款义务的情况，这时候催收人员需要通过法律手段或其他方式继续追索债务，案件也不会被退案。退案过程的核心目标是确保债务得到妥善解决，并实现债权人的合法权益。

以上是催收业务的基本流程，不同机构的催收流程可能会有所不同，但总体上可以参考上述框架来设计和实施催收业务。催收业务流程的关键是要及时、高效地找到债务人并与其进行合理沟通，以尽快收回欠款，并通过风险评估和优化策略，减少坏账风险。

8.2.3　催收策略

催收策略是指对于不同债务人和逾期情况制定的具体催收方案和行动计划。催收策略的目标是最大化还款率，减少逾期风险，并确保催收流程的高效性。催收系统通过分析债务人的个人信息、还款记录、行为特征等数据，结合预测模型和算法，制定适合不同情况的催收策略。催收策略由分群策略、分派策略、拨打策略、话术策略四部分组成，具体见图 8-4。以下是对这四部分策略的详细介绍。

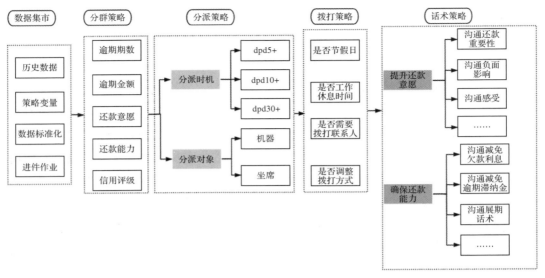

图 8-4　催收策略框架

1. 分群策略

分群策略是指根据债务人的不同特征和实际情况，将待催收客户按照不同的标准分为不同的客群，制定个性化的催收策略。如图 8-2 所示，逾期客户呈现不同的特点，早期客户数量较多且回款相对容易，而中后期客户数量较少且回款难度较高。为了提高催收效果，通常会在逾期阶段的基础上对客户进行分群，根据债务人的逾期时间长短将待催收客户划分为不同群体，如短期逾期、中期逾期和长期逾期客户。如表 8-1 所示，根据逾期时间的差异，可以制定相应的催收策略和措施。

表 8-1　分群策略按照逾期期数划分

划分方式	客户分群	催收手段	分群策略
短期逾期客户	逾期时间较短的客户，通常在逾期时间的前期阶段。这部分客户往往还保持着良好的还款能力和意愿，催收工作相对容易	可以采取提醒还款、电话通知、短信催收等方式进行跟进，提醒其尽快履行还款义务	M1～M3
中期逾期客户	逾期时间较长的客户，通常在逾期时间的中期阶段。这部分客户可能已经出现了还款能力的下降或还款意愿的减弱，催收难度较高	采取较为频繁的电话和短信跟进，采取更加积极主动的催收措施，如代偿方案、分期还款等，促使其尽快还款	M4～M6
长期逾期客户	逾期时间较长且难以催收的客户，通常在逾期时间的后期阶段。这部分客户往往已经失去了还款能力或还款意愿，催收难度最大	除了继续采取电话和短信跟进外，可能需要考虑采取更加严厉的催收措施，如法律诉讼、委外催收等，以寻求更强制性的解决方式	M7+

　　分群策略还可以通过催收模型进一步细分，利用机器学习等方法分析债务人的特征和历史行为数据，预测客户的还款概率和回款金额，以帮助债权人优化决策和催收策略。通过有效的客户分群和催收模型，可以提高催收效率和回款率，合理配置催收资源，降低坏账风险。因此分群策略还包括逾期金额分群、还款意愿分群、还款能力分群、债务人信用评级分群，如表 8-2 所示。

表 8-2　常见的分群策略方式

分群策略方式	主要内容
逾期金额分群	根据债务人的逾期金额，将待催收客户分为不同群体，如小额逾期、中额逾期和大额逾期客户
还款意愿分群	根据债务人的还款意愿，将待催收客户分为不同群体，如有还款意愿、部分还款意愿和无还款意愿客户
还款能力分群	根据债务人的还款能力，将待催收客户分为不同群体，如有还款能力、有限还款能力和无还款能力客户
债务人信用评级分群	根据债务人的信用评级，将待催收客户分为不同群体，如高风险客户、中风险客户和低风险客户

2. 分派策略

　　分派策略的目标是避免催收资源浪费。商业银行可以根据自身业务情况和数据分析结果，制定适合的分派规则和策略，实现更加精准和有效的案件分派。分派策略中，首先考虑的是分派时机，根据债务人的逾期时间确定分派时机，设置不同的时间阈值。例如，当债务人逾期超过 7 天、30 天或 60 天时，触发自动分派。其次是分派对象，根据催收人员的专业能力、经验和技能来分派适合其处理的客户。不同催收团队可以专注于特定的产品类型或催收阶段，以提高效率。基于催收人员的个人绩效和表现进行分派。根据个人催收能力和业绩，激励优秀催收人员处理更有挑战性的案件。同时，根据系统智能化和机器学习算法，将一些较为简单且标准化的催收工作分派给自动机器人进行处理，如自动发送短信、邮件和语音提醒。最后是分派规则，可以根据逾期时间、逾期金额、催收团队负荷等因素进行设置。

3. 拨打策略

　　案件分派后，拨打策略需要综合考虑多个因素，以提高接通率，同时确保催收工作的合规性和客户满意度。首先拨打策略必须遵守相关法规要求，比如避免在晚上九点之后和早上八点之前拨打电话，以确保不对客户造成骚扰。可以设定适当的拨打时间段，从而确保合规操作。其次是根据催收分派情况和逾期程度，制定合适的拨打频率和时间安排。要注意避免频次过高，避免引发客户投诉。根据数据分析结果，可以调整拨打时间段，选择客户较容易接通的时间段进行拨打。在特殊情况下，如节假日或午休期间，尊重客户的体验，通过特殊处理方式以避免打扰客户。另外，对于承诺当天还款的客户，可通过再次提醒以确保客户按时还款。同时确保拨打对象的合规性，遵守法律和规定。例如，只有在多次联系不上债务人本人的情况下，才可以拨打给其紧急联系人。在拨打时，需要选择适当的措辞，避免对客户的生活或工作造成负面影响。最后根据催收策略和效率要求，选择适合的拨打模式。常见的拨打模式包括自动外呼（预测式和预览式）、坐席手动外呼以及机器人外呼。机器人外呼可以根据设定好的外呼模板自动拨打电话，接通后由机器人提供服务，当客户表达意向时，无缝转接到人工催收员。

4. 话术策略

催收话术策略可以提供一些原则性的指导，以帮助催收人员在沟通中有效提醒客户、施压适度、协商减免等。在与客户的沟通中，催收人员需要根据客户的反馈和实际情况进行灵活应变。也就是说，催收人员需要灵活运用话术策略，根据每个客户的反馈和状况提供相应的解决方案。了解客户状况、与客户建立互信、尊重和理解客户的需求，都是建立积极沟通和达成解决方案的基础。

催收话术从两方面着手。一方面是提升还款意愿，催收人员可以通过说明还款的重要性和价值，让债务人认同还款的必要性，以正向方式提升其还款意愿。同时，催收人员也可以强调不还款的负面影响，施加一定的压力，让债务人为了避免不良影响从而提高还款意愿。另一方面是确保还款能力，催收员无法提高债务人的经济能力，但可以采取一些措施来保证债务人具备还款的能力。例如，可以减免欠款利息和逾期滞纳金，以降低债务人应还金额，让其更有能力偿还欠款。另外，还可以给予债务人欠款展期的处理，即允许债务人将原本的欠款分期还款到平台，以符合其经济承受能力。

假设小王是一位借款人，他在某商业银行借款购买家具，但由于经济困难，小王逾期未还款。此时催收人员可以通过以下话术策略进行沟通。首先，催收人员与小王取得联系，通过电话沟通或短信提醒，向他解释还款的重要性和价值。此时的话术策略可以强调维护个人信用记录的重要性，以及及时还款对于逐步改善个人经济状况和获得更多借款机会的好处。这样可以增加小王认同还款的必要性，并提高其正向还款意愿。其次，催收人员可以通过提醒小王不还款可能导致的负面影响来提高其还款意愿。此时的话术策略可以强调小王可能面临的逾期费用、利息累积、信用记录受损、法律诉讼等问题，以施加一定压力，让小王为了避免这些问题而提高还款意愿。最后，催收人员可以与小王讨论其经济状况，并了解他的还款能力。如果小王因经济状况确实无法一次性还清欠款，那么催收人员可以提供减免欠款利息和逾期滞纳金的方案，以降低小王的还款金额。此外，催收人员还可以向小王提供欠款展期的选项，让其将欠款分期还款到平台，以适应他的经济承受能力。催收人员通过不断调整话术策略，提高小王的还款意愿，最终达到收回借款的目的。当然，最重要的是，在沟通中，催收人员需要遵循合规操作，遵守相关法律法规和商业道德规范，确保催收行为的合法性和合规性。

8.3　智能催收体系

在信贷行业中，有一句广为流传的俗语："三分贷，七分管。"这句话凸显了催收在大数据智能风控贷后管理中的重要性，同时也暗示了催收环节面临的多重挑战。首先，催收面临的重要挑战之一是不确定性。借款人的还款能力和还款意愿经常变化，催收人员常常需要应对客户的情绪激动、抗拒甚至威胁等复杂情况。这使得确定合适的催收策略变得更为复杂和具有挑战性。其次，催收行业正面临着日益严格的监管环境。在合规化经营要求不断提高的背景下，强监管、规范化经营、绿色催收将成为常态。催收手段、催收过程及催收话术都必须遵循合法合规的原则。为了应对这些挑战，智能催收体系应运而生，利用人工智能、大数据分析等技术手段，体系化地提高催收效率和准确性。通过数据分析和风险评估，智能催收体系可以帮助催收人员更好地了解借款人的还款能力和还款意愿，制定更有针对性的催收策略。与此同时，智能催收体系也能够提供合规化的催收方案，确保催收过程符合法律法规的要求。

8.3.1　智能催收体系发展特点

催收是信贷风控的重要环节，最早可追溯到中国战国时期。据《史记·孟尝君列传》记载，孟尝君在薛地进行放贷活动，遇到借款人未按时还款的情况，然后他采取了催收措施并成功收回了欠款。这段历史记录表明，催收在古代社会的借贷活动中早已起到了重要的作用。随着社会经济和信贷业务的发展，催收行为逐渐成为商业环境中不可或缺的一部分。进入现代社会后，尤其是在 20 世纪 90 年代末，随着金融行业的快速发展和全球化经济的复杂性增加，催收体系也发生了显著的变化和演进。催收管理使用先进的技术和分析工具，根据客户的信用状况、还款能力及市场趋势等因素，制定个性化的催收策略和方案，以最大程度地提高回收率和催收效率，最终形成智能催收体系。

智能催收体系的发展背后是金融科技的快速进步及商业银行数字化转型的推动。随着人工智能、大数据分析和自然语言处理等新兴技术的广泛应用，智能催收体系成为一种基于智能系统的高效、准确和个性化催收方式。随着智能催收体系的发展，商业银行在催收方面所面临的挑战得到了有效应对。这些挑战包括效率低下、成本高昂、合规性要求以及公众对行业形象的关注等。图 8-5 是对智能催收体系与传统催收体系的简单对比。

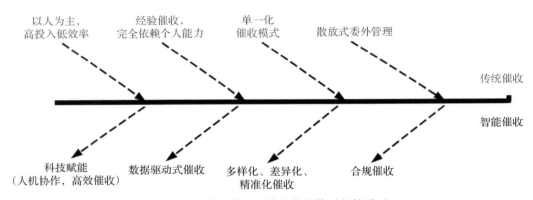

图 8-5　智能催收体系与传统催收体系的简单对比

这里不再展开介绍传统催收体系的特点，重点介绍智能催收体系的特点。

- ❑ 科技赋能（人机协作、高效催收）：智能催收体系更加依赖科技的发展，包括自然语言处理、数据挖掘、机器学习等技术，以提高对债务人的理解能力和对回收概率的预测能力。智能催收体系不是要取代催收员，而是要与其协作。人机协作的模式逐渐成为主流，AI 算法处理大量的数据和催收规则，提供自动化的分析和催收策略推荐，而催收人员则可以更专注于处理复杂的个案和与借款人的沟通。通过自动化的流程和智能化的分析，可以快速筛选和识别出有潜力的借款人，并采取相应措施迅速取回债务，并实现高效催收。

- ❑ 数据驱动式催收：智能催收体系借助大数据分析和建模技术，通过对大量的催收数据进行深入挖掘和分析，识别出特定的模式和趋势，并根据这些数据洞察，制定更加精准有效的催收策略。此外，数据驱动式催收还可以提供更多的预警能力。通过对历史数据的分析，可以预测债务人的还款能力和还款意愿，从而提供更准确的风险评估。同时，通过实时的数据监测和预警系统，催收机构可以及时发现潜在的逾期风险，并采取相应的措施进行干预，降低不良债权的风险。

❑ 多样化、差异化、精准化催收：智能催收体系关注每个债务人的个性化需求和行为特征，通过数据分析和个案管理，为债务人提供定制化的催收服务。这样不仅能提高催收效果和满意度，还能减少催收过程中的压力和摩擦，增加债务人的还款意愿和合作性。

❑ 合规催收：智能催收体系注重对催收操作和行为的规范化。通过制定具体的催收规则和标准化的操作流程，确保每个催收人员在工作中遵循统一的规范。智能催收可以提供催收规则和操作指引的自动化推送和实施，以确保催收过程的一致性和高效性。这种强化合规性的机制可以降低风险，并保护债务人的合法权益。

8.3.2　智能催收系统框架

智能催收系统框架是指在催收过程中利用人工智能和其他技术手段来提高催收效率和案件处理质量的系统架构，如图 8-6 所示。以下是对智能催收系统框架的详细介绍。

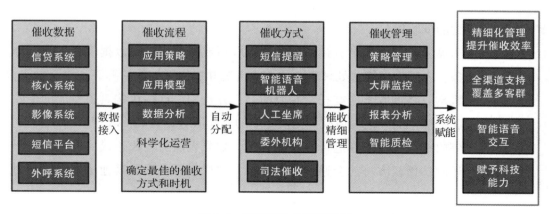

图 8-6　智能催收系统框架图

催收数据：从信贷系统、核心系统、影像系统、短信平台、外呼系统等业务系统中获取数据，包括客户信息、联系信息、借款信息、银行卡信息和出催合同等重要数据。这些数据提供了催收人员进行催收工作所需的基础信息，有助于进行案件分类、建立催收模型、制定催收策略及与客户进行有效沟通。通过综合利用这些数据，智能催收系统可以快速定位客户问题，提高催收效率，并确保催收过程的规范性和准确性。

催收流程：催收系统支持对催收流程进行科学化运营，以提高催收效率、减少风险，更好地与客户进行沟通并解决问题。催收流程的优化可以协助催收人员确定最佳的催收方式和时机。首先，系统通过制定策略和应用模型，科学地运行催收流程，包括对案件进行分类，根据逾期情况、还款能力和风险等级等因素，对客户进行标签分类，帮助催收人员深入了解客户特点，并提供个性化的催收方案。智能催收还支持将符合入催条件的客户纳入催收范围，并及时采取相应的催收措施。其次，系统通过数据分析和催收流程，能够及时发现逾期情况并有效处理。催收流程对入催客户进行管理和跟进，确保催收工作得以及时展开。通过对案件进行分类，系统可以帮助催收人员高效地管理和优先处理不同类型的案件，极大地提高了催收效率。

催收方式：智能催收提供的催收方式可以提供更全面、灵活和个性化的催收服务，从而有效推动催收工作的开展。常见的催收方式有以下几种方式。

❑ 短信提醒。通过短信发送还款提醒、逾期通知和催收警示等信息，方便、快捷地与客户进行沟通。

❑ 智能语音机器人。通过智能语音机器人自动拨打电话与客户进行语音交互，提供还款提醒、解答常见问题等服务。这种方式可以实现自动化催收，提供个性化的催收体验。

❑ 人工坐席。由催收人员直接与客户进行电话或在线交流，以提供个性化的催收服务。人工坐席能够处理复杂的催收情况并提供更细致的解答和协商方案。

❑ 委外机构。将催收工作委托给专业的第三方机构，这些机构具备专业的催收经验和资源，能够代表债权方提供专业的催收服务，提高回收率。

❑ 司法催收。在催收工作进行一段时间后，如果无法与客户达成协议或客户仍拒绝还款，债权方可能会通过法律途径，选择起诉或采取其他法律手段追讨欠款。

催收管理：通过智能催收提供的管理能力，管理人员可以更好地管理催收业务，实现对催收策略的灵活调整和优化，及时监控业务进展，快速发现和解决问题，提高催收效率和回款效果。同时，数据分析和质检功能也有助于了解团队和个人绩效，提供量化评估结果和改进方向，进而提升整体催收业务能力。

❑ 策略管理：催收管理服务可以帮助管理人员制定和管理催收策略。管理人员可以根据不同的业务需求和需求特点，灵活配置和调整，制定适应性强的催收策略，以提高催收成功率和回款效率。

❑ 大屏监控：大屏监控可以实时显示催收业务的关键指标和数据，如催收进度、回款情况、案件分布等。通过直观的数据展示，管理人员可以随时掌握催收业务的整体状况，及时发现问题并采取相应的措施。

❑ 报表分析：催收管理服务提供丰富的报表和数据分析功能，用于评估催收业务的绩效和效果。通过对催收数据的深入分析，管理人员可以发现问题、识别趋势，并为管理层提供决策支持。

❑ 智能质检：智能质检功能利用自然语言处理和语音识别技术，对催收人员的电话和聊天记录进行自动化评估和分析。这有助于发现催收人员的服务质量、信息准确性和沟通技巧等方面存在的问题，并提供改进建议。

智能催收系统在商业银行中扮演了重要角色，它不仅助力银行构建了新型智能化贷后运营管理体系，还实现了多项关键功能，包括数据集成和对接、数据存储、业务识别、客户分层、案件分类和预测、催收作业、数据分析和决策支持及效果分析等，实现了精细化管理，有效提升了催收效率。

8.3.3 智能催收体系关键能力

传统的催收流程通常依赖人工的判断和决策，效率低且容易受到人力资源的限制。智能催收体系通过运用先进的技术和算法，可以自动优化催收流程，提高催收效率，降低成本，同时提供更精准和个性化的催收服务。智能催收体系关键能力包括智能催收决策、智能外呼、智能质检、智能报表。以下是对这些关键能力的详细介绍。

1. 智能催收决策

在处置信贷不良资产的过程中，我们可能会面临众多复杂的情况。为了实现最大清收效果，需要制定个性化的催收策略，并借助自动化催收工具以提高清收效率并降低成本。如图 8-7 所示，催收决策引擎通过模型评分和规则判断来分析用户信息、交易与还款行为及互联网行为等数据，将用户分群，并提供相应的智能催收策略规则建议。在分案规则方面，决策引擎可以根据数十个维度进行设置，确保覆盖全流程作业。通过数据信息匹配不同的催收人员，并制定不同的催收策略和催收方案，从而实现资源的最优配置，提升催收效果。通过收集和分析客户的个人信息、还款行为、逾期历史等数据，绘制客户画像，包括客户的还款能力、还款意愿、沟通偏好等方面的特征。这有助于更准确地评估客户的还款可能性和催收需求，为后续的分案工作提供重要依据。根据客户的画像和订单分类等信息，设计催收数据模型。这些模型可以基于历史催收数据和借款产品的特征，预测客户的失联可能性、还款可能性等关键指标。通过模型的分析和预测，系统可以判断客户的风险等级和优先级，为催收分案提供基础。基于数据模型的分析结果，催收智能分案能够生成智能化的催收方案，根据客户的风险等级和优先级，推荐合适的催收策略和方式，例如增加催收频次、调整还款计划、提供优惠政策等。这样不仅可以提高催收效率，而且可以最大限度地实现还款回收。此外，催收智能分案可以实时监测客户的还款行为和催收效果，及时调整和修改催收策略。系统还可以预测客户的失联情况和还款可能性的变化，排查高风险客户，并根据实际情况优化和调整催收策略。通过这些措施，我们可以最大限度地提升催收效果，提高回款速度和成功率。

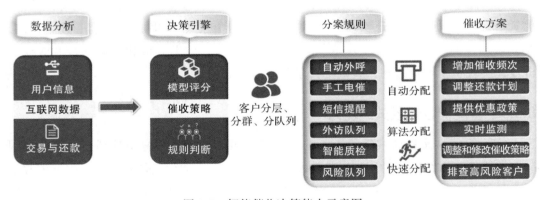

图 8-7　智能催收决策能力示意图

2. 智能外呼

传统的前端语音外呼需要催收人员逐一进行呼叫，不仅效率低且无法满足大规模外呼的需求。智能外呼利用人工智能技术，可以实现语音合成、语义识别、人机对话和情绪管理等功能，提高外呼效率和质量，大大节省了外呼坐席的人力成本，降低了催收投诉数量，如图 8-8 所示。通过语音合成技术，智能外呼可以基于文本生成自然流畅的语音，实现智能化的呼叫过程。这意味着催收人员只需通过文本输入呼叫内容,系统即可自动合成语音并拨打电话,从而无须实时进行语音录制和人工呼叫,大大节省了时间和人力资源。智能外呼也可以借助语义识别和人机对话技术,理解和回应借款人的语音信息。同时智能外呼还能自动监测号码状态,包括拒接、接通、停机、空号、暂时无法接通等,以帮助催收人员了解号码的有效性,制定相应的处理策略。催收人员可以事先设置一些常见的问题和回答,当借款人提出问题或反馈时,系统可以根据预设的规则和知识库进行自动回复,提供实时的催收服务,以及更加便捷和个性化的服务体验。智能外呼支持通过情绪管理技术来分析借款人的情绪状态。它可以根据语音的音调、语速和语气等特征来判断借款人的情绪,并根据不同情绪状态调整催收策略和语言风格,以提高催收的效果。智能外呼作为前端语音呼出的高阶版,可以节省外呼坐席的人力成本,提高催收效率和质量,并提供更加便捷和个性化的服务体验。

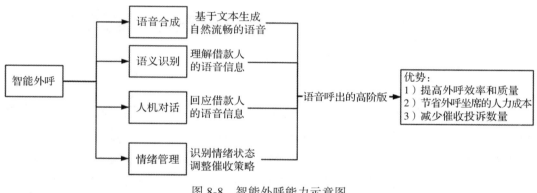

图 8-8　智能外呼能力示意图

3. 智能质检

传统的质检方式通常依赖人工听录音的方式来进行,需要大量的人力和时间投入,并且存在滞后性。如图 8-9 所示,引入智能分析系统实现智能质检,可以实时监控外呼通话,并实时捕捉催收人员的情感、态度、话术和敏感词等关键信息,提供即时的监控预警和评价,避免了滞后性的问题。智能质检提供语音转写功能,可以将外呼通话内容转化为文本数据,从而实现对话语义的分析和理解。通过建立自然语言处理模型和话术规范、违规词汇识别库,智能质检可以识别和捕捉催收人员的不合规话术、泄露敏感信息等问题,并发出实时预警。这样可以帮助催收机构及时发现和纠正催收过程中存在的问题,避免违规行为的发生,提高催收的合规性。智能质检还可以通过语音情感识别技术来评估催收人员的服务质量和情感态度。通过分析语音的音调、语速、语气等特征，智能质检可以判断催收人员的情感状态，例如是否存在急躁、焦虑或友善等情绪，以及是否表现出专业性和耐心等态度。这可以帮助催收机构及时识别培训需求，并提供个性化的培训和改进方案，提高客户满意度。

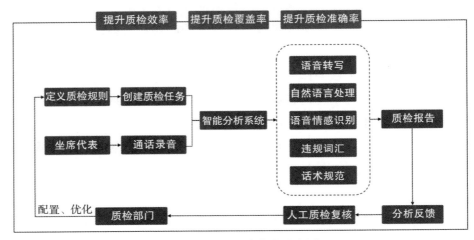

图 8-9 智能质检能力示意图

4. 智能报表

传统的贷后催收报表生成通常依赖人工进行数据收集和整理，耗费大量的人力和时间成本，并且生成的报表往往比较烦琐，不够直观，不便于理解。通过引入人工智能技术，可以实现智能报表的生成和可视化，从不同角度满足不同层级和岗位的要求。例如，对于通常关注回报率、成本收益等高层指标决策层，智能报表可以以图表、图形及关键指标的方式展示，提供决策层所需的信息，以帮助决策层了解催收效果、业务收益及风险情况。对于中层管理人员，智能报表可以提供更详细的数据分析，例如客户还款率、逾期率、逾期时长等，帮助中层管理人员了解业务运营情况，并进行针对性的分析和决策。同时，智能报表也可以提供对比分析、趋势分析等，以帮助中层管理人员快速识别问题和机会。对于基层管理人员和员工，智能报表可以提供个人绩效、通话时长、投诉情况、汇款情况等差异化的信息，既能满足基层管理人员对团队表现的了解需求，也能激励员工，提供有效的管理和培训指导。

8.4 案例剖析

TrueAccord，一家美国催收行业的佼佼者，以其独特的模式和高效的管理，被誉为全球最文明的催收公司。创始人 Ohad Samet 的创业初心源于自己的一次被催收经历。因为梅西百货信用卡不慎逾期，他接连遭到催收公司的"电话轰炸"。不堪其苦的 Ohad Samet 下定决心要创办一家更人性化的催收公司。自成立以来，TrueAccord 始终致力于为债务人提供更加人性化、智能化的服务。如图 8-10 所示，TrueAccord 在官网上明确了自己的定位："提供第三方收款服务，以改善关系并加快追回。通过参与、承诺和解决方案实现更高的清算。所有这些服务都是通过机器学习和数字用户体验实现的。"

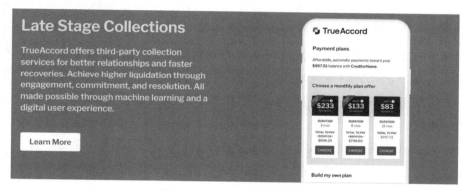

图 8-10　TrueAccord 的定位

　　TrueAccord 通过智能技术手段提高催收效率。它利用数据分析、智能催收机器人及行为心理学原理等，推测债务人的违约原因、还款能力和性格特征等，为债务人量身定制合理的回款方案。TrueAccord 自研的催收系统，能针对单个债务人进行账户评估，并根据变量之间的已知关系预测每个账户可能的回款金额。系统利用账户拖欠债务的历史数据、催收者使用的催收方法及成功率，持续监控和更新债务人的行为数据，将其与信用评分、历史信息等其他数据进行交叉引用，从而生成一个付款预测评分，用于预测债务人最终付款的可能性，并据此来确定将要处理的催收业务的优先级。该系统从债权人处接收与债务相关的信息，包括债务逾期天数、债务价值、债务人未偿债务余额、债务人信用评分等，然后将其与预存信息进行比较，接着根据预存信息生成的优先级值和用户输入的筛选条件对拖欠债务的账户进行排序，并优先向最有可能付款的债务人进行催收，以提高整体收款率，实现收益最大化。

　　如果人工处置案件，每个人工坐席每天处理的客户案件量在 300 件左右。TrueAccord 引入智能催收机器人后，一个机器人每天能够处理 6000 件逾期贷款案件，是人工的二十倍，每日呼出量可达到百万级别。在合规方面，TrueAccord 的智能催收机器人也展现出明显的优势。人工催收可能会因为情绪波动对案件处置做出过激反应，但机器人不会。智能催收机器人不仅能够替代大部分人工催收的工作，更为关键的是，它能够对文本质检、图像质检、语音质检及视频质检等多维度进行检测，及时捕捉并记录违规情况，实时进行监控预警及评价。

TrueAccord 的催收方式非常独特。它通过电子邮件、短信和社交媒体等渠道与债务人进行沟通，这种方式被称为"温柔催收"，回收率高达 32%，远超同行业平均水平。不仅如此，TrueAccord 还为债务人提供透明、易用及个性化的客户服务。例如，当委托方将债务人的账户授权给 TrueAccord 时，系统会为债务人建立全方位的个人档案，改变了传统催收与债务人之间的对立关系。TrueAccord 还与债权人探讨多种弹性方案，比如为债务人提供期限内还款享折扣、分期摊还、延迟付款等不同方案。如果债务人还不满意，TureAccord 的客服甚至会邀请他们提出自己的还款提案，然后再与债权人进行协商，以制定更符合双方利益的还款方案。

TrueAccord 作为一家催收公司在 Google 评论上获得 4.7 分（满分 5 分）的高度评价。这些评价大多来自那些在 TrueAccord 协助之下摆脱债务困扰的消费者。在科技刚性的基础上，TrueAccord 融入了弹性的方式，重塑了人的价值，改变了处置的意义，也让处置的双方从对立面走到了统一战线。"把已经丢了的客户重新找回来，把坏客户变成好客户，把好客户变成黏度很高的忠诚客户，"这样的理念正在影响着新一代的催收方式。TrueAccord 创新点正是基于此。

TrueAccord 的成功引起了业内的广泛关注。尽管员工数量不超过 100 人，但该公司却管理着 180 万个人和企业的债务，总额接近 16 亿美元。2017 年，该公司获得了 2200 万美元的新一轮融资，公司的发展前景备受看好。业内人士指出，与国内动辄拥有数百人甚至上万人的催收公司相比，TrueAccord 的员工数量显得非常少，但这并不影响它提供优质的服务和高效的运营。这主要得益于该公司的大数据分析、决策和智能化催收技术，以及完善的兼顾债权人和债务人的诉求的管理机制。

8.5 本章小结

本章旨在深入探讨商业银行信贷领域中催收业务的重要性及智能催收的发展。催收在维护商业银行稳健运营和保障信用体系运转中扮演着关键角色，但传统的催收方式却面临效率低、操作复杂等问题。因此，本章首先引导读者了解催收的内涵特征，包括定义、价值、发展史和特征，以帮助读者全面认识催收的重要性。其次，本章介绍催收业务的流程、方式和计量方式，这些是了解催收的关键要素。通过深入了解催收业务的流程，读者可以更好地理解催收的实际操作和具体措施。了解催收业务的方式和计量方式对于评估催收服务的有效性和效率也具有重要意义。最后，本章深入探讨了智能催收系统的框架以及贷后催收体系的重要性，并介绍智能催收的关键能力。智能催收系统利用先进的人工智能技术、大数据分析、自动化流程和机器学习算法等手段，能够自动化处理大量的催收工作，并通过数据分析和机器学习算法识别潜在的催收风险和优化催收策略。这种智能化的催收系统能够提高催收效率和准确性，为商业银行提供可靠的风险控制工具，对于维护银行的稳健运营和保障信用体系的正常运转具有重要意义。

第 9 章

大数据智能风控的未来与展望

金融科技的发展正在对传统信贷行业的价值链进行深度重塑，从风险控制、资源配置、渠道流通到交互协作等方面都实现了全面而深入的变革。这种变革不仅推动了传统信贷行业的形态升级，使得更多的市场参与者借助科技禀赋和细分专业切入信贷赛道，而且促进了信贷业务的数字化转型和科技创新的深度融合。这种融合将带来更高的效率、更精准的风险控制和更优质的客户体验，进一步推动信贷行业的可持续发展。

系列文件的颁布实施标志着银行业已经进入数字化转型升级的新阶段，这一阶段不仅要求银行业进行有组织、成体系的数字化转型，还要求银行不断提升风控能力。为了适应这一新的发展趋势，银行业需要全面升级风险防控能力，覆盖传统业务数字化风控、数字化新增创新元素和风险要素的风险防控，以及对新技术应用、新要素风险管理等行业性监管大数据智能风控的方方面面。

本章将围绕金融科技的政策指引、大数据智能风控的挑战与对策、大数据智能风控发展趋势三大内容，从金融科技政策指引的角度探讨行业发展的方向，分析大数据智能风控所面临的挑战及对应的解决策略，并展望未来的发展趋势。通过这些分析，我们希望能够帮助商业银行不断挖掘和发挥大数据智能风控的潜力，推动我国信贷行业实现全面升级和可持续发展。

9.1　金融科技的政策指引

2022 年 1 月 4 日，人行印发《金融科技发展规划（2022—2025 年）》（下文均简称"规划"），在回顾"十三五"时期金融科技发展的基础上，提出"十四五"时期金融科技发展愿景。《规划》指出，要坚持"数字驱动、智慧为民、绿色低碳、公平普惠"的发展原则，以加强金融数据要素应用为基础，以深化金融供给侧结构性改革为目标，以加快商业银行数字化转型、强化金融科技审慎监管为主线，将数字元素注入金融服务全流程，将数字思维贯穿业务运营全链条，注重金融创新的科技驱动和数据赋能，推动我国金融科技从"立柱架梁"全面迈入"积厚成势"新阶段，力争到 2025 年实现整体水平与核心竞争力跨越式提升。具体见图 9-1。

立柱架梁
《金融科技发展规划（2019—2021 年）》
- 为金融科技发展提供纲领性指导方向，强调科技赋能作用，明确金融与科技间的融合趋势。
- 注重法规标准、监管机制、组织规划、风险防范方面的统筹建设及关键技术的宏观引导，为下阶段金融科技深化发展建立良好环境。

积厚成势
《金融科技发展规划（2022—2025 年）》
- 2022 年作为新一期"金融科技发展规划"伊始之年，发展效能提质提速。
- 新版规划更加全面细化，强调以数据要素应用为基础，并在围绕基础设施建设、产业生态建设方面新增重点任务。

图 9-1 《规划》的核心内容

《规划》特别强调了金融科技在新阶段政策指引下的关键能力，包括夯实数字金融底座、激活数据要素潜能、促进科技成果转化。具体见图 9-2。

夯实数字金融底座
- **基建升级**：推动安全泛在、先进高效的金融网络、算力体系建设，优化多中心、多活架构的数据中心布局。
- **架构转型**：构建集中式与分布式并存的双模运行体系。推进基础设施虚拟化、云化管理；系统功能平台化、标准化、模块化发展。
- **自主可控**：合规运用开源技术，保障关键平台、关键组件、关键信息基础设施的自主研发能力。

激活数据要素潜能
- **可信共享**：运用多方安全计算、联邦学习、差分隐私、分布式账本、智能合约、共识机制等技术实现高安全、低成本数据互信互通。
- **数据注智**：智能模型、系统、工具打通数据断点，重构业务模式，提升服务效能。
- **业技融合**：建立适应敏态、稳态的全周期自动运行与数字化交付模式，实现科技供给与业务需求的精准对接。

促进科技成果转化
- **渠道聚合**：拓展线下网点智慧升级延伸服务边界，加强线上开放接口和统一数字门户建设，打造"一站式"金融服务。
- **场景联动**：金融场景与非金融场景的交叉融合，自有业务渠道和外部合作渠道的联动赋能。
- **综合治理**：加强监管科技的全方位应用，构建跨部门/机构/行业联防联控体系，实现既有业务及创新行为的风险动态感知及穿透式分析。

图 9-2 《规划》要求的三大关键能力

首先，夯实数字金融底座是实现金融科技发展的基础。通过推动金融网络和算力体系建设，优化数据中心布局，构建集中式与分布式并存的双模运行体系，以及保障关键平台、关键组件、关键信息基础设施的自主研发能力等措施，提高金融服务的效率和质量，增强金融系统的安全性和稳定性。

其次，激活数据要素潜能是实现金融科技发展的关键。随着大数据时代的到来，数据已经成为一种重要的生产要素。通过建立健全数据治理体系，加强数据安全管理，推动数据要素的市场化配置和高效利用，可以为大数据智能风控提供更加精准、实时、全面的数据支持，帮助商业银行更好地理解客户需求，优化产品设计，提高服务质量和效率。

最后，促进科技成果转化是实现金融科技发展的动力。科技创新是推动金融科技发展的关键因素之一。通过加强科技创新和成果转化，推动新技术与金融业务深度融合，提升金融服务的效率和风险控制能力。加强人工智能、区块链、云计算、大数据等技术在金融风控领域的应用，推动金融科技产品的创新和升级。

从其他政策方面来看，近两年人行、银保监会、国家科学技术委员会科技部（下文简称"科技部"）等监管主体集中颁布了一系列配套政策，具体见表9-1，从金融科技标准制定、数据安全与隐私保护、数据治理与应用、科技与金融场景深度融合等方向进一步促进我国金融科技的发展，完善金融科技监管框架体系。

表 9-1　金融科技系列配套政策

发布日期	发布机构	政策文件	金融科技相关内容概括
2022-07	科技部、教育部、工业和信息化部等	《关于加快场景创新以人工智能高水平　应用促进经济高质量发展的指导意见》	鼓励在制造、金融等重点行业深入挖掘人工智能技术应用场景，促进智能经济高端高效发展。金融领域优先探索大数据金融风控、企业智能征信、智能反欺诈等场景
2022-02	市场监管总局、人行	《金融科技产品认证目录（第二批)》《金融科技产品认证规则》	新增区块链技术产品、商业银行应用程序接口、多方安全计算金融应用等金融科技产品目录以及新的认证规则
2022-02	人行、银保监会、证监会等	《金融标准化"十四五"发展规划》	明确"十四五"时期统筹推进金融标准化发展的指导思想、基本原则、主要目标、重点任务和保障措施
2022-01	银保监会	《关于银行业保险业数字化转型的指导意见》	明确了银行业保险业数字化转型的指导思想、基本原则和工作目标，为银行保险机构数字化转型指明了方向
2021-12	人行	《金融科技发展规划（2022—2025 年)》	提出新时期金融科技发展的指导意见，明确金融数字化转型的总体思路、发展目标、重点任务和实施保障。其中重点任务包括健全金融科技治理体系、充分释放数据要素潜能等八个方面
2021-09	人行	《征信业务管理办法》	数据助贷业务、大数据分析与处理等实质从事信用评价等业务的活动均纳入了监管范畴，对金融科技、大数据风控行业影响较大

（续）

发布日期	发布机构	政策文件	金融科技相关内容概括
2021-04	科技部、中国农业银行	《关于加强现代农业科技金融服务创新 支撑乡村振兴战略实施的意见》	科技部和中国农业银行将加强资源整合力度，共同加大对新型研发机构、科技企业融资支持力度。探索建立投贷联动的科技金融服务模式，提供"融资＋融智"全方位服务
2020-07	银保监会	《商业银行互联网贷款管理暂行办法》	从风险管理体系、风险数据和风险模型管理、信息科技风险管理、贷款合作管理、监督管理等方面对商业银行互联网贷款管理提出明确要求
2020-01	科技部、邮储银行	《加强科技金融合作有关工作的通知》	完善科技创新投入和科技金融政策，进一步推动科技和金融深度结合，加强相关领域科技金融合作

9.2 大数据智能风控的挑战与对策

2023 年 5 月，波士顿咨询集团（BCG）和 QED Investors 联合发布了一份名为《2023 年全球金融科技：重塑金融未来》的专题报告。该报告预测，到 2030 年全球金融科技行业收入预计将增长 6 倍，从 2450 亿美元增至 1.5 万亿美元。目前，金融科技行业收入在 12.5 万亿美元的全球金融服务收入中的占比仅为 2%，未来这一数字有望攀升至 7%。其中，预计到 2030 年银行业金融科技将占全球所有银行估值的近 25%。对于科技巨头如蚂蚁、京东科技，以及传统金融机构如商业银行、证券而言，金融科技不仅仅是一个获取流量的手段或者资本的获取渠道。相关企业及机构需要站在金融与科技深度融合的角度来思考和探索金融科技的发展。金融科技的应用正在改变金融行业的格局和业务模式，为金融机构提供更高效、便捷、安全的金融服务。

大数据智能风控作为金融科技的一个重要分支，起源于互联网金融等新兴金融业态，并在传统金融业的数字化转型中得到发展。它涉及大数据平台的计算能力、数据挖掘的分析能力、机器学习的建模能力等先进技术，适用于商业银行各类业务的风险管控场景。大数据智能风控的核心价值在于提供更精准的决策支持和更高效的风险管理，从而帮助商业银行更准确地识别和评估各类业务风险，实现更有效的风险控制和业务决策。

9.2.1 大数据智能风控面临的挑战

如第 2 章提到的，我国商业银行风控智能化转型已经从探索期进入深层应用阶段，实现了诸多创新和突破。大数据智能风控的建设形成了较为完善的"数据—策略—模型"建设路径，在一定程度上提升了风险识别能力及运营效率。该体系基于内外部数据分析，构建较为适当的策略和机器学习模型，通过制定自动化的授信策略，实现复杂业务逻辑的快速响应。然而商业银行由于人力、技术、投入等因素，在大数据智能风控建设实践过程中面临以下挑战。

1. 对传统理念的挑战

传统商业银行通常依赖于业务评审，采取分级授权和分层决策的方式，但在准入、定价、额度、监测等方面，这种方式较难适应对量化理念要求较高的大数据智能风控决策体系。同时，要引入大数据智能风控技术不仅仅是要引入量化模型，还要在模型管理、绩效考核、资源配置等诸多方面做出相应调整。例如，引入大数据智能风控体系后，模型风险增加，对模型管理的要求也相应提高。此外，传统靠客户经理引流、有权人审批、按创利绩效进行考核的模式也面临较大挑战。例如，对于完全靠大数据智能风控引流、审批的业务，需要相应调整对其考核的模式。采用大数据智能风控体系过程在很大程度上是风险量化思维在风险管理全流程中落地的过程，这会对传统理念产生较大冲击。

2. 对部门协作的挑战

在大数据智能风控建设过程中，金融机构需要应对业务上的欺诈、信贷等场景，涉及众多产品、复杂流程和部门。各部门之间存在数据孤岛和有效协同不足的问题。在技术方面，需要构建涵盖流程、特征、策略、模型、监控和运营等体系化的风控闭环能力。由于缺乏业务层与技术层的协同战略规划能力，因此通常该机构很难实现以客户为中心的全流程、全体系的风险管控。大数据智能风控体系建设涉及业务前中后台的各个方面，其他部门的协同支持非常重要。只有全行上下一心，充分协同，大数据智能风控体系建设才能做得实、做得细、做得深。这对商业银行的部门协作或磨合机制提出了更高的要求和更大的挑战。

3. 对战略定力的挑战

与业务拓展投入不同，大数据智能风控投入是一种战略性投资，其目标是实现长期稳定的收益。然而，由于数字化转型和数字化风控需要大量的基础建设和系统更新，因此很难在短期内看到明显的回报。领先的银行每年投入到数字化风控的资金高达数十亿元，但这些投入在当年的财务报表中仅能体现为成本，甚至需要连续数年在财报上显示为成本。这将对商业银行的战略定力构成严峻的考验。能否坚定不移地持续投入资源，是智能风控体系建设成功的关键所在。因此，商业银行需要制定明确的数字化转型战略，并具备高效的技术更新和持续维护能力，以应对日益复杂的风险环境。

4. 对技术应用的挑战

第一，大数据智能风控的基础是数据，但数据可能存在不真实、不准确、不完整等问题，这会对风控模型的准确性和可靠性产生负面影响。同时，由于数据的维度和样本量的限制，风控模型无法充分挖掘数据的潜在价值。此外，各个机构和平台之间存在数据孤岛现象，数据难以实现流通和共享，导致风控模型无法全面地评估风险。第二，大数据智能风控通常涉及复杂的算法和模型，算法的复杂性和可解释性可能会影响风控的可靠性和透明度。同时，随着算法的复杂化，模型的误判率、过度拟合等问题也可能增加。第三，大数据智能风控需要实现实时监控、实时应对，但当数据量很大时，如何保证实时性和准确性是一个挑战。第四，大数据智能风控涉及大量的敏感数据和信息，如何保证数据的安全性和隐私保护是一个重大的挑战。同时，如何防止数据被泄露、滥用和篡改也是一个需要解决的问题。第五，监管和合规问题也是大数据智能风控面临的挑战之一。监管机构对大数据智能风控的算法、数据来源、数据处理过程等方面提出更高的监管要求，以满足合规要求。最后，大模型的发展和应用也为大数据智能风控带来了新的挑战，如何保证模型的可解释性和可靠性，如何处理高维度的数据和复杂的因果关系等，这些都需要我们不断探索和研究。

9.2.2　大数据智能风控的对策

针对大数据智能风控实施过程中遇到的挑战，建议从以下几个方面着力开展相关工作，采取有效措施解决问题，以实现更高效、更精准的风控管理。

1. 明确建设总体原则

大数据智能风控建设原则主要包括自主性原则、开放性原则、智能化原则，以及兼顾风险与收益原则。这些原则有助于构建高效、稳定、可靠的风控体系，为商业银行的决策提供有力支持。

- ❑ 自主性原则。"工欲善其事，必先利其器"，"授人以鱼不如授人以渔"，无论从监管要求，还是从商业银行自身发展需要来看，核心风控能力必须自主可控。在商业银行的风险管理战略中，自主性原则强调银行需要拥有自主可控的风控能力，以确保在运营过程中能够自主决策和控制风险。这意味着商业银行需要拥有自己的风控团队和风控技术，以独立分析和评估风险。自主性不仅可以提高商业银行的风险管理能力，还可以帮助商业银行在业务拓展和产品创新方面获得更多的自主权。

❑ 开放性原则。自主可控并不意味着闭门造车，而是链接更多的外部资源为我所用，所谓链接比拥有更重要。风险管理是一个开放共赢的体系，需内外部充分交流共同建设。通过链接，在技术开放、合作开放中迅速形成成熟的专业能力，充分融入风险管理生态圈。

❑ 智能化原则。充分利用人工智能、大数据、云计算、区块链、物联网等技术，优化风险管理模型，不断提高风险识别的效率和精确度，打造自适应型的风险策略和模型体系，将数字化决策贯彻到风险管理的各个环节。

❑ 兼顾风险与收益原则。商业银行的最终目标是追求股东价值最大化和保持银行长期稳定发展。应注重经风险调整后的资本收益率的持续提高，实现商业银行持续健康发展。在自身风险管理能力允许的条件下，敢于主动承担风险，以获得更高的利润。

2. 自上而下推进

从好的银行实践经验来看，大数据智能风控体系成功建设的一个共同特点均是"高层主导、自上而下、集团共享、充分协同"。董事会和高管层均需非常重视数字化转型战略，并将大数据智能风控体系建设作为数字化转型战略的核心组成部分之一来督促和落实。在高层领导的直接督导下，风险管理部负责统筹，风险板块其他部门分工明确，全行在人力资源、科技资源和费用资源配置上给予重点关注和倾斜，资源配置较为充足。数字化转型需要大量能够将数据分析与银行业务有效结合的复合型人才。为此，商业银行要调整人才发展战略，创新人才培养机制，建立敏捷型人才能力模型，打造了解业务、熟悉 IT 模式、掌握数据分析应用技术的 T 型人才团队。

3. 进一步集中管理资源，发挥机制优势

大数据智能风控建设是一项极具专业性和复杂性的任务，客观上要求银行集中专业资源，实现数据、系统和模型的集中管理，为更好地开展大数据智能风控体

系建设提供基础条件。从好的银行实践来看，它们都从"三个集中"来夯实管理基础。

首先，实现风险数据统一管理。建立企业级的风险数据管理平台，统一数据质量标准和管理机制，避免出现"数出多门"或"数据孤岛"现象，建立全行级风险数据字典和数据标签。这样可以确保数据的准确性和一致性，提高数据分析的效率和质量。

其次，实现风险系统企业级管理。基于风险决策智能化目标，以统一决策和控制为核心，打通行内相关系统，构建统一的流程作业系统和分析管理系统。这样可以实现跨部门、跨系统的信息共享和协同作业，提高风险管理的效率和准确性。

最后，实现模型算法集中管理。在发挥数据、系统集中管理优势的基础上，通过调整组织架构、模型实验室或 AI 算法工厂，实现计量模型人员的集中，集合专业资源优势，为全行风险计量和预警模型开发应用提供一揽子解决方案。这样可以确保模型算法的规范性和一致性，提高模型的有效性和可靠性。

4. 坚持战略定力

数字化转型与数字化风控已成为未来五年甚至十年商业银行市场竞争的战略制高点和核心竞争力。在大数据智能风控体系建设过程中，商业银行应坚持战略定力，持续投入资源，以建立符合自身要求、与银行业务规模和复杂程度相匹配的智能风控体系。这将是确保商业银行稳健发展的关键所在。通过数字化转型和数字化风控的深入推进，商业银行将能够更好地应对复杂的风险环境，提升风险管理水平，实现可持续发展。

5. 打造六大核心能力

为了构建强大的风险防控体系，大数据智能风控重点打造六大核心能力：数据管理能力、模型管理能力、智能风控平台设计和开发能力、量化策略管理能力、反欺诈能力，以及风险计量与预测能力。六大核心能力助力商业银行在激烈的市场竞争中稳健发展。

- ❑ 数据管理能力。数据是重要的生产要素，是智能风控的基础。建设风险数据体系的目标是打造多维数据空间，丰富数据维度，并完成数据到变量及应用的转换，充分体现数据的价值；形成多类型标签，打造客户画像，为科学决策提供依据。以数据来源分类，风险数据可分为外部数据和内部数据。外部数据是指通过外部合作、合规渠道购买、客户授权获取等方式，采集到的所有数据；内部数据是指客户在发生业务交互过程中，主动提交、埋点采集和后续交互过程中产生的行为数据、分析数据等。

❑ 模型管理能力。充分利用内外部数据，并基于产品、客群和数据源维度进行模型分类，构建完整的模型开发、应用体系，模型种类包括但不限于应用于审批决策与风险管理的模型、应用于客户管理的模型、反映客户属性的画像模型、应用于内部风险计量的模型等；构建模型全生命周期管理体系，保障模型质量，建立包含模型需求管理、开发测试、评审、部署、监测、数据安全及下线管理的流程体系。根据监管互联网贷款管理暂行办法，充分履行风险模型管理职能，制定模型管理相关制度，提炼标准化模型产品的设计和推广方案，科学开展客户分层分级管理。形成有效的模型监控机制，监控模型及使用变量的稳定性、有效性及异常，及时预警异常的模型及使用变量并快速定位到异常问题的源头，及时迭代或者下线效果衰减严重的模型。

❑ 智能风控平台设计和开发能力。智能风控平台由基于风控流程和决策的信息系统、基于数据的大数据平台以及风控能力标准产品化等构成。目标是以数字化、智能化为导向，构建数据、系统、决策、流程、服务一体化的全链路风控能力。完善风控系统总体架构设计，加强流程机制建设，统筹需求管理，提高系统建设质量，整合金融科技手段，覆盖全链路的风险审批，实现客户全生命周期风险管理。

❑ 量化策略管理能力。风险管理要进一步贴近市场、贴近客户，了解客户业务需求和风险特征，能根据客群、场景、行业提炼完善的消费类、小微类业务冷启动的方法论，并建立完整的流程，基于特定行业、特定产业、特定客群，建立通用数据、场景数据相结合的风险评估和授信体系，实现贷前、贷中客户的精细化管理。

❑ 反欺诈能力。建立以满足存、贷、汇相关业务为管理目标的欺诈风险管理体系，明确重要反欺诈流程。针对个人消费和小微经营不同的业务属性，建立时间、空间和行为相结合的基于特定人群、场景的专项反欺诈能力，实现反欺诈策略效能明显提升。落实反欺诈政策中关于预防、侦测、威慑、回收的要求，树立全员反欺诈意识、建立反欺诈防范体系、减少欺诈损失，发起、指导、操作、监察所有对外和对内的反欺诈工作。

❑ 风险计量与预测能力。风险管理的前提是能够准确识别风险和计量风险，搭
建实时、全方位、多维度的风险指标监控体系，包含贷前、贷后、欺诈、逾
期催收、预警和舆情监控等各类指标，并利用数理统计的方法开展资产组合
管理分析，对不良率、损失率、盈利测算、巴塞尔协议和压力测试等核心指
标进行预测，对未来的风险趋势提前预警，并给出资产组合优化、出表资产
推荐等方面的建议。

9.3　大数据智能风控发展趋势

大数据智能风控在银行业的广泛应用，已经带来了明显的益处。通过精准营销、
提高业务效率、降低人工成本等手段，大数据智能风控不仅为银行业带来了可观的
经济效益，还推动了整个行业的创新与发展。基于多年的行业经验和对于技术演进
逻辑的深刻理解，我们认为大数据智能风控未来的发展趋势将主要表现在以下几个
方面。

1. 风控应用的系统化

随着关键技术的逐渐成熟，大数据智能风控技术日趋完善，其也逐步从基于各
个垂直领域，如智能营销、智能反欺诈、智能信贷，转向基于金融业务全流程的系
统化大数据智能风控。大数据智能风控凭借自身的大数据和人工智能技术优势，长
期在各个垂直细分领域精耕细作，拥有更加成熟的算法和完善的系统。虽然大数据
智能风控在各个细分领域获得了较好的效果，但独立的子系统之间缺少互动和协作，
而将这些子系统整合成一个覆盖金融业务全流程的大系统，可能会带来更高的效率。
由此，为了获得市场竞争优势，大数据智能风控技术必然会朝着针对金融业务的大
系统、全流程的方向发展，最终提供一个金融业务全流程的系统化大数据智能风控
解决方案，提高金融业务的效率，提升用户体验。

2. 风控共享生态化

大数据智能风控共享生态环境，为商业银行提供了更全面、更准确的风险管理
和决策支持。通过运用大数据平台和先进技术，商业银行能够更好地了解客户需求
和市场趋势，优化业务流程，提高服务质量和效率。同时，大数据智能风控还促进
了商业银行与其他金融机构、科技公司等的合作。通过共享数据、技术和资源，商

业银行能够与合作伙伴共同推动行业的数字化、信息化水平提升，为用户提供更优质的服务。这种合作不仅有助于提高商业银行的竞争能力，还有助于提升经济效益。通过运用大数据智能风控，商业银行能够更有效地管理风险、降低成本、提高贷款审批效率等，从而增加业务收入和利润。

3. 湖仓一体，释放算力效能

随着科技的发展，移动端、支付渠道、5G 网络、物联网等不断产生大量新数据。这些数据不仅类型繁多，数量也在急剧增加。商业银行的数据不再局限于结构化模型。企业生产经营过程产生了大量以 JSON 为代表的半结构化数据。随着商业银行业务数据的不断增加及业务复杂性的不断提升，传统关系型数据库所能提供的最高数据容量和并发支持能力越来越无法满足业务需求且无法实现高效数据治理，严重制约了机构发展。因此，易于扩展、可用性强、更具灵活性的金融级分布式数据库应用需求不断显现。

面对金融业务中的海量数据联机业务，以及大量半结构/非结构化数据治理需求，"湖仓一体"架构可以有效地打通数据仓与数据湖，通过数据基础设施平台管理结构化、半结构化、非结构化数据，结合分布式数据库的优势，实现海量数据的实时联机处理和在线分析。"湖仓一体"架构融合数据湖丰富多元的数据处理功能与数据仓库高效分析能力等优势为一体。结构化、半结构化、非结构化的原始数据通过巨杉数据库统一存储及处理，构建数据服务平台，构建业务系统全生命周期的数据服务，提供面向万亿级数据的实时在线联机处理和在线分析能力。具体如图 9-3所示。

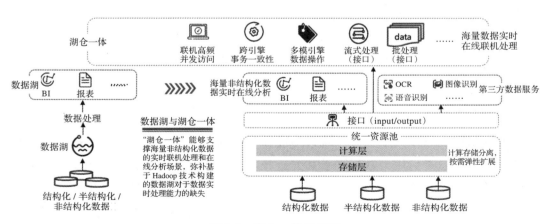

图 9-3　湖仓一体示意图

4. 极速风控模型，实现更快的实时风险决策

商业银行的风险控制是一个复杂而关键的环节，其实效性不仅关系到用户体验，还直接影响到商业银行的运营安全和用户的资产安全。在面对大量交易和互动时，如何快速、准确地识别和防控风险，是商业银行必须解决的问题。

在传统的风险控制模式下，决策的延迟会对用户体验产生负面影响，同时也会增加商业银行的运营风险。因为在用户登录、交易支付、验证检查或用户验证等环节，每一秒延时都可能导致用户体验的下降，同时也增加了用户资产被侵害的风险。为了解决这个问题，极速风控模型应运而生。极速风控模型通过提前进行风险计算，将风险识别和风险决策进行解耦，从而提高决策时的风险判断效率。这种模型基于大规模风险数据计算，通过高效的算法和计算技术，可以在毫秒级的时间内做出实时风险决策，不仅大幅缩短了决策时间，也使得风险控制更加精准、高效。

5. 大模型应用在金融领域的探索和实践

当前，大模型正掀起新一轮智能化发展热潮，赋能千行百业。大模型具备优秀的理解、学习、生成和推理能力，其工程化应用包含数据构建、模型算法、模型训练、模型压缩与加速、模型评测、模型运营和安全可信等多个环节。商业银行和科技企业正积极探索大模型在金融业的合理应用，已试点应用于智能客服、智能风控、智能研发、智能投研等多个业务场景，进一步推动金融服务的智慧再造，加速 AI 技术赋能金融业务提质增效。目前，有商业银行应用风险大模型后，基于"样本提示"模式自动生成定制模型，实现从样本收集、模型训练到部署上线的全流程零人工参与，建模时间从以前的 2 周缩短到 2 天。另外大模型在金融风险领域的应用还包括以下方面：

❑ 强化信用风险评估水平。传统的机器学习模型需对不同业务场景分别建模，且只能使用相对较小的数据集进行训练，导致模型准确性和可靠性不足。而大模型使用海量的数据进行预训练，可快速处理大量的结构化和非结构化金融交易数据等。

❑ 减少操作运营风险。大模型可以用自动化流程取代手工流程，减少人为错误，提高工作效率。

❑ 提高监管合规风险管理水平。金融机构需要审查大量数据文件，分析多个变量，并向相关机构提交准确的文件。大模型可自动化这些流程，并确保有效性和准确性符合规定，避免处罚成本。

❑ 风险报告生成。大模型技术结合 RPA，通过嵌入外部信息模块，学习客户历史数据及文本数据，分析财务数据及风险数据，实现关键要素提取、资料自动化审核、风险点提示等风控领域的业务操作，自动生成标准化贷前调查报告和信贷授信发起报表，信贷人员只需在此基础上进行少量修改。

❑ 风险预警监控。大模型赋能主要体现在两方面：一方面是提升结构化信息提取能力，有助于风控系统进一步挖掘机构的风险信息，提升风险预警的准确性；另一方面是加强舆情风险识别能力，比如从新闻资讯等非结构化数据中进行风险分类任务时，人工效率低，常规深度模型识别准确率较低，大模型则能提升准确性和效率。

9.4　本章小结

随着金融科技的不断进步，大数据智能风控正在成为信贷业发展的重要驱动力。本章从金融科技政策指引的角度，分析其发展路径和前景。同时，我们还将关注大数据智能风控所面临的挑战与对策，以期为金融行业提供有价值的参考。期待大数据智能风控可以给商业银行和社会带来更大的价值！